群体意识如何影响你

蜂巢思维

Hivemind

The New Science of Tribalism
in Our Divided World

[美]
萨拉·罗斯·卡瓦纳
(Sarah Rose Cavanagh)
著
/
蒋宗强 译

中信出版集团 | 北京

图书在版编目（CIP）数据

蜂巢思维：群体意识如何影响你 / (美) 萨拉 · 罗斯 · 卡瓦纳著；蒋宗强译. -- 北京：中信出版社，2020.8

书名原文: Hivemind: The New Science of Tribalism in Our Divided World

ISBN 978-7-5217-2022-8

Ⅰ. ①蜂… Ⅱ. ①萨… ②蒋… Ⅲ. ①群体心理学—研究 Ⅳ. ①C912.64

中国版本图书馆CIP数据核字(2020)第119698号

蜂巢思维——群体意识如何影响你

著　　者：[美]萨拉·罗斯·卡瓦纳
译　　者：蒋宗强
出版发行：中信出版集团股份有限公司
　　　　　（北京市朝阳区惠新东街甲4号富盛大厦2座　邮编　100029）
承 印 者：中国电影出版社印刷厂

开　　本：880mm × 1230mm　1/32　　印　　张：10.25　　字　　数：224千字
版　　次：2020年8月第1版　　印　　次：2020年8月第1次印刷
京权图字：01-2019-7326
书　　号：ISBN 978-7-5217-2022-8
定　　价：58.00元

谨以此书

纪 念

教我以开放的心态去思考的

伊莱扎·普雷托里乌斯
（Eliza Praetorius）

以及
凯瑟琳·麦克莱伦·肯沃西
（Katherine McLellan Kenworthy）

目录

春季

夏季

前言

1962年6月，一个潮湿的午后，南卡罗来纳州一家纺织厂。夏季本是工厂最忙的季节，每个人都在加班加点，而这一周压力更大，因为有人报告说工厂里出现了一些像螨虫一样的小虫子，可能是一批从水路运来的布料带来的。那个下午，一位年轻女工忽然抱怨说，觉得自己被虫子咬了。不久，她晕倒了。

接下来那一周的周二，另一个觉得遭到虫咬的女工晕倒了。那天下午，第三个女工也晕倒了。不久，又有4名女工向医生报告她们感到头晕恶心。在这所谓“流行病”肆虐的11天内，共有62人报告说遭到“虫咬”，出现各种症状，并就医治疗。他们遭虫咬的描述非常具体详尽。一个纺织工人说：“我感觉有什么东西咬了我的腿，我挠了一下，结果指甲缝里忽然钻出来一只白色的小虫子。我腿部乏力，还想呕吐。”值得注意的是，虽然这名工人回忆说是一种白虫，但其他大多数人都说是黑虫。

这家工厂和外部权威机构进行了大量检测，结果只发现了少量的小虫，还有一些螨虫，肯定不会造成纺织工人描述的那些症状。但这些工人确实出现了知觉丧失、呕吐、全身颤抖等症状。审查现有证据之后，医生和其他专家得出了一个惊人的结论：工人们的这种疾病都是他们的头脑臆想出来的。[1]

回顾历史记录，不难发现这样一些案例：在没有任何具体诱因的情况下，令人担忧的症状在人与人之间迅速传播，从“萨勒姆巫蛊案”到“本·拉登之痒”①，莫不如此。[2]这种现象有一个术语，叫“歇斯底里传染”。你可能知道这种现象较为极端的形式，即“集体歇斯底里”。所有这类事件都是通过在一个密切联系、高度封闭的群体中传播一种未知的巨大威胁，从而制造出一种恐惧。比“纺织厂虫害”距今更近的例子是纽约一所高中一群十几岁的女孩先后患上了“抽动秽语综合征”，症状表现为无意识抽搐并发出怪声。受到影响的女孩参加了脱口秀节目，她们的症状被上传到了YouTube（优兔）网站，她们的痛苦挣扎在脸书上被公开讨论。这个案例一时备受瞩目，法律工作者兼环保活动人士埃琳·布罗克维奇也专程坐飞机赶过去协助调查。关于埃琳·布罗克维奇，朱莉娅·罗伯茨曾主演以她的事迹改编、中文译名为《永不妥协》（*Erin Brockovich*）的电影。但经过详尽的

① “本·拉登之痒”，指本·拉登于2001年9月11日发动恐怖袭击之后，从2001年10月到2002年6月，美国大量学生出现浑身瘙痒等皮疹症状，持续数小时到两周，民众认为这是本·拉登发起的生物恐怖主义战争，引起巨大恐慌，促使大批学校停课。美国疾控中心进行病毒、杀虫剂和霉菌孢子等检测，却没有发现实质病因。——译者注

检测，并没有任何证据表明存在某种类型的毒素，可以解释这些女孩的症状。调查者指出，这些女孩可能普遍存在一种心理疾病，这种疾病可能因社会和全国媒体的关注而加剧。[3]

这些病例的共同之处在于，他们都是一个紧密联系的社会群体，他们的物理空间都受到了限制，他们中都出现了“标志性”病例，从而引发了传染。事实上，其中许多症状，比如头晕和无意识的肢体活动，也是严重焦虑造成的状态。人类是高度社会化的物种，仅仅通过观察别人就能让自己生病，仅仅通过意念的力量，症状就能从一个人传给另一个人。

这种“歇斯底里传染”的案例并不多见，而情感和思想从一个身体扩散到另一个身体、从一个头脑扩散到另一个头脑的案例则较为常见。人类的高度社会性是与生俱来的。在本书中，我们将看到这种社会性是多么根深蒂固，我们非常容易受到别人思想和情绪的影响。没错，恐慌很容易在人与人之间传染开来，如同隆冬季节的感冒病毒在人与人之间传染一样。从某种程度上讲，人与人之间的思想、情绪和大脑活动具有“同步性”。在本书中，我们将运用心理学、神经科学、历史学、人类学、文学和哲学来探讨这种“同步性”的机制和影响。

当然，我们不会与所有人等概率地实现这种同步性，而是优先与那些在血缘、位置和文化等方面同自己相似的人实现同步。这种文化可能是明显的（就整个社会宏观层面上而言），也可能是不那么明显的（就催生多重身份的微观组织而言，比如种族、政党，甚至体育爱好者组织）。人类存在一种构建和融入圈子的合群倾向，这种倾向可以塑造我们最珍视的传统和时刻，却也可能引发不同群体之间的紧张关系，从而造成灾难性的后果。

为了把关于超社会性、群体性的研究结合起来，我使用了“蜂巢思维”这个暗喻。这不是我发明的。“蜂巢思维”这一概念指一种侧重群体或集体的意识，在学术范畴和大众范畴中被长期讨论。但在进一步讨论之前，我想在本书的框架下阐述一下我对这个概念的理解。

首先，“蜂巢思维”指的是我们在很大程度上能够让自己进入一种更加关注集体的精神状态，在这种状态下，我们与其他人拥有共同的关注点、目标和情感。有时，我们甚至会拓展自己的意识范畴，以便容纳社会中的其他人。（你是否需要拓展意识范畴，取决于你对“意识”一词的定义。“意识”被心理学界称为“最难的问题”，不是没有道理。）积极心理学家芭芭拉·弗雷德里克森曾经说过：“情绪不以人种为界。这不是说一个人的情绪会影响另一个人……而是说这两个人正在共享这种情绪。”（这句话是我在与她共同出席会议时匆忙记下来的，不是根据录音写下来的，如果引用得不尽准确，我向她道歉。）

其次，“蜂巢思维”还暗含这样一个原则，即我们所感知的内容并不仅仅取决于个人独立的经历和决策，还取决于我们所处的集体。人类思维的“同步性”意味着某些阐释世界的思想和风尚独立于它们的出发者，有其自身的生命力，18—19世纪的德国哲学家称之为“时代精神”。我们将讨论“评估”这一心理学概念，它是我们对这个世界做出的解读或叙事。我们将看到“蜂巢思维”如何影响我们对外界事物做出的评估，我们选择的评估方式如何塑造我们的现实。“蜂巢思维”从集体的角度出发，判断何为真实、何为适当、何为正常、何为酷、何为重要。它不仅塑造了个体的积极或消极判断，还在塑造个体对世界的感知及构建共识方面发挥着至关重要的作用。

我们的社会性根深蒂固，而智能手机和社交媒体的出现可能会大幅提升我们的“同步性”。我们正处在一个转折点上，因为这些新技术不仅使我们能够进入一个信息和通信极为便捷的世界，而且还带来了社交领域的变革。我们突然能够随时随地地了解别人的想法和情绪，实时看到别人的生活状态，即使他们生活在世界的另一端。虽然大多数评论文章促使你觉得这些变革会给我们注意力的持久度和最深刻的关系造成不可弥补的伤害，但实际情况却比这微妙得多。虽然这些新的社交技术伴随着令人担忧的问题，比如，可能出现“回音室效应”[①]，也可能出现激进化和社会分裂趋势，但越来越多的证据表明，在其他方面，它们正在把我们拉得更近，帮我们引入了新的联系方式，并拓展了我们的认知边界。

将不快乐归咎于智能手机和社交媒体，是当代“蜂巢思维”的主流观点。尽管现代社会的疏离感确实与社交技术同时出

① 回音室效应（echo chamber effect），指在一个相对封闭的环境下，一些意见相近的声音不断重复，并以夸张或其他扭曲的形式重复，这令处于这种环境内的大多数人认为这些扭曲的故事即为全部事实。——译者注

现，但后者与前者之间并没有因果关系。正如约翰·哈里在《失去的联系》（*Lost Connections*）一书中所写的那样，“互联网诞生在一个许多人已经失去彼此联系的世界……我们对社交媒体的过度使用是在试图填补一个空洞，一个巨大的空洞，但它出现在人们拥有智能手机之前”。我在本书中提出，人与人疏离的真正原因并不在于智能手机，而在于我们过于强调个体而非集体，过于强调个人野心而非利他主义，过于强调个人快乐而非人类进步。我还想说，具有讽刺意味的是，我们对社交技术的不良影响做出了过度的评估，这或许正为我们自己和孩子创造一个自我应验的预言，从而引发焦虑和苦恼。

此外，我认为使用社交技术的方式至关重要，它可能对你的幸福感产生有益或有害的影响。我们会通过大量的证据来构建这个模式，但现在我们可以总结如下：如果使用社交媒体去加强现有的人际关系或社会支持网络，则会带来积极影响；但如果使用社交技术取代你和亲朋好友面对面的交流，或者挤占了睡眠、运动时间，则可能导致负面影响（尤其当你只是被动地“潜水”时）。正如一篇重要的文献综述所指出的那样，“社交网站上的行为使幸福感提升还是降低，取决于这种行为是促进还是阻碍了人类与生俱来的寻求归属感的欲望”[4]。换句话说，我们应该使用社交媒体来加强和深化社交联系，而不是掩盖和削弱它们。

写作本书有三个目的：第一，探索我们的想法和情感在多大程度上像蜂巢里的蜜蜂一样，寻求集体协调，而非停留在孤单、分离的状态；第二，评估最近的科技进步——智能手机和社交媒体——在多大程度上放大了这些有利和不利的集体倾向；第三，尝试回答“现在我们应该怎么办”，也就是我们怎样才能避免“蜂巢思维”带来可怕的风险，让群体行为和强大的新工具发挥出奇妙的、共生的力量。

早在2015年初秋时分，我就撰写了关于本书的第一个策划案，那时候，英国还没有提出脱欧，2016年美国总统大选还没举行，脸书还没有沦为虚假信息的传播平台和对立情绪严重的评论雷区（很多发表评论的人之前似乎关系不错，但现在已经因为观点相斥而趋于对立）。那时候，我已经获得终身教职，正在享受休假年，参加半程马拉松训练，也研究村上春树小说中的食谱。我想写一本很有趣的书，以轻松愉快的方式讲述一些我最喜欢的关于心理学和神经科学的研究，用一种新的方式来看待社交技术的力量和前景，而不是一直对这些分散注意力的东西束手无策。

这是一个有别于以往的时代，这也是一本与众不同的书。你会在这本书里读到非人性化、阴谋论和政治极化的内容。

当然，本书并没有弥漫绝望和沮丧的情绪。我们得知世界各地实验室正在进行着一些令人惊叹的科学实验，我们与那些在社会行动主义和数字教育方面努力开展基层工作的人交谈，这些人正在试图扭转这一局面。

本书讲述了我的研究历程。我投入大部分时间从事的研究可能会为我们目前所处的两极分化困境提供一个解决方案。此外，本书讲述的内容也包括我花了差不多一年的时间所能获取的所有相关信息。我向能找到的每一位相关专家访谈取经，希望为我们了解“集体自我”（collective self）的本质以及社交技术对人性的影响提供一丝启发。我开车游历了整个新英格兰地区，沿着大西洋海岸来来回回，与很多人交流想法。我在盐湖城的峡谷里和塔拉哈西的榕树下与人们交谈，在餐厅、屋顶酒吧和咖啡馆与人对话。你会看到很多我们共享美酒佳肴的故事，我写作小组的同伴不禁惊讶地问我：“你这是在写什么呢？《权力的游戏》吗？”

在本书的第一部分，我努力说服你相信这样一个事实：尽管你觉得自己是独一无二的个体，由于个人独特的人生经历、世界观和动机而有别于他人，但你这些感觉不过是错误的假设。事实上，这样的“你”，也就是你眼中的“我”，是由与你处于同一个文化蜂巢的其他个体共同塑造的，你和其他人的思维是相互交织的。如果没有与社交对象的互动，没有人给你反馈意见，没有人让你意识到自己同他人的区别，你甚至可能连“自我意识”都形成不了。20 世纪初的社会学家查尔斯·霍顿·库利认为，“来自社会中其他人的影响必然进入我们的思想体系，并影响我们的行为，如同水影响植物的生长一样”。他把这种社会形成的特性称为“镜像自我”。[5] 在很大程度上，我们的身份来源于他人对我们的反映。据他观察，“我们的大脑生活在无休止的对话之中，我们醒着的每一个小时中，至少会花费一部分时间要么与社交对象对话，要么在脑海中想象着未来的对话”。

我们还将努力回答以下问题：我的思想是如何变成你的思

想的呢？我们如何学会利用由知识、信仰和偏见构成的文化蜂巢，即如何利用开发我们共同的知识宝库呢？我们了解很多关于这个世界的事实，比如，地球围绕太阳旋转，汽油能够转化为汽车使用的能量，肉眼看不见的微小病原体入侵血液后会导致我们生病，等等。但对于绝大多数的事实，我们大多数人并不曾有过直接经验，而是从我们的老师、电视节目、书本以及与他人交谈中汲取到的经验而已。我们将与一位进化生物学家讨论进化领域和虚构领域的交集，评估一下真实与虚构之间的界限。正如历史学家凯莉·贝克所写的那样："真实与虚构之间的界限如此模糊，而我们希望这个界限变得稳定、牢固、不可渗透，但相反，总有一些事情会突破这个界限……幻想也会潜入我们清醒的时刻。"[6]

我们并非平等地对待所有人，与某些人相比，我们感到另一些人更亲切；我们热情地欢迎某些人进入我们的心灵，而将另一些人冷冰冰地拒于门外。我们会和一位生物人类学家讨论为什么会这样；这种情况是如何发生的；我们为何喜欢与某些人交朋友并且爱上他们，却不喜欢其他人；我们如何将某些民族、某些性格和某些政治信仰的人纳入自己的圈子里，却将其他人排斥在外。在纽约的一个屋顶酒吧里，我们将探讨社交技术对我们健康的影响，智能手机和社交媒体如何既增强我们现有的社交联系，又促使我们堕落（通过网络上的羞辱和骚扰）。

然后，我们还去了2017年美国夏洛茨维尔暴力事件的现场，见了社会神经学家吉姆·科恩（Jim Coan）。吉姆认为，从神经学的角度来看，我们依赖于那些距离我们较近的人。来自我们身边人的抚慰行为，比如拥抱、牵手和让人安心的微笑，能让我们在生理上平静下来，可以降低血压、减少应激激素、缓和身体内部的“报警”反应等。如果没有这些互动，不仅我们的精神健康，就连我们的身体健康也会受到影响。正如吉姆所言：“在生命的任何阶段和任何时间，无论出于任何原因的死亡，都可能因为孤独而变得更有可能。”吉姆认为他的研究大致解释了这一惊人的发现。我们还会看到吉姆对人类一些糟糕的社交倾向的看法，这些倾向包括以非人性化甚至妖魔化的方式去对待自己圈子以外的人。

接下来我们将与历史学家凯莉·贝克交谈。她曾经写过一本关于三 K 党与美国主流文化关系的著作，还写过一本关于我们为何会迷恋丧尸文化的书。我将提出，阴谋论、群众运动和异教都有一些共同的原则，而这些原则都体现出了“蜂巢思维”的特征。更糟糕的是，我们会看到，网络和社交媒体的发展已经让这些偏执群体的追随者及其思维方式呈现出融合趋势，这着实令人担忧。

在了解这一切之后，你肯定会感到不安。接下来，我们将见一见那些坚定地为人类集体灵魂召唤美好天使的人。在一场暴风雨中，我们对临床心理学家纳姆迪·波尔（Nnamdi Pole）进行了访谈。波尔提示我们要考虑到人存在不同程度的脆弱性，我们会从这个角度出发，向其请教是否有些人会比其他人更容易受到社交媒体的负面影响，并思考我们能采取什么措施来保护这些脆弱者。

在盐湖城的高大山影之下，我们将讨论围绕社交媒体带来的恐惧和焦虑叙事会如何削弱我们的幸福感，以及我们如何才能冷静下来，与孩子一道养成使用社交技术的健康习惯，以便给孩子提供最大的好处。

然后，我们将探索我在过去一二十年中研究的领域：情绪调节、叙事和意义建构。我们在前文提到，集体环境塑造了我们理解世界的方式，也塑造了我们对于“我是谁”的认知。在此基础上，我们将研究叙事的改变会如何改变我们的现实，尤其在涉及整个蜂巢的时候。然后，我们将通过一个测试来检验一下关于情绪调节和叙事的发现。我们将会见到两位心理学家基思·马多克斯（Keith Maddox）和希瑟·厄里（Heather Urry），他们正在帮助大学生调节在跨种族背景下讨论种族问题时的焦虑。

在本书末尾，我会和一家世界级服务犬培训机构的首席培训师凯西·福尔曼（Kathy Foreman）谈一谈如何训练服务犬与主人形成默契，抢在主人之前判断主人的需求，成为主人的眼睛、耳朵或手。我们将从这次采访中总结经验，来评估一下人类的幸福感究竟更多地取决于我们的集体性与社会性，还是更多地取决于实现我们的个人目标和欲望。

通过以上论证，我们得出一个结论：我们要学会超越自己所在的狭隘群体，减少对圈子倾向的关注，增强对蜂巢理念的接纳，这具有至关重要的意义。

本书不是什么

本书不是辩论。在读完本书掩卷沉思时，你发现本书并没有告诉你社交技术对人类而言究竟是好还是坏。作家、社会学家特雷西·麦克米伦·科托姆（Tressie McMillan Cottom）等人认为，人类同技术的关系以及技术同人类的集体属性存在哪些交叉之处，堪称一个复杂的问题，不可能通过一篇评论文章或一边倒的辩论就能找到解决方案。科托姆在书中写道："如果说我在研究复杂问题的过程中，以及在阅读伟大作家关于世界存在状态的作品中学到了一件事，那就是聪明人都不敢在任何事情上抱有确定无疑的观点。"[7] 本书传递的核心信息之一：我们过于关注虚假的两分法、简单的非善即恶论调以及寻求快速解决之道，这是我们最危险的一些思维。我拒绝陷入这些思维误区。我将向你们展示来自世界各地（包括我自己的实验室）的心理学和神经科学实验室的研究证据，我们将与一些最优秀的思想家和作家进行交流。但这是一个复杂的问题，不是一个人、一本书或一个观点就能解决的。

本书也不是一本媒体科学或技术方面的书，更不是一本社会学的书，因此无法从这些层面上解决社交技术带来的诸多问题。目前存在的社交媒体平台构成了切切实实的危险，需要内部（科技公司）和外部（政府监管）来共同解决。这些危险很多，简单列举几个：数据垄断、威胁个人隐私、算法操纵、加剧社会不平等问题、威胁民主治理、网络水军、传播虚假信息以及有组织的骚扰活动。

有很多了不起的人在报道这些问题以及它们的后果，试图探索一些可能的解决方案。我在这里仅列举出三位相关人物：第一位是希瓦·瓦德亚纳森，他的一本相关著作名为《反社交媒体：脸书如何断绝我们的联系及破坏民主》（*Anti-Social Media: How Facebook Disconnects Us and Undermines Democracy*）；第二位是克里斯·吉尔兰德，他围绕个人隐私和现代技术如何加剧固有的不平等和制造新的不平等做了研究工作；第三位是泽伊内普·图菲科西，主要研究人工智能、大数据等新兴技术的社会影响，她做过一篇题为《我们重新建立一个反乌托邦只是为了让人们点击广告》的 TED 演讲。

在《反社交媒体》一书中，有一章名为《脸书的问题就在于脸书自身》。在这一章，希瓦·瓦德亚纳森简明扼要地总结了脸书带来的一个问题："作为一个全球性的系统，联结着来自数百个国家的 22 亿人，却允许每个用户随意发布内容，开发有利于高收费内容的算法，并依赖一个动用大规模监视和详细查阅个人档案的自助广告系统来精准推送广告，这是无法通过边缘性质的改革就能解决的。"我强烈建议你阅读这些学者以及其他人的相关作品，并支持那些愿意推动变革以保护我们数据和人权的立法（和立法者），因为这些平台正在迅速蔓延，而且越来越多地掌控在少数人手中。

本书是什么

这是一本心理学的书，更多地聚焦个人层面的一个问题：一个格外爱好社交的人，强烈倾向于融入某个群体，深度渴望与别人建立关系，那么当你递给他一部手机，手机屏幕日日夜夜地向这个人传递着来自社交伙伴的思想和情绪，那会发生什么情况呢？

还记得曾经很火的社交网站“聚友网”（MySpace）吗？社交媒体平台兴也勃焉，亡也忽焉，当前这些巨头可能会因为侵犯隐私和操纵数据的丑闻而轰然倒下。此外，从较为外向的公共社交分享（如脸书）到较为内向的私人社交分享（如群发文本信息）的转变趋势似乎也越来越明显。但我认为，无论是借助文本信息还是借助照片分享软件 Instagram，无论借助视频聊天软件 FaceTime 还是借助虚拟现实，数字技术在加强人际联系方面都不会无所不能，至少近期内不会。

本书将探讨这些社交技术对人类体验意味着什么，或者说，对于你的体验意味着什么。本书以我个人的方式来理解一个国家、一个西方社会以及一个物种，现在正处在一个什么样的状态。撰写本书给我提供了一些希望和慰藉，也希望本书能对你起到同样的作用，同时为我们实现更大的集体利益照亮前行之路。

在我们开始探讨之前，请先对我的研究方法有一个粗浅的了解。我是研究情绪调节的，研究重点是人们为了实现目标能够使用哪些控制情绪的策略。为了研究这些策略，我使用计算机程序来评估人们的行为和体验，通过心理、生理反应记录来评估他们的身体反应（如皮肤出汗情况和心率变化情况），通过神经成像技术来检测他们的大脑功能。我还探索了情绪调节是否有助于我们了解大学生如何在教室里学习新东西，为什么有些反复发作的抑郁症患者能够完全恢复而有些人却不能，为什么经历过自然灾害的人会在之后的日子里体验到不同程度的痛苦。

但我不仅仅是一名研究人员，还是一名教师。从学术生涯伊始，我就试图把更多的时间花在课堂上，而不是课外。在我教书的时候，我和学生不仅仅从心理学研究文献里面获取新发现，还广泛涉猎任何可能给我们带来启发的知识领域。我采用了这种方法来撰写本书。我们将运用相当多的心理学知识，除此之外，我们还将钻研历史学、人类学、进化生物学、哲学和文学。对于任何无意的误解或过度简化，我向这些学科的同辈道歉，如有问题，欢迎你们在推特（Twitter）上联系我。

我的第三个领域与第二个相关。在过去的几年里，我花了相当多的时间游历全国各地，与我的教师同行探讨如何改进我们的教学技能。作为这项工作的一部分，我投入了大量精力去思考一群人（教育工作者）如何影响其他人（学生）的思想和情绪，以及我们作为教师如何能够影响整个社会。这项工作无疑塑造了我对人类社会性的看法。与社会科学以外的众多学科的教师一起工作，也让我见识到了人们了解这个世界的不同方式。

本书是一部有创造性的非虚构类叙事性作品。根据体裁的惯例，我稍微调整了材料展示的方式，以增加清晰度，提高可读性，并以更加深思熟虑的方式凸显本书的意义。书中的访谈并不是按照行文的顺序进行的（虽然只有少数被打乱了顺序）。我将所有的访谈录音并转录成了文字，修改了个别不连贯的地方，偶尔也会改变话题的顺序，以便显得更连贯、更符合逻辑。过去的一些逸事是我用对话的方式重新还原起来的，因为当时没有录音机，即使有，当时也没有想到要用。

因为本书是写给一般读者的，不是写给专业研究人士的，所以没有过多的引用和数字。我引用了一些具体的研究和我在撰写本书过程中发现的新信息，你可以在本书最后的注释中找到这些信息。

我是一个生活在美国的美国人，访谈的对象也是美国人，所以，本书显然体现了美国人的视角。科技与社交体验的问题在全球各地有不同的表现方式，但由于每本书都会有页数限制，我只能关注我所看到的最接近本国的东西。

不再啰唆了，欢迎品读《蜂巢思维》。

HIVEMIND

秋季

第1章

“蜂巢思维”与社交媒体

马萨诸塞州，迪尔菲尔德镇

在《星际迷航》(*Star Trek*)中，一只发着红光的机械眼睛将博格人和他们所属的物种的集体思维连在一起，这意味着不可避免的融合。在《神秘博士》(*Doctor Who*)中，邪恶的铬合金材质的“电脑人”通过吸收个体加入集体合作，抹除个人的倾向和欲望，整合为一个统一的意志，以便获取主导宇宙的能力。马德琳·英格在《时间的皱纹》(*A Wrinkle in Time*)一书中写道，黑暗正在蔓延，带走了宇宙的光芒，这个黑暗中一个稳定跳动的心脏代表着一种单一的意识，它宣称人类不幸福的根本原因是人们坚持过独立的、个性的生活，而不是被纳入统一的意识。

对于个体需求完全服从于群体的社会，我们的科幻作品给出了很多悲惨的警示故事。这类思维的核心前提是，为了实现成功，我们需要牺牲个体差异，所有人的思想一致，行动一致，步调一致。这种个体性与集体性之间的紧张关系，一直存在于我们对于集体意识的认知里面。

我相信，人类对集体性根深蒂固的恐惧源于集体性所暗示的自主性的缺失，即接受我们的超社会性意味着我们将生活的方向盘交给我们意识不到的外界影响。但我们通常可以有意识地控制自己的态度、感受和决定的观点，也越来越令人怀疑，因为心理学和神经科学的数据表明，我们所谓有逻辑的、充满意识的自我并不总是我们行为背后的主导因素。

神经学家戴维·伊格曼在《隐藏的自我》一书中总结了很多最新的研究成果。伊格曼的很多证据都与运动和感知的基础有关，但他书中真正令人兴奋的部分涉及更复杂的行为和体验。比如，在"哪位才是真正的梅尔·吉布森"一节中，他提到了这位20世纪80年代的当红演员因酒后驾车被捕的事，当时吉布森在录像中说出了一连串反犹脏话。吉布森和他的许多朋友声称，这些想法和感受与清醒而友好的吉布森完全不同，只不过是不幸的酒后胡言乱语，应该不予理会。但另一些人则援引了"酒后吐真言"这句老话，嘲笑说这是借口，认为违禁物质可以释放我们平时压抑的想法，反映我们的真实情感。然而，伊格曼认为，大脑的运作机制更像是一个存在多个竞争对手的民主系统，里面拥有多个"子系统"，也存在多个倾向，每个子系统都在特定的时间争夺控制权。酒精可能会抑制其中代表自我控制、谨言慎行的那个"子系统"，并允许代表偏见、基本欲望和自私冲动的"子系统"来控制大脑运作和人的行为。但这两个"子系统"，或者说"倾向"，代表着两种不同的神经回路，都无法代表"你"的完整本性。

即便当谨言慎行、意图明确的一面占据上风的时候，我们的另一面仍然在影响着我们。伊格曼整理了相当多的证据，表明善意的、有社会意识的人仍然对其他种族和性别的人持有消极含蓄的联想。比如，我们在评价一个人外表的吸引力时，会受此人在评估时瞳孔大小的影响，瞳孔大小反映了它被激发或兴奋的程度。再比如，有些人的工作是去观察淘气的小鸡，分辨它们是雄性还是雌性（没错，这种工作真的存在）。刚开始，他们也无法判断小鸡性别。为了完成这份工作，他们通常站在一个经验丰富的“雌雄鉴别师”身边学习，这位鉴别师会判断他们的猜测是否准确，长期实践便催生了潜意识的辨别能力。

我们的意识也可能由于反应过于缓慢，无法对大部分的决定和动作负责，导致一些神经科学家推测我们的意识并不是为了即时决策，而是为了处理社会和情感信息，[1]权衡优先事项，判断谁是朋友、谁是敌人。伊格曼把意识中心地位的陨落，比作伽利略发现“地球不是宇宙中心”之后地球中心论的陨落。“认识自己可能需要改变对‘认识’的定义。现在，要了解你自己，必须明白你的意识仅仅占据大脑这座大厦里面的一个小房间，几乎无法控制你面临的现实。”在很大程度上，现实是由潜意识在历史经验和对未来预测的基础上为你构建出来的，这种现实也是由“蜂巢思维”为你营造的基于共识的现实，我们在后面的章节中将很快看到这一点。

在《增长之歌》（*Song of Increase*）中，养蜂人、作家杰奎琳·弗里曼（Jacqueline Freeman）以抒情的笔触描写了蜜蜂的合作，它们不仅彼此和谐相处，而且与花朵、太阳和季节更替之间建立了和谐关系。每只蜜蜂作为个体而存在，但同时也作为集体的一个单位而存在，作为一个更大的有机体的一个细胞而存在。弗里曼引用了 Bien（蜂巢）这个德语单词，她说这个词不仅暗含了蜂巢是一个更大的有机体，还暗含了蜂巢要对它赖以生存的更大的生态系统做出回应。

如同蜜蜂一样，人类也需要存在于某一集体之中，我们的个人身份认知既来源于又完全内嵌于人类共同的存在状态。虽然我们有不同的身体和不同的大脑，但我们拥有共同的思想、情感和记忆。正如我们将在后面章节中看到的那样，这些共同的精神体验体现在我们神经活动的同步性上。这类精神现象并不受制于我们身体组成的物理边界，而是从一个头脑扩散到另一个头脑，将彼此联系在一起，让我们以类似的方式体悟世界。

人性：90% 类似于黑猩猩，10% 类似于蜜蜂？

社会心理学家乔纳森·海特目前是纽约大学斯特恩商学院的道德领导力教授，写过大量的科学论文和几本心理学畅销书。根据海特对心理学和进化证据的详细分析，人性里面，90% 类似于黑猩猩，10%类似于蜜蜂。[2]（当然，这只是一种暗喻的说法。）如同黑猩猩一样，我们非常关心自己的福利和部落，有时甚至不惜诉诸暴力来达到自己的目的。但与此同时，我们的天性也像蜜蜂那样具备集体性的一面。正如海特所说的那样，我们有“群体归属”的倾向。他引用了 19 世纪法国社会学家埃米尔·杜尔凯姆的观点。杜尔凯姆认为，人类应该被称为“双重人”（Homo duplex），即人类是一个既能独立存在，又能形成集体认同的物种。其他理论家也提出了类似的观点，即人类经验既有“自我模式”，也有“我们模式”[3]。

我们类似于蜜蜂的一面会呈现在某些特定的环境中，这些环境将我们的意识糅合进了一个共同的体验框架中，比如随着一个共同的节奏跳舞，一起唱赞美诗。一些导致人际边界变得模糊的“环境因素”，如黑暗、酒精、极度疲劳、集体重复运动和某些药物，也会催生一种超越个体的集体意识。异教领袖经常故意创造这些条件，以鼓励追随者之间保持一致性。[4]

当我们的输出（运动、发声）和输入（看到别人的运动、听到别人的声音）具有同步性的时候，我们就可以突破身体和自我意识的界限，将意识的触角伸入更大的集体。芝加哥大学历史学教授、二战老兵威廉·麦克尼尔在与战友进行机械行军训练时，写下了自己的狂喜体验：“我记得当时到处都是幸福感；更具体地说，由于参与了集体仪式，产生了一种奇怪的个人膨胀感，感觉这比生命还重要。”

在《持久团结：人类历史上的舞蹈和操练》（*Keeping Together in Time: Dance and Drill in Human History*）一书中，麦克尼尔认为肌肉运动和语言表达的同步性会导致“界限消失”，自我和他人之间不再有严格的区分，共同构成了一个更大的集体意识。他认为，这种做法通过影响人类的情感来增强群体团结，并提供一种强有力的纽带，催生了集体凝聚力。许多士兵都报告说他们对战友怀有强烈的团结感和亲切感。

麦克尼尔认为，不同文化、不同时期的人都发现了动作和声音同步进行的力量，从围着篝火的狩猎到建设金字塔再到军事操练，所有活动都涉及肢体动作的同步性，这让我们觉得自己变得更强大、更有能力，超出了自己身体的能力范围。

记者、学者芭芭拉·埃伦赖希（Barbara Ehrenreich）继承了麦克尼尔的“衣钵”，在《街头的狂欢：集体欢乐的历史》（*Dancing in the Streets: A History of Collective Joy*）一书中煞费苦心地追溯了狂喜舞蹈从史前时代到现代社会的演变历程。她根据人类学的证据，提出定期与他人一起庆祝是我们文化遗产的重要组成部分。在人类的历史记录中，仪式性的舞蹈和集体庆典一次又一次地兴起，但也会一次又一次地被压制，最常见的是强者反对弱者进行这种群体活动。

在被压迫的群体中，及时凝聚在一起组建一个集体，成为确保团结以及反抗主流文化的一种方式。曾经饱受奴隶制压迫的非洲裔美国人创作了劳动歌曲来分享传统，互相帮助，有时分享带有特定编码的信息。这些歌曲经常在重复的、共同的动作中演唱。19 世纪末，印第安人的鬼舞如同病毒般迅速传遍了北美洲。那是一种圆圈舞，据说拥有一些神秘的特征，能让人们与逝去的亲人团聚，而且有利于结束白人的殖民统治。它之所以能产生广泛的吸引力，并得到迅速传播，可能与两个因素有关：一个是共同的狂喜运动；另一个是在一个绝望和悲惨的时代，它带给人们一种力量感。

那些支配弱势群体的人经常在弱势群体的集体行动中看到一些令人讨厌的东西，看到野蛮的状态或无节制的性欲。但有些人觉得自己被这类舞蹈深深地吸引住了。比如，作家克林顿·弗内斯曾在 20 世纪 20 年代参加过非洲裔美国人的“环形呼喊”①，芭芭拉·埃伦赖希引用了弗内斯这样一句话：“我强烈地感觉到一种强大的智慧，一个具有自我意识的实体，逐渐影响人群，控制着每一个人的大脑，包括我自己的……”伴随着旋转的舞蹈，参与者逐渐陷入了一种蜂巢思维，释放自我，融入一个更大的集体。

虽然历史上那种常规的、大型的、有组织的、欣喜若狂的集体仪式可能已经失传了，但即便在现代西方文化中，我们也能找到这种狂热集体仪式的苍白身影。我敢打赌，如果你快速回顾一下自己的生活经历，就会发现几个与这方面相关的例子。我还记得小时候在教堂里唱圣诞颂歌时的那种如同潮汐般向自己涌来的感觉，我能感觉到自己心中的震动，也能感受到来自其他歌声的冲击。我还记得十几岁时去看几寸钉乐队演唱会的情景，当你与其他人伴随着同样的音乐节拍摆动身体时，会收获意想不到的甜蜜感，尤其是当你旁边那个人未来将成为你的丈夫以及你孩子的父亲时，更是如此。

每年夏天，成千上万的人聚集在内华达州西北部的黑岩沙

---

① 环形呼喊，ring shout，也称为“环嚷”，是一种旋转的祭祀舞蹈。——译者注

漠，那里将临时搭建起一座“城市”，让人参与一年一度的反传统狂欢节“火人节”（Burning Man Festival）。这种集体仪式将视觉艺术、音乐、创造性和绝对包容结合在一起（如果所传不虚，这个节日还宣称制药业能让生活变得更好一些），鼓励参与者建立一种强烈的、守望相助的社区精神和集体仪式。

甚至现代社会狂热的体育运动也带有人类社会早期祭祀仪式的痕迹。球迷们在脸上画上代表球队颜色的条纹，穿上一模一样的运动服，戴上一模一样的帽子，或许还有其他属于球队的标志，一起吟唱、挥手、起立、呐喊。在赛前聚会中，球迷们如同古代参与类似活动的人一样，也会摆下宴席，并分享一些可以改变思维的物质。

在这些蜂巢式的群体体验中，人与人之间的身体边界似乎被打破了，彼此的意识融合在一起。蜂巢体验背后或许存在多重生物学机制，其中三种可能的原因为内源性（身体自然产生的）阿片类物质、神经肽催产素以及我们的镜像能力。

你可能熟悉内源性阿片类物质，这种物质对跑步者愉悦感的形成起到了重要作用。事实证明，当我们作为群体的成员参与共同的运动或活动时，内源性阿片类物质就会被释放出来，比如在跳舞、划船比赛甚至是一起大笑的时候。[5]这可能在部分程度上解释了为什么我们觉得这些体验非常有益，并被一股强大的动力驱使着去探寻这其中的奥秘。

催产素是一种由下丘脑产生的神经肽，在分娩、哺乳和性高潮时由脑垂体释放出来。催产素似乎在较为不确定的心理事件中也起着重要作用，如两性的结合、依恋、群体内的团结[6]、群体外的敌意[7]等等。它可能通过模糊自我和他人之间的区别而对社会互动和依恋产生一些影响。[8]非常美妙的是，当人们和他们的爱犬互相长时间地注视时（应该是满怀爱意），这种物质也会在他们的大脑中释放出来。[9]

20世纪90年代，意大利的一组研究人员有了一个惊人的发现。猴子大脑中的神经元不仅会在猴子做出某个动作（比如拿起一颗花生）时被激活，还会在观察到其他猴子或人做出同样动作时被激活（比如看到研究人员拿起一颗花生）。[10]似乎对这些神经元来说，自己做一个动作和看别人做同样动作的效果是一样的。在这项研究的早期，一些人认为这些镜像神经元是大脑特定部位的特殊类型的神经元，负责理解我们观察到的世界以及我们观察到的社会伙伴。[11]一些人认为，这种神经元活动的镜像是同理心的神经学基础。[12]

在早期的研究热潮过后，镜像神经元的概念受到了一些抵制。有些人指出，一个神经元在一个有机体从事某个活动时和观察到其他生物体从事同样活动时的反应相同，这种现象只在猴子身上直接观察到，而在人类身上没有。还有人问为什么这些特殊类型的神经元在结构和功能上与其他类型的神经元不可分割。

马可·亚科博尼是加州大学洛杉矶分校的精神病学和生物行为科学教授，也是镜像神经元的主要研究人员之一。他不再把镜像神经元说成是可分离的神经元，而说镜像是一个过程。[13]在其最早的一篇论文中，亚科博尼让受试者在神经成像扫描仪中轻敲他们的某一根手指，然后观看其他人轻敲同一根手指的视频，结果观察到受试者在这两种情况下的大脑活动几乎相同。[14] 神经成像技术检测的是流向大脑更活跃区域的血液，因此这种数据并不是测量单个神经元是否更活跃，而是整个大脑区域是否更活跃。这些发现反映了镜像的概念，即无论我们经历了某个事情还是目睹社会上的其他人经历了同样事情，我们的大脑都能做出相似的反应。关于这一方面的论文已经多达数百篇。因此，镜像似乎是我们超社会性的生物学基础之一。

我回想起了自己内心深处发生镜像反应的瞬间：当我在女儿身后倾斜身子，用我的滑雪杖撬开她滑雪靴上的锁时，我的感觉如同是我的父亲在为我做这个动作；当我剥开一只蛤蜊的壳时，能感觉到我祖父那双饱经风霜的手也在做着同样的动作，感觉到这个动作所需要的那种节奏和撬开外壳的角度；当我心不在焉地摘下一片香蜂叶，揉搓它，释放它的香味，闻一闻，再让它飘落到草地上，似乎感觉到妈妈也在做同样的动作。

在这些情况下，神经系统和其他系统可以协同工作，促进社会思维的一致性，在人类的大脑中形成群体的概念。人类不会像鸟类或蚂蚁那样成群结队，而是会通过情绪传染和社会从众（social conformity）的过程产生思维的同步性，从而产生“共同的感受、共同的步调和共同的身份认同”[15]。

然而，这种思维的同步性并不仅仅在大规模的人群或仪式中产生，两个人在一起，或三个人在一起，或者在小规模的群组里，都会发生这种同步性。当人们面对面交流时，往往会模仿彼此的姿势和面部表情，[16] 从而产生相似的情绪。[17] 多个人走在一起时，步调会趋于一致，很容易会互相模仿举止习惯和说话的节奏，甚至眼神凝视的方式。[18] 与他人同步似乎也能促进与他人的联系。当有人模仿我们的身体动作（姿势、手势）时，我们更有可能喜欢他们，并与他们融洽相处。

这种同步性和超社会性意味着即便当我们完全独处时，也不是孤立的，因为思考本身不是孤立的，具有社会性。心理学家迈克尔·托马塞洛写道：“对于人类来说，思考如同爵士音乐家在自己房间的私密环境中即兴创作一段曲子一样。没错，这的确是一种单独开展的活动，但使用的乐器是别人制造出来的，之前曾经与其他音乐家一起演奏，并向其他音乐家学习，而且这种音乐流派之前曾经拥有丰富传奇的历史，曲子是为想象中的爵士乐迷创作的。所以，人的思维是个体在社会文化母体中形成的。”[19] 即使在我们自己的内心深处，我们也无法逃避社会性。

人类具有个体性与社会性。我们作为个体经历了世界上的许多事情，但我们也有一种集体的本能去寻找社会环境，像蜂巢里的蜜蜂一样实现彼此之间的同步。

社会性动物遇见社交媒体

一个咖啡厅里播放了一首乐曲，让你想起了昔日的恋人，你给他发了表达思念的短信，并附上了一张完美的卡布奇诺咖啡的照片。一场灾难袭击了你居住的城市，你在脸书上确认自己是安全的，然后上传一段灾后的视频。你正在举办一场外太空主题的派对，并通过社交媒体与新西兰的一位艺术家取得了联系。这位艺术家创作了能够在黑暗中发光的挂毯，从而呈现群星点缀夜空的情景，你把挂毯挂在房间周围，营造出沉浸在星光下的夜晚的气氛。

随着社交媒体和智能手机的出现，我们有了全新的沟通媒介，可以联系彼此，可以同步做一些事情，可以相互影响。到目前为止，我们可以通过物理运动当面沟通协调来实现一致，而我们的思想和情绪则可以借助社交媒体，无须面对面就能实现同步。在任何时候，你不仅可以了解到社交伙伴的想法（通过他们的文字、状态更新和推特），还可以看到他们所处的环境（通过他们分享的视频和图片）。如今，多个社交媒体平台都在鼓励人们讲述自己一天中的一小段经历，并以第一人称拍摄视频。这些故事将带你融入朋友的生活体验。

随着社交媒体的引入，分享体验的媒介不仅在数量上发生了变化，其覆盖面也发生了变化。影响我们和被我们影响的不再是我们身边的人，而是全世界的人类。这种思想和情绪在网络上的大规模传播借助了具有高度传染性的语言，视频、文章和想法像病毒一样迅速传播，产生深远的影响。

“觅母”（meme）现象就是这方面的一个典型例子。在古希腊语中，meme 是 mimeme 的缩写，意思是“可以通过模仿得到传播的文化因子”。这个术语最初源自英国著名的进化生物学家理查德·道金斯，用来解释语言、观念、信仰、行为方式等文化因子在空间和世代之间被复制，并从一个人传给另一个人，如同基因在生物进化过程中得到传播一样。[20]他认为，如同基因一样，文化因子的传播也会被自然选择，所以，有些文化因子会迅速蔓延并产生持久的影响，有些则迅速消散。互联网时代很快就接纳了“觅母”这一理念，即借助修图软件处理过的视觉图像来表示特定群体之内共同的观察世界方式，这类图像传递的文化因子引起了情感共鸣。

人们把自己的社交活动放到网上，这意味着我们拥有了一种新的方式来衡量不同人的思想、情绪和想法相互影响的程度，因为我们在网上做的大部分事情都是可以追踪的。比如，脸书和一些合作者证明，当一个城市下雨时，糟糕的情绪不仅会在该城市蔓延，还会通过该城市居民的社交网络传播。[21]

脸书承认有意调整了推送给用户的帖子的内容，以测试其是否根据好友每天更新的内容而觉得更好或更糟。[22]结果发现，如果控制人们接触到的信息源，让他们少看点消极帖子或积极帖子，那么他们自己在帖子里使用的消极词汇或积极词汇就会少一点。如果看到某个朋友的社交网络变得不那么积极了，那么你分享的积极帖子就会减少，反之亦然。从统计学角度来看，这两组人使用的积极词汇和消极词汇的数量的确发生了变化，但实际上这种变化比例只有1‰。虽然这种影响微乎其微，不易觉察，它仍然清楚地表明我们甚至不需要与他人在现实生活中实现社交互动，他人的情绪和思想依然会影响我们，社交对象的情绪完全可以通过数字网络传染我们。

匹兹堡大学的研究人员追踪了波士顿马拉松爆炸案发生后人们在社交网络上的恐惧、同情和休戚与共等情绪的传播情况。[23]他们分析了人们在推特上发布关于爆炸案的信息标签（比如，为波士顿祈祷、波士顿坚强起来，以及相关的地理信息），以观察恐怖袭击和随后的封锁发生之后，情绪和信息在网络和社会上的传播。

强有力的证据表明，情绪可以通过网络进行传染，运用推特上的话题标签功能，可以追踪情绪从一个人传递到另一个人的情况。然而，有趣的是，对于人们的情绪究竟是恐惧还是团结，最具预测意义的是在波士顿的人的直接体验。也就是说，在波士顿地区拥有一定数量的粉丝或朋友，并不比最近造访这座城市或在那里居住一段时间更能预测人们究竟是恐惧还是团结。

另一个研究发现，在波士顿马拉松爆炸案发生后，尽管印第安纳波利斯在地理上更接近波士顿，但来自芝加哥的人比来自印第安纳波利斯的人表达了更多的恐惧，也许这是因为芝加哥是一个机场枢纽，与波士顿的机场业务往来比较频繁。这些发现表明，有形社交的程度（即在不同社区之间来回移动的人的数量）可能反映了更深层次的社会、文化和经济关系，这比借助虚拟沟通去分享信息或其他内容更易于催生共享社区或共同认知。重要的是你对一个地区的认同有多深刻，它在多大程度上已经深入你的皮肤，成为你身份的一部分。

情绪可以通过面对面和在线的方式传播。事实上，与社会上的其他人分享情感会加强你和他人的情感交流。在写这篇文章的时候，音乐家、演员、创新者大卫·鲍伊刚刚死于肝癌，享年69岁。2016年充斥着令人震惊的名人去世的消息，鲍伊的去世堪称音乐界的一个重大损失。他的去世让很多人公开表达悲伤：街头流浪汉纷纷表达自己从他的音乐中得到了安慰；有些著名音乐家纷纷表示自己从鲍伊那里得到了什么样的灵感，并分享自己与鲍伊的交往故事，充满了令人唏嘘的宿命论色彩；甚至连同性恋者也纷纷表示，鲍伊在性别表达方面的非传统理念折射了同性恋群体在同社会限制抗争过程中的经历与艰辛，令同性恋者感受到了精神上的慰藉。

在这种戏剧性的情感流露中，有些反映出了真实的鲍伊，他当之无愧。但我相信，其中部分情感可以用情绪传染效应来解释，在社交媒体这个庞大而混乱的世界中，这种效应是显而易见的。当你打开脸书、推特或美国有线电视新闻网时，你很难不看到人们在分享图片、故事、名言和视频；很难不听到洛德、玛丽莲·曼森和保罗·麦卡特尼分享自己同这位温文尔雅的、堂吉诃德式的艺术家交往的感人故事。每个人的注意力都集中在这些图像和故事上，构建某种形式的群体情绪。

关于情绪会在群体中得到强化的理论并不新鲜。1897年，法国社会心理学家古斯塔夫·勒庞在《乌合之众》一书中声称，置身于一个群体之中，会导致“情绪夸大”。拥挤的体育场馆里的球迷、校园里的恶霸、抗议活动引发的骚乱，这些都是群体成员之间的情绪相互助推，从而产生了放大效应。

对人们单独或集体观看具有情绪刺激的材料的研究证实，集体观看会导致情绪强化。[24] 在社会环境中，与社交圈的成员共同关注某一个事物，似乎会导致情绪更加强烈。如果你身边的朋友更加密切关注某一个情绪刺激因素，那么你也会这么做，而如果你更深入地关注情绪刺激因素的细节，并详细思考这个因素的作用，就会加强你的情绪反应。把这些行为放到网上意味着这些情绪放大效应可能会发生得更快，传播得更广。

一个名为“导火索”的数码艺术团体开发了一个名为“杏仁核”的艺术 / 数据类项目，非常好地印证了这一观察。[25] 该组织的命名灵感来源于大脑内部一个杏仁核形状的组织。杏仁核对外部世界的方方面面具有高度适应和感知能力。该组织所做的事情就是分析推特上的帖子和标签，识别它们承载的情感内容，然后用 41 根不同颜色的柱子表现分析结果。当鲍伊去世时，互联网上开始涌动一股哀悼浪潮，该组织的分析结果也沉浸在了一片悲伤之中，人们可以在网上看到它。该组织用视觉化技术展现群体情绪的循环，令人惊叹不已。

人类是具有同步性的动物，我们思考的内容很容易从一个人传到另一个人。无论是在人与人之间的传播，还是通过网络渠道的传播，恐惧、爱和恨都是会传染的。

蜜蜂与人类：养蜂人的视角

我们家族每年都会举行一次“111 岁生日聚会”。2016 年那天早上，我抽空前往马萨诸塞州西部采访一些蜂农。在新英格兰的 10 月，天气非常好，阳光温暖和煦，但空气中夹杂着一丝寒意。周围山峦起伏，树木穿上了绚丽的黄色、红色或橙色的外衣。我们家族所谓的“111 岁生日聚会”，是一个家族仪式，命名灵感来源于魔戒远征队里面比尔博·巴金斯为了庆祝自己 111 岁生日而举行的盛大聚会。虽然真正的巫师不会出现，但我们会举行一场庆祝活动，有盛大的宴会和烟火表演，还有蜂蜜酒，向那些出生在秋季的家庭成员表示庆贺。

我很确定蜜蜂没有假期，也不会举行集体仪式，但它们确实会开展合作行动，它们的行为模式构成了本书的核心隐喻。所以，在我们的秋季家庭仪式开始之前，我驱车前往一个色调令人感到非常温暖的养蜂场，和养蜂人丹·康伦聊一聊。

丹的院子很安静，一箱箱的蜜蜂洋溢着生命的气息。蜂房被漆成白色、粉红色、蓝色和栗色，一个叠一个，向远处铺展开来。养蜂场坐落在一个山谷里，视线所及皆是连绵起伏的山峦，点缀着秋季特有的树叶。丹在房子的露台上面等着我，他穿着一件 T 恤，上面印着一幅狼对着月亮吼叫的图案。人们有时穿这样的 T 恤来表明超然世外的态度，而其实他们并没有做到这一点，因此，他们穿着这种图案的衣服具有讽刺意味。然而，这种衣服却恰如其分地体现了丹的生活态度。

作为一个养蜂人，丹的生活经历听起来非常美好，充满了创新和激情，但自始至终贯串着一个稳定的元素——蜜蜂。他第一次爱上这种友好的昆虫是在他 14岁的时候，当时他正和当地业余养蜂的农民休·贝尔一起工作。在接下来的几十年里，他先后从事过几个不同的职业，从巡回音乐家到高中的行政管理者，留下了一串蜂房的痕迹。他养的蜜蜂少时只有一两个蜂巢，多时可达一百个，蜂巢从来没有淡出过他的生活。丹的妈妈说：“丹唯一的坚持就是那些该死的蜜蜂！”

大约50岁时，丹开始对他的行政工作失去兴趣。一到下午，工作就堆叠在一起，丹不再望着窗外梦想着退休生活，而是梦想着和他的蜜蜂在一起，想象着自己在温暖安静的户外照顾蜂房的情景。一个特别沉闷的下午，他对自己说：“丹，你瞧，你还很强壮，你还能干活，要么现在做，要么永远不做，不要等到70岁再去做。”上帝保佑，他得到了妻子博妮塔的支持。当他回到家告诉妻子说要辞掉薪水和福利优厚的工作，去当一名全职养蜂人时，她对他不离不弃。在接下来的几年里，他们夫妻俩可真是过了一段苦日子，他们甚至需要算计换一个炉子需要卖多少罐蜂蜜。但现在，他们还清了债务，事业正在蓬勃发展，每年为当地的大学、企业和邻居生产大量的蜂蜜。

考虑到丹养蜂漫长的职业生涯、拥有成功的养蜂场，以及他对蜜蜂的养殖科学和产品经营的跨领域研究，要研究蜜蜂和人类的超社会性存在哪些相似及差异，向他取经似乎是完美的选择。

当我们深入探讨这个话题时，丹很快指出，虽然他经常看到人们把蜜蜂视为社会性的完美模型，但他认为这远远不是事实。蜜蜂的行为的确具有社会性，但如果一只蜜蜂有脆弱的表现，就会出现另一番情景，而且它们的行为方式是大多数人无法接受的。

他说：“如果一只蜜蜂某天早上一瘸一拐地走出来，那么它的姐妹们可能会联合起来欺负它，把它赶出蜂巢，因为它失败了。”

我笑了，丹也有点伤感地笑了。

但为了蜂巢的利益，蜜蜂也会毫不犹豫地牺牲自己。丹说：“春天最令人悲伤、最令人动情的事情之一就是，如果蜜蜂的食物吃完了，它们的蜂群依然能保持良好秩序，因为它们宁愿同时死亡也不争抢。它们分享每一点食物，直到最后。”人类也能做出这种非凡的利他主义举动（比如，向陌生人捐献肾脏），但我们也对自主的个体生活怀有深深的期待，害怕在集体的海洋中失去自己的个性。

丹指出，蜜蜂数量众多，它们可以完成许多看似不可思议的事情。一个蜂巢产出的蜂蜜，是大量蜜蜂数百万次采蜜的结果。蜜蜂在其生命的不同阶段，从饲喂幼虫到给蜂巢搞卫生，从修筑蜂巢到觅食，都扮演着特定的角色。如同人类从事教师、管道工或护工等工作一样，蜜蜂之间也存在类似的分工与协作，这给蜜蜂创造了集体利益。没有任何人能够满足自己的所有需求，分工能够节省个体的时间和精力，在自己的分工范围内努力奋进，并实现集体的繁荣。

想想过去一周的生活中，有多少次别人突然出现，以你不具备的技能帮你完成了工作呢？害虫清除服务者将房屋平台下恐怖的巢穴诊断为白头黄蜂，成功地清除了它；你当地的中学老师教你女儿如何做数学题（你自己已经忘记怎么做了）；一位机械修理师傅根据你的汽车发出的嘭嘭声诊断出问题并修好了它，使你免于在参加重要工作会议的半路上抛锚；你的医生从你身上取了少量物质，让专业技术人员进行检测，以确定你健康状况良好，能继续你的生活，而不是停止手头的一切活动去寻求治疗。所有这些人都用他们的专业知识让你的生活顺顺利利，而你也用自己的技能回馈社会。

丹指出，如同人类世界全球化一样，美国蜜蜂也类似一个全球化的大熔炉，在马萨诸塞州西部飞来飞去的蜜蜂汇集了地球上七个地方的七种蜜蜂。丹强调说：“最健康的蜂巢是最多样化的。它们是一个集体，但与人类一样，力量、技能的差异造就了适应性强、运转良好的集体。”

和人类一样，蜜蜂也花费大量的时间和精力来沟通。丹认为，就灵活、多样和准确的沟通能力而言，仅次于人类的就是蜜蜂。他提醒我，蜂巢里很暗，所以蜜蜂不是依靠视觉，而主要依靠振动和信息素。比如，蜂王的脚上有个小垫子，可以释放蜂王信息素。无论它在蜂巢里走到哪里，都会留下这种化学信号。当蜂巢其他成员感觉到信号时，就知道自己接下来要做什么了。

很长一段时间以来，科学家们一直认为人类的社交行为不会受到类似的影响，因为我们人类在很大程度上并不依赖于释放到环境中的化学信号来影响社会行为。对于其他哺乳动物而言（比如老鼠），信息素在社交行为中扮演着重要角色，而人类缺少犁鼻器，这一器官中包含能够敏锐地感知外部化学信号刺激的神经元。但一些研究表明，在一起相处时间很久的女性，比如住在同一宿舍的女性，往往会出现月经周期接近的现象。还有一些人指出，女性更喜欢来自基因互补的男性身上 T 恤的味道。诸如此类的研究重新激起了人们的兴趣，越来越多的人开始研究人类的嗅觉系统中是否存在一些对信息素敏感的细胞，这些信息素可能主要是通过腋窝（腋窝的汗水）散发出来的。

心理学家贾斯珀·德格鲁特（Jasper de Groot）及其同事猜测，人际沟通和情感传染并非仅仅通过语言与视觉信号，在一定程度上也可能通过体味等化学信号，因为人类汗水通过空气传播的某些所谓化学信号能够催生下意识。当恐惧的“气味”在人群中扩散时，人们知道危险近在咫尺。当大家感到恶心时，就要警惕环境中是否有有毒化学物质。[26] 为了验证自己的假设，他们决定尽可能地采取一种克制和隐蔽的方式来做实验。他们从一个全是男性的受试样本中收集了汗液数据，因为他们觉得男性的体味更重。这些人腋下夹着棉垫，观看了一些令人感到恶心或恐怖的视频。研究人员收集了这些浸有汗水的棉垫，并储存了一天。接下来的一组受试都是女性，坐在一个气温可控、通风良好的实验室里，鼻子底下连接着一个鼻导管，导管连接着浸有这些男性汗液的棉垫。当这些女性呼吸的时候，研究人员测量了她们额头和鼻子下面的肌肉的紧张程度，还测量了她们嗅探的次数以及探测周围目标的能力。

如果你觉得这种测量情绪的方法有些奇怪，那么你并不孤单，因为不止你一个人这么想。我们倾向于认为面部表情和社交有关。如果能找到一种方法可以准确地检测出你周围的人是否突然变得非常害怕，那么这种探索就比较有价值。因为当你开始环顾四周时，更有可能发现究竟是什么因素导致了那些恐惧的面部表情。但研究人类情感的许多科学家指出，我们也可能通过改变我们感官接收的信息数量而给我们带来益处。

如果你此时此刻正在某个私密性较强的地方读这本书，不妨想象自己刚刚经过某个黑暗的角落时看到恐怖小丑潘尼怀斯（Pennywise）。你可能会做出一个非常恐惧的表情，然后观察发生了什么。当你做出恐惧表情时，几乎扩大了面部所有的感觉器官：睁大眼睛，鼻孔扩大，嘴巴张开，瞳孔扩张并吸收更多的光线。这样可以帮助你获得更多的信息，看得更多，闻得更多，尝得更多。这样一来，如果附近存在什么可怕的东西，你就能获取尽可能多的信息去做出判断。

你不妨做一个厌恶的表情。你闭上眼睛，皱起鼻子，甚至可能伸出舌头。这有助于感官将信息拒之门外。这也说得通。如果附近存在什么可能让你生病的污染物，你就能尽可能多地关闭这些污染物进入你身体的入口，从而最大限度地降低污染物对你的影响。

与此相类似，计算女性对汗垫吸气的次数和探测周围目标的能力，也是为了评估她们究竟是提高了感官的感知程度（如同恐惧表情带来的效应那样扩大鼻孔、放大瞳孔、加强嗅探，以便增强对外界信息的感知），还是削弱了感官的感知程度（如同厌恶表情带来的效应那样，缩小鼻孔、减少嗅探次数，以便减少对外界信息的感知）。

正如假设的那样，研究人员发现，当男性感到恐惧或厌恶时，其汗液的气味会让女性产生类似的情绪：闻到男性志愿者身上散发出的恐惧汗液的女性会下意识地加重鼻息，扫视房间四周，以提高感官获取信息的能力；而当她们闻到令人恶心的气味时，则会皱鼻子，减少和有害气味的接触，以增强感官排斥接收信息的能力。这些研究发现最吸引我的地方在于，这并不是单纯的情感交流，女性事先并未准确地知道棉垫主人的情绪状态（比如，“哦，这个男人曾经经历了恐惧的事情！”），而是先闻到了一种情绪状态的证据，然后她们的体内竟然产生了同样的情绪状态，而她们自身完全没有意识到这项研究是关于情绪的。这些发现印证了情绪不仅可以通过视觉、语言进行传播，而且可以通过气味下意识地实现传染。

这个研究小组多次重复了他们的基本发现，并将其扩展到其他环境中。比如，他们证明化学信号在促进情绪传染方面与视听感官信息（使用可怕的电影片段）的作用是相同的，而且如果将化学信号和视听感官信息结合在一起（比如，你在一个拥挤的电影院里看恐怖电影，大家都感到害怕，出了很多汗），那么由此带来的情绪传染效果要比单一途径带来的情绪传染效果更为强烈。[27] 在另一项重复性扩展研究中，他们发现，如果一个人闻到幸福之人的汗水，不仅会做出与幸福情绪一致的面部表情，还会催生一种更关注整体的注意力形式，即一种与感觉良好有关的认知状态。[28]

因此，也许蜜蜂并不是唯一使用信息素来分享情绪的动物。[①]从某种程度上来讲，蜜蜂和人类在行为和经验方面的另一个共同点是，两者的很多复杂行为都是自动进行的。每个人都认为蜜蜂所做的一切都是基于本能和基因编码的自发行为，这些行为从蜜蜂出生的那一刻就决定了。丹对我介绍说，当小蜜蜂一出生，它们马上就会做出令人难以置信的复杂动作：它们会立即开始清理蜂巢，腹部开始分泌蜂蜡，用下颚收集这些蜂蜡之后，开始建造自己的小格子。负责将花蜜酿成蜂蜜的内勤蜂在蜂巢入口处与外勤蜂见面时，会有一个短暂的接吻来转移汁液，这样内勤蜂就可以把汁液送到蜂巢的正确位置做进一步加工。外勤蜂还必须以太阳为基准确定方向。丹指着远处一片树林说："一些外勤蜂在那里发现了一大丛花，它们会记住那辆卡车，那座绿色的小屋，以及当时的阳光强度……它们似乎有一种视觉记忆。对于所有这些事情，蜜蜂都知道怎么做，我觉得这很了不起。"

我也觉得它们很了不起。

人们很容易误认为蜜蜂这些复杂的行为纯粹是由本能驱动的，认为蜜蜂不存在意识，也无法做出有意识的选择，人们很难想象这些小昆虫有哺乳动物那样高水平的意识。丹说："嗯，姑且

---

① 虽然通过化学信号进行情感交流和情感传染已经被贾斯珀·德格鲁特的实验室和其他人重复了几次，但在关于月经周期同步性的研究中仍有一些失败案例，许多研究人员仍然对这些化学信号的传递机制表示怀疑。究竟是哪些化学信号被释放出来？这些信号又是如何被检测出来的？在找到一个令人信服的生物学机制之前，我们应该谨慎地考虑人类是否能够散发和探测信息素。

如此，但我们的行为不都是由本能引导的，对吧？”对这句话我深有同感。

我们在本章伊始考虑了人类行为中有多少是无意识的，是由本能和我们意识范畴之外的动机所决定的。这可能超出了我们之前的认知。所以，人类和蜜蜂之间最大的区别可能并不在于无意识的冲动是否驱动了很多行为（这种情况同时存在于蜜蜂和人类之中），而在于我们人类已经进化到能够理解这些冲动并采取措施来抑制其中一些冲动的程度。正如伊格曼以隐喻的方式指出，我们可以模仿尤利西斯，并将更冲动的自我锁在船的桅杆上，这样我们就不会听到塞壬[①]的召唤。

总而言之，人类具有“双重性”，在这个世界上拥有双重的运作模式，一个是个人主义，另一个是集体主义。当我们陶醉地跳舞时，当我们在足球场上与同伴一起为了进球而拼搏时，或我们与他人交谈时，我们的行为方式表明我们或许更像某个集体的有机组成部分，而不是单个的个体。我们的动作、表情、情绪以及大脑活动都表现出较高的一致性。我们接下来很快就会看到大脑活动的情况，这并不奇怪，因为大脑的活动反映了我们的肢体运动、表情和情绪。

① 塞壬，Siren，是古希腊神话中的海妖，居住在美丽的塞壬岛上，用迷人的歌声蛊惑过往的船员，使之宁愿投海也要寻觅它们，从而毁灭自己。在本书语境下，塞壬指的是容易诱使人们做出错误选择的下意识因素。——译者注

事实证明，这种蜂巢式的思维，并非你招集别人一起跳舞、唱歌或与共同的敌人战斗的时候发生的转瞬即逝的思维。

相反，这种思维是很多人针对现实情况形成的集体性、一致性的感觉。

第 2 章

我们的小说与我们自己

缅因州，城堡石镇

我把 4 岁的儿子抱到床上，他睁大眼睛看着我，低声说："爸爸，床下有怪物，帮我看看。"为哄他开心，我俯身看去，却看见他，另一个他，在床底下盯着我，颤抖着小声说："爸爸，我床上有个人。"

每年万圣节，这个只有两句对话的恐怖故事都在网上疯传。我用寥寥几个字就把一个恐怖想法植入了你的脑海，营造出一个思维场景。（关于这个故事，网上流传着不同的版本，措辞略有差异，但我找不到原始出处。同一个故事存在不同版本，恰恰表明不同的人形成了集体思维，堪称蜂巢思维的完美体现。）这个故事可能会让你想象两个生动的人物形象（故事中的"我"和"儿子"），想象一个完整丰富的背景以及一个恐怖的场景。在我为你营造的恐怖氛围中，你是不是想到了小夜灯？是不是看到了小孩子穿的睡衣？是不是听到了小孩子那种微弱颤抖的声音？我敢打赌这些都出现在了你的脑海里。

斯蒂芬·金在《写作这回事》(*On Writing*)一书中，把写作描述成一种心灵感应的行为。为了证明这一点，他在书中给读者描述了一张图片：一只白色的兔子被关在一个笼子里，背上刷着一个蓝色的数字 8。这是斯蒂芬在 20 世纪 90 年代末一个大雪纷飞的 12 月清晨所写的，但随着时间和空间的推移，我在近 20 年之后一个 7 月的下午看到了这张图片，我那只黑色的宠物狗正依偎在我的脚旁。我依然能够理解斯蒂芬当年通过文字描述表达的图像。现在，无论你在何时何地阅读这本书（也许是在机场，也许是躺在沙滩上），我又向你描述了这张图片，相信你也能获得准确的图像理解。但正如我们在本章将要看到的那样，用文字将思想和图像从一个头脑传递到另一个头脑的行为不仅仅是一个可爱的小把戏。这种思想在人与人之间的传播以及跨越不同大脑的跳跃，可能塑造了我们对现实世界的绝大多数认知。

在这一章，我将努力说服你相信一个事实，即虽然我们自身拥有对世界的直接体验，但我们对现实的认知更多地是由自己所处的文化背景塑造出来的。正如上一章所讨论的那样，我们不仅在群体环境中实现同步和联合，构建一种集体体验，而且我们对于现实以及世界运转方式的理解都是由整个社会共同塑造的，而不是由个体塑造的。

我们通过交谈、正规教育和网络媒体等渠道来达成这些共识。但如同我们以“讲故事”的方式开启本章一样，我接下来想先探讨一下“讲故事”这个渠道，因为这是我们建立文化体系、社会规范和现实认知模式最基本的渠道之一。

我们的集体图书馆

在《如何谈论你没读过的书》(*How to Talk About Books You Haven't Read*)一书中，文学教授皮埃尔·巴亚德认为，我们除了拥有对自己一生都很重要的“私人图书馆”外，我们还与其他人共享一个“集体图书馆”。我们的“集体图书馆”由我们所处的文化社群普遍看重的书籍构成。了解这个文化社群如何看待这些书籍、如何看待它们同人类的关系，比孤立地去阅读任何一本书都重要。即使你从来没有读过《罗密欧与朱丽叶》，但你依然可能知道它与一段注定失败的恋情和两个相互斗争的家族有关。故事的思想、人物形象和情感交织在一起，造就了我们对于故事意义的共同认知。

这种文化渗透现象在现实中有真实的事例。作家、表演艺术家杰德·希尔万在脸书上向他的朋友和粉丝发起了挑战。挑战是这样的：粉丝可以上传《权力的游戏》中任何一个角色的照片，而杰德则可以说出这个角色的名字和角色的背景信息。事实上，他从未读过原著也没看过这部电视剧，只不过从观察到的对话和社交媒体的帖子中获取了一些细节。有几个名字他没猜中，但不多，其他大部分细节都准确无误。

比如，杰德·希尔万对扮演琼恩·雪诺(Jon Snow)的基特·哈灵顿(Kit Harrington)的照片的反应是：“哦，琼恩·雪诺，人们喜欢他，因为他有一头油亮的深色头发，而且喜欢沉思。他去了北方，看到雪僵尸，被吓得惊慌失措。他有一只白色的狼，名字叫白灵。他死后，大家都崩溃了，不过后来他又复活了，我觉得他的复活与那只有魔力的狼有关，但具体不清楚。”事实上，杰德·希尔万连《权力的游戏》的一个字都没读过，也没看过一集电视剧，但是多亏了“蜂巢思维”的效应，这个故事进入了他的意识。

通过阅读叙事类、情感类的小说，我们或许可以发现自己和其他人拥有一样的内心世界。《人权的发明》（*Inventing Human Rights*）的作者、历史学家林恩·亨特认为，阅读文学故事有助于提升我们对人权的理解。以小说形式呈现出来的文学作品告诉我们，男人和女人、富人和穷人、肤色深的人和肤色浅的人虽然存在外表差异，但内心深处却包含着相似的感情、思想和忧虑。对亨特来说，阅读过程的关键在于故事情节和人物角色带来的“情感卷入”效应。这些作品的文学价值与它们如何打动人心相比则显得不那么重要了，正是这些情感重塑了人们对世界的看法。

令爱书人兴奋的是，早期的研究证实，沉浸于阅读小说的时间与同理心、人际关系敏感度之间存在着正相关性，爱阅读的人在调查问卷中的得分较高，从陌生人眼中读出微妙情感的能力也较强。比如，在实验中，参与者在阅读一篇描述一个其他民族的年轻寡妇身处险境的短篇小说之后，在观看一张面部表情的照片时，可能会将其视为不同种族融合的结果，并且评估不同种族的人出现基因重叠的概率更高，这也许是因为阅读故事模糊了自我和他人之间的界线。[1] 最近一些研究对于在实验中短时间阅读小说是否能增强人们的同理心提出了质疑。[2] 但我认为，对于在一生中都保持深入地阅读小说的人来说，现在下定论还为时过早。虽然那些实验无法验证短时间阅读的效应，却发现终身阅读和同理心之间确实存在相关性。[3]（关于终身阅读与同理心的关联，当然是同理心较强的人更有可能多读书。）

虚构的故事不仅会塑造集体思维，还会影响我们在现实世界中的决定和行动。一个著名的例子是电影《大白鲨》，它创下了票房奇迹，但对随后那个夏天的海滩旅游业而言，却产生了致命后果。（我可以找到许多文章声称在《大白鲨》放映之后的那个夏天，海滩旅游业大幅下滑，但非常奇怪的是，确凿的统计数据或研究似乎无法追踪到。到底是最初的发现湮没在了岁月风尘中，还是我们仅仅集体臆断一定发生了这种事？）正如作家乔·奥康纳（Joe O' Connor）所言，它"给人们的心灵留下了咬痕"，精神创伤带来的冲击严重到影响人们的暑假计划。[4]

皮埃尔·贝亚德将我们"内心的书"称为一套理解世界如何运转的理论。正是它们支撑着我们的文化社群和我们内心那个"集体图书馆"。我想说的是，"内心的书"不仅包括虚构的作品，还包括科学、政治、历史，所有领域的知识都受到文化蜂巢的影响。

比如，很长一段时间以来，经济学理论都是基于这样一种假设，即人类的行为是理性的，追求利益最大化。各种论文、会议、理论都建立在这一蜂巢框架内，很多研究都假定这是正确的。但心理学家和经济学家开始研究人类的许多推理盲点，结果发现我们经常依赖情绪和存在瑕疵的规则来做决定，而不是仔细思考每件事。[5]这种研究催生了行为经济学，改变了经济学理论的“蜂巢思维”，涌现出好几位诺贝尔经济学奖得主。

蜂巢思维有时也会失灵

有时，我们从蜂巢思维借鉴的叙事是失败的。这种情况揭示了我们对于世界如何运作的认知究竟在多大程度上更加依赖于集体认知，而非我们的直接经验。比如，你或许能够谈论没有读过的书，偶尔也会暴露你的无知。比如，在线杂志《电子文学》的主编杰西·齐默尔曼在推特上分享说，她的男朋友认为矮种马就是小马驹。粉丝在回复中分享了他们关于世界的有趣误解。之后，她倡议粉丝们都来分享自己那些与荒谬误解有关的故事。

随之而来的逸闻趣事弥足珍贵。有些粉丝的丈夫认为孩子出生时就有满口牙齿；有些粉丝的朋友从小就认为宾夕法尼亚和特兰西瓦尼亚是同一个地方；有些男性以为短裙和连衣裙指的是同一种衣服，只是长度不同。令人惊讶的是，非常多的帖子与蛋黄酱有关。比如，有人误以为它是一种乳制品，有人误以为它与芥末混合之后就会变成一种毒药，有人误以为它是一种老土豆被挤碎之后的产物。这些陈述很容易令人发笑，但它们也表明，我们的大部分认知都是二手的，来源于集体知识，而且往往是错误的。

集体认知误导我们的另一种表现是，尽管最充足的证据摆在那里，但我们仍然坚持错误，仅仅因为这个错误的故事是如此令人不可抗拒，或者因为它从另外一些方面与我们的世界观、偏见、恐惧或假设相符。这种例子有很多，略举几个，比如常规疫苗导致自闭症，我们只利用了大脑的 10%，旧石器时代的吃饭方式是最健康的，等等。接下来我想谈一个令我感到十分震惊的集体认识。

健康学家艾米莉·纳格斯基在《真我如初：让性生活焕然改观的新科学》一书中，分享了“处女膜通常不会破裂，也不是童贞标志”这一信息。处女膜是一层薄膜，覆盖阴道口下缘。和人类生殖器的其他部分一样，不同女性的处女膜也存在显著差异。有些顺性别[①]的女性根本没有处女膜，有些在青春期消失，有些能持续到中年，甚至更久。但根据艾米莉的说法，处女膜不会像封条一样破裂，处女膜的存在与否并不能表明一个女人是不是处女。处女膜可以撕裂或擦伤，但如同身体的其他许多部位一样，处女膜也可以愈合。处女膜通常也不流血，首次性行为导致出血的更常见原因是阴道擦伤。

虽然不乏科学证据，关于处女膜的错误认知依然存在。人们误以为处女膜是童贞的标志，处女膜完整的女性不可能被强奸过，而失去童贞是一种耻辱。直到今天，世界上仍有一些地方在

① 顺性别的女性指的是性别认同感与染色体性别一致的女性。——作者注

验明处女身份，医生会对处女膜是否完整进行评估，而错误的结果可能会导致暴力或死亡。[6]更有甚者，一些人选择请整形外科医生用手术修复处女膜。

这种错误的蜂巢思维的传播途径包括文学作品、宗教实践、校园性谣言等。蜂巢思维就是这样影响着我们对世界的理解，塑造我们内心深处对于现实的感知，与我们的知识或意志无关。

社会规则：主导我们应该如何行动

蜂巢思维对我们的行为施加影响的另一种方式是塑造我们的观念，让我们明白哪些行为是被允许的，哪些行为是不被允许的。这些基于共同社会认知的行为规则被称为社会规范。一些社会规范以法律的形式被明确地编纂了出来，比如你可以同哪些人结婚，你可以在哪些地方放松一下而不会惹麻烦，等等。很多规则是通过比较微妙的、非正式的方式传播的。关于世界运作认知的蜂巢思维，大部分都是通过这种方式形成的，我们也通过这种方式获取了大量社会规则。比如，当你进入电梯后，要面向电梯前方；在图书馆时要低声细语，但在摇滚音乐会上则可以大喊大叫；你和你的祖母或儿时最好的朋友打招呼时，会搂着他们，并用自己的身体挤一挤他们，但不会用这样的方式和你的高中校长或异性同事打招呼。

我们会竭力要求自己与他人的行为保持一致，并调整自己的行为方式来迎合他人的期望。比如，如果我们注意到电视上那些魅力四射的女性越来越多地留起了大波浪卷发，我们往往也会开始效仿，买一个烫发器把自己的头发烫成波浪卷；如果我们在脸书上看到的一半的内容都是名人和好友往自己头上浇冰水的视频，我们也会产生一种无法抑制的冲动，想往自己头上浇冰水。我们在亦步亦趋地融入其他社会成员正在排着的队列。

有趣的是，就管理人们的行为而言，真实社会规范（“大多数人做什么”）的作用往往逊于人们对社会规范的主观感知或者人们如何看待大多数人的行为方式。[7]比如，你家附近在做废旧资源回收利用的人真正有多少并不是多么重要，更加重要的是你认为有多少人。

总的来说，这些规范构成了我们所谓的文化支柱。杜克大学语言学家、心理学家迈克尔·托马塞洛认为，当我们开展合作的群体越来越大时，文化就出现了。[8]我们首先形成了他所说的“共享意向”（shared intentionality），即与他人开展合作并理解共同目标、共同意图的能力。随着时间的推移，我们的“共享意向”演变成了“集体意向”（collective intentionality），特定群体的规范和道德被更大的社会群体吸收接纳，演变成了一种自动化的行为范式，因为随着我们的协作团队变得越来越大，我们再也无法跟踪某个个体，也无法知道我们是否可以信任他们。我们需要的是属于我们“部落”的标记，而不是隔壁部落的标记，于是，独特的人类文化就这样诞生了。饮食、衣着、信仰和说话的方式标志着你的群体与另一个群体的区别。比如，“这是我们捕捉猎物的方式”“这是我们建造居所的方式”等等，凸显出“我们”与其他人的区别。换句话说，这些都是我们的社会规范。

与此相关的是，人们的行为不仅受制于自己对整个文化群体内大多数人行为方式的看法，还会在更大程度上受制于自己所属的亚群体或亚文化的行为方式的影响。[9] 如果你发现社交网站上对冰桶挑战翻白眼者多于跟风者，那么你就更有可能分享一个讽刺跟风者的视频，而不是发布一个自己往头上浇冷水后被冻得牙齿咯咯作响的视频。

社会神经学家马修·利伯曼提出了一个颇具煽动性的观点，即社会规范之所以会影响我们的行为，是因为我们自己首先存在这样的意向。比如，我们自己首先想到了要把头发烫成波浪卷，或者首先想到了把冰桶里的冰水倒到自己身上，所以，当我们看到别人这么做之后，才决定效仿。他提供了大量的行为学和神经科学证据，表明我们的自我意识发挥着类似于某种“特洛伊木马”的作用，允许人类共享的一些价值观潜入我们的意识，影响我们的行为，并且令我们相信这自始至终就是我们自己的想法。他写道：“仅仅意识到自己所属群体的信仰和价值观是不够的，如果它们要指导我们的行为，我们就必须先把它们接纳为自己的东西……构成我们自我意识的很多东西都是在黑暗的掩护下，从外面偷偷溜进来的。”[10]

最后，我们还比较容易受到与我们在人脉上有交集的人以及领导人、名人等的影响。[11] 在广告和营销行业，后面这种情况比较为人熟知。这两个行业热衷于迎合那些在社交平台上拥有大量粉丝的名人，这些人就是所谓的“意见领袖”。厂家会免费送给他们一些产品，甚至支付全部费用请他们前往某个度假胜地，这样他们在网上发帖子的时候，就会提到自己正在使用的产品，或者发布这些产品的图片。

社会规范需要什么样的条件才能实现转变呢？事实证明，一个社群内的一小部分人可以对整个社群产生非常大的影响，特别是在社群内享有较高地位的人。一组研究人员进行了一项巧妙的实验，测试一个社群内部多少成员接受一种新的社会规范，才能让整个社群接受这种新规范。[12] 结果，他们发现，大约 1/4 的人接纳新的社会规范，就能达到这种效果。换言之，让一个社群放弃一种社会规范，转而采纳另一种社会规范的临界点低得惊人，只有 25%。凡是采纳新规范的成员在其社群中所占的比例低于这个数字，社群的标准都不会改变；超过这个数字，标准就会发生转变。这个数字符合其他社会科学家根据数学模型做出的预测，也符合其他来源的数据，比如商业实践案例研究得出的数据。[13]

科学传播者埃德·扬（Ed Yong）在《大西洋月刊》上发表了关于这个实验的文章，他认为，“只要达到一定的临界点，一小群人就可以颠覆已经确立的社会习俗。当这种情况发生时，曾经得到广泛接受的事物很快就会变得不可接受，反之亦然”[14]。为了印证这个观点，他列举了几个例子，包括美国人对同性婚姻、公共场所禁烟以及大麻合法化的看法。在这个实验中，社会规范是一种相对中立的规范，大多数社会规范承载的信息更多的是历史、政治和身份方面的认同。虽然人们具备坚持现状的强大力量，临界点也只需移动到30%左右。也就是说，即便一个规范在一个社群内部根深蒂固，也只需有30%的成员接纳新规范，就能颠覆旧规范。

很多企业已经开始实施一些相应的策略，专门利用消费者对社会规范的感知来影响他们的行为。比如，电力公司可能会向你发送一份将你家用电量与邻居用电量做对比的报告，并且附上一个闷闷不乐或悲伤的表情，以表明你消耗的电量超过社会规范。他们希望以此让你重新感知一下自己的行为与社群其他成员的行为是否一致，从而促使你改变自己之前的行为方式（促使你减少用电量）。

有些社交暗示会适得其反，这取决于它们的呈现方式。一份研究报告发现，有一个宣传标语，本意是让人们以盗窃森林中的石化木材为耻，实际上却提高了石化木材的盗窃率。这项报告的作者总结道："在'看看这些人，他们都在做不受欢迎的事情'这种宣传标语中，隐藏着一种强大的、削弱规范的信息，即'这些人都在做这种事情'。"[15] 在这种情况下，本来是为了批评那些做出不当行为的人，却不经意间暗示着这种不利于社会的行为反倒成了一种社会规范。

我们对世界的看法通过蜂巢式的思维传播，不仅影响了我们社交网络中的人，也影响了我们可能永远不会谋面的人。正如尼古拉斯·克里斯塔基斯（Nicholas Christakis）和詹姆斯·富勒（James Fowler）在《大连接：社会网络是如何形成的以及对人类现实行为的影响》（*Connected: How Your Friends'*

Friends' Friends Affect Everything You Feel, Think, and Do）一书中所写的那样，"好像我们可以感受到周围社会的脉搏，并对它的节奏做出反应。作为社交网络的一部分，无论是好还是坏，我们都超越了自身，成为更大网络的一部分，与自身之外的其他人建立了联系"。

我们建立这些联系的部分方式是通过讲故事。

故事：我们最自然的思维方式

社会规范的传播方式包括法律制度、我们对别人的正常行为的感知以及领袖和名人的榜样。我们的社会规范也由我们听到、看到的故事和小说蕴含的道德理念所塑造。我们理解世界最原始、最基本的方式之一就是故事，或者说叙事。

心理学家罗杰·尚克（Roger Schank）和罗伯特·阿贝尔森（Robert Abelson）认为，故事是我们"最自然的思维方式"[16]。他们认为语言知识的存在是为了记住过去、理解现在、预测未来以及与他人分享信息。

语言知识存在的意义就是为了"讲述"。

在心理学导论课上，初学心理学的学生都被告知记忆可以分为不同类别，其中一种分类法将记忆分为内隐记忆和外显记忆。内隐记忆可以悄然影响你的行为方式，而你清醒的大脑却意识不到这个过程。当你在自行车上保持平衡时，你肌肉组织的精准变化就是受到内隐记忆的影响。当你闻到祖母的香水时，会有一种温馨的感觉，也是受到内隐记忆的影响。外显记忆又可以细分为“情景记忆”（或者“自传体记忆”）和“语义记忆”（或者“事实记忆”）。在教学生理解它们的差异的时候，我会拿出一棵大树的图片，告诉学生说，所谓“情景记忆”，指的是这个图片会让你回忆起你结婚的那一天，因为婚礼是在一棵树下举行的；所谓“语义记忆”，是指这个图片会让你想到“常绿乔木”和“落叶树木”之间的差异。记住你去年情人节做了什么属于“情景记忆”，而记住圣瓦伦丁是谁则属于“语义记忆”。

但罗杰·尚克和罗伯特·阿贝尔森例外。他们认为认知心理学的这一基本原则其实是错误的，并不存在“语义记忆”这种东西。即使有些记忆看似属于“语义记忆”，但它们实际上是由故事组成的，也属于“情景记忆”的一部分。比如，当你说“我出生在纽约”的时候，说明你认同并回忆起父母告诉你的一个故事，即你出生在纽约。纽约具体指的是什么呢？作为一个州，纽约没有自然的边界，只有人为划定的边界。我们认同“纽约”的故事，认同一条线界定了这片土地的边界，这个边界线决定着治理方式的差异，边界这一边与那一边虽然距离只有几英尺①远，但治理方式存在一定差异。我们之所以认同这个故事，在很大程度上是由历史决定的，而历史除了一长串环环相扣的故事之外，还剩下什么呢？

有一次，我参加了一个庆祝我哥哥订婚的大型家族聚会，正

① 1 英尺≈0.30 米。——编者注

巧一个思想非常自由的朋友问同桌的一个小女孩儿正在学校学什么。小女孩儿回答说正在纪念美国。他回答说："哦，小宝贝，世界上根本就没有国家这种东西。"当时，我觉得这句话既好笑又奇怪，但当你真正停下来思考的时候，你会发现他这句话的确有道理。"国家"整个概念都是由我们的思维模式、法律、获得公认的政府以及社会惯例包装起来的。

我们也给自己讲述住在纽约的那些人的故事。如果你告诉别人你是在纽约或内布拉斯加长大的，就会改变别人对你是哪一种人的预测和估计。但事实上，一名在华尔街从事金融工作的女子和一名在伍德斯托克灵修的男子虽然都住在纽约，但他们之间很可能存在巨大差异。即使知道这两个个体的更多事实，我们依然不清楚他们究竟是谁。我们听到的别人的很多故事都是刻板印象，或者是根据他们所属的社会群体而对其性格所做的假设。

我们之所以对某些群体的人形成刻板印象，是因为在电视节目、小说和商业广告等为人们共同修筑的"集体图书馆"里面，这些群体往往与某些特征联系在一起。在我们虚构的故事中，律师总是冷酷无情、衣着光鲜，金发碧眼的女人总是智商低却魅力大，男同性恋者总是轻浮却有趣。我们对社会群体的许多联想所造成的危害比这些例子要大得多。比如，习惯性地将某些种族与暴力或自甘堕落联系在一起。这些特征与属于这些群体的成员产生了内隐联想，[17] 从而导致这些社会群体的成员在找工作、申请抵押贷款和约会时都会受到不利影响。[18] 我们的内隐联想被带进了所有社交中，并嵌入我们共享的知识结构之中。

我们的政治信仰在很大程度上也是我们对自己讲述的故事，有的是关于世界是如何构建的，有的是关于哪些价值观应该置于首位的。正如罗杰·尚克和罗伯特·阿贝尔森所指出的那样，“世人有好有坏，坏人试图利用非法方式造成一种邪恶的状态。只有当好人运用自己的力量，发动一些旁观者（这些人面临被坏人引诱的危险），并朝着光荣的胜利前进时，这一切才能避免”。拜托，一定要记住这个故事的梗概，因为它会在接下来的几页中反复出现。这是怎么发生的呢？我们究竟如何进化成知名奇幻作家特里·普拉切特所说的“会讲故事的猿”？接下来，我们将采访一位进化生物学家，试图回答这个问题。

进化论、小说与蜂巢思维

在我读研究生一年级的某个下午，我回到家，打开电子邮件，删除了一堆垃圾邮件和大学公告，然后注意到一封来自陌生人的邮件，这个人名叫吉姆伯利·诺里斯·拉塞尔（下文简称“吉姆”）。我打开邮件，开头是这样的：“我通常不习惯给完全陌生的人发邮件，但现在是绝望的时候。”十多年后，这句话成了我们友谊中的名句。

吉姆接着说，她与我有一个共同的朋友，她俩会花几个小时仔细分析小圈子里颇受欢迎的电视剧《吸血鬼猎人巴菲》的最新剧情。但这个朋友最近不再看电视了，吉姆渴望有一个新的聊天伙伴。于是，这个朋友就把我介绍给吉姆了，因为我也是这个电视剧的粉丝。

我和吉姆就这样认识了，准确地说，是开始彼此发邮件了。我们搜集证据，激烈地辩论。在探讨这些琐碎剧情的时间里，我们仿佛在解决几个棘手的全球性冲突一样。在讨论的过程中，我们成了亲密的朋友。这部电视剧前六季都很成功，但之后就没了（虽有第七季，但我不承认它）。我们也从青年学生变成了拥有全职工作的妈妈，没时间去狂欢式地写冗长的电子邮件了，但又想保持联系，于是，我们开始互发语音文件（我们称之为“音频”），讨论日常生活的琐事，也会围绕一些话题展开激烈争论，比如是否应该让孩子看电视，如何教育孩子；比如《权力的游戏》本质上是一个女权主义者的故事还是一个贬低女性的烂片；比如性别差异究竟是与生俱来的还是一种文化产物。在记者丹尼尔·伯格纳出版《女人到底想要什么》一书之后，我们甚至将辩论内容发到了博客上，而且《今日心理学》杂志还刊登了我们的谈话内容。这是我博客里面阅读量最大的一篇文章。

在考虑为这一章去采访谁时，我想到了吉姆，不仅因为我们的友谊最初就是通过社交技术建立的，还因为她是一位进化生物学家，是一个了不起的人，可以与她讨论我们社会性的进化问题。我通过语音询问她关于进化生物学的观点：为什么故事会深深地刺激人类的好奇心和认知过程？疯狂追剧与我们的社会性以及向“双重人”的进化具有什么联系？

吉姆指出，在动物王国里，你很容易观察到动物也具备人类的很多特征和能力，但有例外，那就是人类具有社会性、互惠性，并能够理解他人的心理状态。在心理学中，我们经常用“心智理论”来描述这种能力。这种能力使我们了解他人的生活经历，认识到不是每个人都有相同的感知、知识和偏见。我们可以把别人的思想理论化。这种能力让我们产生了同理心，期望减少痛苦，在很大程度上支撑着社会运转。关于这种能力如何进化以及为什么会进化，吉姆推荐我参考一下人类学家、灵长类动物学家莎拉·布莱弗·赫迪所做的研究及其著作《母亲和他人：相互理解的进化起源》（*Mothers and Others: The Evolutionary Origins of Mutual Understanding*）。

赫迪基本赞同本书提到的其他专家的观点，但对“进化过程注定人类是一个暴力族群”这一点有异议。她指出，在资源极度有限的原始社会，迁徙成本远低于为了土地等资源开展激烈斗争的成本。她在人类学历史中也看不到人类在早期进化历史中开展大规模战争的记录，并指出现代狩猎社会的一个鲜明特征就是“追求平等，淡化竞争，防止社会结构破裂，本能地疏远、羞辱、排斥或杀死那些具有吝啬、自大或反社会行为的人”。赫迪认为，我们每个人利用获得食物、照顾孩子、寻求住所的能力，构建了一个共享和互助的网络，这是一张社会关系网，如果我们摔倒了，这张网能兜住我们。

为了评估人的社会性是如何进化的，与人类拥有共同祖先的黑猩猩和倭黑猩猩堪称很好的研究对象。这两种动物与人类基因的接近程度大致相当，在 600 万年前与我们有共同的祖先。赫迪指出，人类目前掌握的进化证据主要集中在黑猩猩身上，认为根据黑猩猩的部落性、竞争性、暴力性及阶级性可以看出早期人类的影子。然而，由于我们对倭黑猩猩的关注较少，所以对其了解也较少。但我们已经掌握的信息表明，与黑猩猩相比，倭黑猩猩显得更乐于合作，更注重平等，对存在竞争关系的部落成员态度更温和，更愿意分享食物，性行为也更开放。如果我们用倭黑猩猩作为共同祖先的模型，那么我们对于人类进化的叙事就会发生很大的变化，而且会发现我们的认知又一次受到了在蜂巢思维中占据上风的叙事的限制。

但无论我们是参照黑猩猩还是倭黑猩猩来探寻人类远古祖先的模式，在进化过程中的某个时刻，我们的社会情感比这两种动物都要复杂得多，而且可能比我们共同的祖先还要复杂。是什么让人类走上了自己独特的道路？

赫迪对这些证据的解读是，之所以出现这种情况，是因为人类开始以组成大群体的方式抚养孩子，互相合作，把脆弱的婴儿抚养成茁壮的成人，她将这种现象称为“替代父母行为”。她根据从遗传学到内分泌学再到考古学的大量证据，论证了人类社会性的起源，并指出复杂得令人难以置信的心智理论可能与人类向多个照顾者寻求关怀的行为密切相关。无论向父母以外的人寻求关怀是不是心智理论赖以形成的驱动力，理解和关注别人内在动机的能力无疑是人类的一种显著特征。

正是得益于这一至关重要的能力，吉姆将我们在虚构故事方面的动力归因于我们不仅想要阅读或欣赏这些故事，而且还想要对它们分析、评判、讨论、再讨论。她认为，我们讨论虚构故事的地点最早可能是篝火旁，之后转移到公共广场上，然后是办公场所的茶水间，现在则转移到了网络上。故事教我们如何形成同理心，不仅教我们理解故事中人物的心理动机，还教我们在现实生活中理解别人的动机。当我们进入一个故事的时候，我们就变成了故事中的一个角色，就能体会到这些角色的感受，就会做他们所做的事。

吉姆笑着说："如果我们认为作者写的角色不真实，那就是我们的评判，即我们认为在这种情景下不会做这种事情。我的意思是说，这种批判思维是人类独有的！"当虚构角色同时存在于我们与作者的想象中，而且我们觉得这些角色的行为方式有悖于他们在故事中展现的价值观和世界观时，我们就会感到不满和不安。

这种做法对人类来说或许格外重要，因为我们的许多成就和能力都与一个不寻常的事实有关，即我们既能进行生物层面上的学习，也能进行文化层面上的学习。我们生来就有处理同理心的神经机制，将自己投射到他人身上，感知信息并加以利用。但是如何利用这些信息，则离不开文化学习的过程，这个过程以精确的方式将价值观灌输给年轻人。吉姆说："我们与生俱来的一些能力会经历一些磨炼与调整，而磨炼与调整的方式就是听故事、讲故事以及解读故事。"

如果处于早期进化阶段的人能够完成这种奇妙的文化微调，可能会更好地与他人互动，并拥有更稳定的社会体系，这可能会给他们的进化带来好处。菲律宾有一个以狩猎采集为主的部落，称为“埃格塔”。在这个部落内，擅长讲故事的成员被视为社交能力更强的合作伙伴（甚至高于能够带来更多食物的优秀狩猎采集者），而且更受女性青睐。[19] 这个部落讲述的故事通常会强调资源共享和追求平等。比如，有这样一个故事：野猪和海象是最好的朋友，它们喜欢赛跑取乐，后来海象的腿受伤了，没法在陆地上跑了。由于不能和朋友一起玩耍了，野猪很不高兴。于是，它把海象带回海里，这样，野猪在陆地上跑，海象在海里游，它们又可以继续赛跑了。此类故事大都聚焦于合作，甚至是扭转社会不平等现象。

故事是一个族群建立、加强社会规范及文化价值观的一种机制。

讲故事需要动用特殊的大脑区域吗?

进化压力如何推动我们不断调整叙事能力呢？为了支持讲故事这个活动，我们可能需要动用整个脑区的网络。社会神经学家、作家马修·利伯曼在《社交天性》一书中让我们注意这样一个事实：当我们脱离日常生活的任务，我们的大脑就会自动地倾向于沉思，比如最近的极度失落、即将到来的聚会、对同事轻蔑态度的完美回击等等。

在他的书中，为了证明我们需要动用大脑特定区域构成的一个网络开展这种反思，他提供了相当多的证据。这个网络被奇怪地命名为“默认模式网络”（简称 DMN）。当神经科学家开始研究大脑停止某项特定任务后倾向于做什么的时候，发现了这种网络。换句话说，当你停止某个专注的精神活动后，这些区域就会默认跳跃到另外一种精神活动。这种神经网络是在默认情况下被激发的。

我们停止某个专注的精神活动之后倾向于从事的精神活动，即所谓的自发认知，包括空想、回忆和模拟未来社交等活动。所有这些活动都有一个共同的特征，那就是它们都是精神层面的，与当下的事情无关，要么是在巩固对过去的记忆，要么是在推测不确定的未来，[20] 换句话说，就是在讲故事。

事实上，有些研究项目要求参与者听、看或以其他方式感知故事，从而观察这个网络被激活的情况。[21] 与“默认模式网络”有关的大脑区域，同社会神经学家发现的对社会认知或理解他人至关重要的大脑区域存在相当多的重叠。起初，利伯曼认为我们的“默认模式网络”之所以会在任何空闲时间被激活，是因为我们天生就对我们的社交世界感兴趣。但仔细研究所有的证据并深入思考后，他意识到这些证据实际上更好地印证了相反的因果关系，即我们之所以对社交世界感兴趣，是因为我们的“默认模式网络”在空闲时间被激活了。也就是说，这位神经学家呼应了进化生物学家吉姆的观点，即我们的神经在空闲时间被用于讲故事，用于思考与人有关的事情。

当我们参与社交过程时，会给自己讲一些小故事，比如自己喜欢谁，谁喜欢自己，谁可能是朋友、敌人或盟友，以及与这些人的互动会产生怎样的结果。当我们巩固记忆时，会把生活中发生的事情转化成简洁的小故事，以备将来回忆。故事是思想的产物，是人类认知中最基本、最重要的方面之一，我们可能已经进化出一整套大脑区域网络来提高我们讲故事的能力。

有趣的是，当我们阅读故事时，对大脑活动的神经成像研究表明，我们可能在理解文字与理解隐喻时使用相同的回路。[22] 也就是说，当你读到描述一个人在森林中奔跑的文字时，你可能会激活大脑中与运动和视觉有关的区域，如同你自己在森林中奔跑时激活的区域一样。正如卡特林在其小说《沃罗》中所写的那样："他本能地知道，记忆和想象在大脑中共享同一个区域，它们仿佛松软沙子上的印迹和雪地上的脚印。"

如同我们晚上睡觉时做梦一样，阅读小说可能是我们模拟未来的一种方式，也是我们汲取经验的一种方式。或许正是由于这个原因，尽管阅读小说描述的内容对阅读者来说是间接的，也会让人感觉如同个人经历过一样。

"评估"本质上就是一个小故事

在接下来几章，我们将深入探讨叙事如何在现实生活中塑造人类共识。但在结束本章之前，我想向你介绍一个接下来几章反复提到的术语。

这个术语就是"评估"（appraisal）。[23] 所谓评估，本质上就是你针对一个事件或一种情形意味着什么，给自己讲述的一个很小、很小的故事。在这个故事中，你告诉自己如何解读它的意义、新颖性以及将对你的目标产生什么影响。我们一直在进行“评估”。比如，对于墨西哥鱼肉卷而言，香菜究竟是一种带有类似柠檬味的美味佐料，还是一种味道像洗碗水一样的有害杂草？你的主管在“成长领域”这部分给你的反馈，表明她愿意对你的未来进行投资还是轻视你呢？社交技术是社会中的一股恶意力量还是无害的工具？这些都是“评估”。我们做出的“评估”决定了我们的反应，比如是否要把香菜吐出来；是否要反复思考我们的绩效评语；是否要把孩子的智能手机扔进垃圾箱，强迫他使用固定电话，让他自己动手记笔记。

那么，我们会做出什么评估、不会做出什么评估，容易受到哪些因素的影响呢？影响因素很多！在某种程度上，我们可能受到基因的影响。比如，我们知道，过分外向或神经质等个性特征具有高度遗传性，有神经质倾向的人可能比外向的人更容易对主管的反馈做出负面评估。养育子女的方式当然也会对人产生影响。如果你在成长过程中看到母亲每次开车经过一个肤色不同的人时都关紧车窗，那么这将影响你对不同种族的人的评估。此外，影响评估结果的因素还有教育、阅读的小说、与朋友的交谈等等。我们的性格以及对世界的理解在很大程度上是由社会因素决定的，我们对于一个事件或一种情形的评估结果也是如此。

如果注意观察，你甚至可以感觉到自己的评估方式会发生变化，由此导致你的情绪也会随之改变。比如，夫妻或朋友之间的大多数争执都源于两种对立的评估方式，一旦你们把事情说出来，并理解彼此的评估方式，那么你们的愤怒就会消失。

故事为思想提供素材，思想则预示和决定行为。

我们将会看到，在我们所做的评估中，蜂巢思维起着巨大的作用。

第 3 章

包容的门槛

罗得岛州，普罗维登斯市

一个人如果想和其他人培养密切关系，就意味着要放下吊桥，拆除壁垒。在与另一个人亲近的过程中，我们愿意与他分享我们不愿与大多数人分享的某些经历和情感。我们通常只邀请少数人进入自己内心最私密的部位，我们称这种现象为拓展内心世界的包容门槛。

从自己非常珍视的内心世界向外迈出一步之后，我们就与其他人建立了关系。这些人虽然无法自由地进入我们的内心世界，但我们在他们面前不需要装出一副勇敢的样子，也不需要把自己打扮得光鲜亮丽——他们曾经看到过我们劳累的样子，看到过我们生病的样子，看到过我们最好和最坏的样子，了解并支持我们的偏好，在我们需要的时候愿意提供支持。我们将这种关系称为“友谊”。

再向外迈一步，我们就会拥有更广泛的社交网络，包括我们认识的人、认识我们的人以及我们在拥挤的酒吧里发现并迎上去攀谈的人。再向外迈一步，我们就会遇到那些我们可能并不认识的人，但我们与他们有着共同的志趣和共同的世界观。我们或许属于不同的亚群体，拥有不同的哲学观点、拥护不同的政党，具有不同的流行文化偏好，分属不同的性别和种族，来自不同的地域，但我们倾向于与这些人产生一种共同的身份认知，不再将这些人称为“他们”，而是称为“我们”。

在这一章中，我们将思考一下当人们形成偏好和亚群体时，当我们不把人类当作一个整体的“蜂房”，而是分裂成不同部落时，会发生什么。我们先从大处着眼，从整个文化的角度开始谈起，然后逐步缩小范围，谈一谈友谊网络，最后谈一谈浪漫的情侣关系。

首先，让我们到罗得岛州去，和一位著述比我丰富得多的人谈谈一个令人疯狂的小东西——爱。

人在水中游：人类学视角下的“蜂巢”

在罗得岛州普罗维登斯的布朗大学哈芬雷弗人类学博物馆，我凝视着一个展示柜，里面是坎巴部落一种用于饮酒的葫芦。该部落亦被称为阿坎巴（Akamba）或瓦卡姆巴（Wakamba），生活在非洲的肯尼亚和南美洲的巴拉圭。

那个葫芦很好看，用木头雕刻而成，上面有错综复杂的精美图案，而展示柜的背景是一个蜂巢。我不禁惊呼：“这里的蜜蜂肯定非常多！”根据解说文，一种由蜂蜜酿制而成的啤酒（被称为“uki”）在该部落的传统仪式上扮演着重要角色，比如婚礼和成年礼。传统上，这种酒是男性地位的标志，只有部落中的男性长者才有权饮用，或者拥有一个蜂蜜盒（被称为“kihembe”）。

我来博物馆不仅是为了参观这些文物，也是为了和生物人类学家帕特里克·克拉金一起吃一顿印度式自助餐。他是波士顿马萨诸塞大学的教授，研究战争、流离失所对一些生物学因素（比如身体素质和慢性疾病）的影响，研究对象包括因战争而被迫迁居法属圭亚那、美国的赫蒙人，老挝人和高棉人等族群。我和帕特里克在推特上相互关注有一段时间了。有一种点击率测试，或许使用了某种算法来计算彼此相互点击和点赞的次数，将我和他称作“推特情人”。去博物馆那天，是我们首次在线下会面，我们要探讨一下人类学家对蜂巢的看法。

我们先从社会规范与文化形成这一主题开始谈起。

帕特里克说：“当你开始学习文化人类学这门课程时，你会发现很多自己觉得很奇怪而世界各地的人却习以为常的事情。同样，有些事情别人觉得很奇怪，但我们习以为常，以至根本没有察觉，如同戴维·福斯特·华莱士（David Foster Wallace）说的鱼和水。你知道这个故事吗？”

我确实知道：“有两条小鱼在水里游来游去，恰巧遇到一条年长的鱼，老鱼朝他们点点头，说：‘早上好，孩子们，水怎么样？’两条小鱼继续往前游了一会儿，最后其中一条鱼看了看另一条鱼，问道：‘水到底是什么东西？’”[1]

我们一起发出了咯咯的笑声。

据帕特里克介绍，比较心理学家迈克尔·托马塞洛（就是上一章提到“共享意向”的那位）认为，如同鱼天生离不开水一样，人类天生离不开文化。文化如同我们呼吸的空气以及让我们脚踏实地的重力，都是看不见摸不着的。

帕特里克没有过于关注人类邪恶、好战的天性，他对人类本质的看法与莎拉·布莱弗·赫迪的看法比较一致。他认为，只有在我们发展了农业，开始在小块土地上定居，并保护它不受别人侵犯之后，更大规模的冲突才可能发生。然而，另一位专家认为，与部落视角相比，我们的社会更类似于蜂巢。

帕特里克说：“我们只是在过去的12 000年里偶尔陷入这种大规模的冲突和暴力。从整个人类历史来看，这还是一个相对较新的现象。”

我不禁对这一观点感到惊讶：在他眼中，12 000年竟是一段短暂的时间！

帕特里克露出了悲伤的微笑。他承认，这种基于时间的观察视角并不能代表大多数人的典型思维方式。但当你习惯于观察人类进化的整个过程时，几千年的时间就显得相当短了。

他继续说：“当你循着时间进行更深层次的思考时，你会看到人类行为方式的更多可能性。”在美国文化中，帕特里克看到人们开始怀念这样一种方式：整个社会是以家庭为核心运转单位的，平均每个家庭抚养2.5个孩子，父亲外出工作，母亲打理家务，拥有一座带草坪的两层别墅。这种生活方式存在的时间其实很短，仅仅存在于20世纪中期，而且只有那些居住在郊区的中上阶层白人拥有这种生活方式。他认为，在某些人看来，一个国家中某个亚文化群体的几十年，似乎就是过去的全部。

我们自己的文化习俗很可能使世界上其他社会感到疏远和不自然。在漫长的历史长河中，对大多数人来说，把一个幼小的婴儿放在远离父母和兄弟姐妹的木笼子里，强迫他仰卧而睡，往好了说是奇怪，往坏了说是野蛮。我们缺乏体育活动，我们倾向于为了工作而远离家人和朋友，甚至把终身坚持一夫一妻制作为一种理想（这可能存在争议），从漫长的人类历史来看，很多历史时期存在的情况都与这些文化习俗不一致。

作为对比，帕特里克举了一个“同胞共妻”的例子，在这种制度下，若干兄弟共有一妻，从而可以一起经营家庭农场。这种局面竟然不会引发流血或痛苦，是当代西方文化中的我们无法想象的，但对其他一些文化而言，这是应对现实困难的合理方法。

人类学的视角不仅让你感受到人类进化与人类文化的时间多么漫长，还让你看到人类具有多么灵活的适应方式，看到社会环境、评估方式和蜂巢思维的叙事如何塑造了人类经验。

帕特里克问我：“你看过弗朗西斯·德瓦尔制作的猴子吃葡萄的视频吗？”

我没有看过。但如果你拿起手机，上谷歌快速搜索一下，你会发现真实的情况相当有趣。我将帕特里克的描述转述如下。

德瓦尔是埃默里大学的灵长类动物学家。他做了一个实验，训练南美卷尾猴如何使用金钱。研究员以岩石作为猴子的货币。

如果猴子给了研究员一块石头，研究员就会给猴子食物作为回报。在视频中，两只猴子被关在不同的笼子里，肩并肩，这样它们就可以互相观察。第一只猴子给了研究员一块石头，得到了一根黄瓜作为回报。第二只猴子把石头给了研究员，得到了一颗葡萄作为回报。对卷尾猴来说，葡萄比黄瓜更美味。第一只猴子看到了这一切之后，就拒绝了黄瓜，选择等待葡萄，一旦得到葡萄，它就会对研究人员做出非常感激的动作。猴子们会评估什么才算公平，并且对于什么才是自己应得的，它们会形成自己的看法。一旦社会环境发生了变化，对猴子来说原本美味可口的黄瓜突然变得不好吃了。[①]

人类更善于适应社会环境的变化，对美好、公平和正义等概念内涵的变化也会及时做出调整来适应。作家、教育家约翰·沃纳（John Warner）在撰写关于大学生（而非猴子）的文章时指出，两种关键的评估塑造了我们对于“公平”的看法：一个是对“稀缺性”的评估，另一个是对“不稳定性”的评估。[2] 对稀缺性的评估导致人们认为资源是有限的，可能需要竞争和争夺。对不稳定性的评估会让人觉得自己当前的处境是脆弱的，最轻微的风都可能把自己掀翻。比如，没有足够的葡萄供应（稀缺性），而你可能获得一颗葡萄，但是何时能真正拿到手却没有保证，它可能在任何时候被抢走（不稳定性）。

① 我和帕特里克都不认为猴子的这种评估在本质上是有意识的。人类的很多评估或许也是如此。

沃纳认为，当前大学生心理健康问题之所以频发，部分原因在于他们对一些事情的评估出了问题。教育和就业等方面的资源的确存在稀缺性，尤其是对于那些收入不高的人群而言：只有那么多人能进入大学，通过读大学获得成功的事业。而许多学生为了能进入大学学习必须做出牺牲，比如背负巨额的债务，为了读大学而失去其他很多机会。[3]此外，在当前这个时代，政客们纷纷削弱了社会保障网络，逼得很多人不得不上 GoFundMe 之类的众筹网站发起众筹活动，希望为自己的心脏手术筹集费用，因此，不稳定性也是真实存在的。在稀缺性和不稳定性并存的情况下，竞争、自私自利、抨击资源囤积、指责不劳而获等现象可能会加剧。沃纳推测说，抑郁和焦虑也可能加剧。曾有一项全国性调查，询问学生最担心什么，学生们给出的答复是未来的就业、财务状况以及考试成绩（这些成绩会转化为未来的就业、财务状况和社会地位）。如同德瓦尔的猴子一样，我们对世界的认知在很大程度上依赖于我们对其他社会成员的感知和观察。

“我希望自己擅长做动画或绘画，”帕特里克说，“因为我有制作这样一个动画的想法：一个人头上飘浮着一个思想云团。他所有的思想都朝一个方向旋转。然后，他遇到了另一个人，两人的思想云团朝着相反的方向旋转。这两个人互相碰撞，思想云团也碰撞到一起，互相影响。”一个人思想不只是停留在自己的头脑里，而是会扩散开来，互相影响。

推动思想的云团相互渗透和传播是帕特里克坚持博客写作的一个动力。当他看到一个令人沮丧的消极趋势时，就会上传一个积极的帖子，希望自己的思想云团有希望与其他云团碰撞，并促使它们朝积极的方向转化。他的文章不是天真的啦啦队，而是建立在人类学科学和实证研究的基础上，但他确实试图推动关于蜂巢的叙事朝符合人们期望的方向发展。

在帕特里克的博文里面，我最喜欢的一篇文章是《包容的门槛》（*Thresholds of Inclusion*）。[4] 在这篇文章中，帕特里克再次提到给猴子分发葡萄的灵长类动物学家弗朗西斯·德瓦尔，德瓦尔在“道德圈”的层面上来描述人类的同理心。[5] 对你而言，最能激发出你同理心的最紧密的小圈子，就是你自己，然后依次是家庭、村庄、族群和国家，再然后对整个人类形成同理心，最终或许是所有的生物。

但正如帕特里克所指出的那样，诸如此类定义，很多都会发生转变。你自己也会发生很多变化，随着时间的流逝，你不会没有变化。朋友可以变得像家人一样，如同萨拉·布莱弗·赫迪所说的“宛如亲人”一样。对有些人来说，国籍比种族身份更重要。研究表明，如果你更加看重身份的某一个方面，或操纵人们对于族群的生物学或社会学意义上的理解，这些操纵会改变参与者对外来族群的偏见程度。[6]

我们将自己在这个世界上的经历与他人的经历相比较，从而知道自己期待什么，厌恶什么。这本质上是人们在某种形势下做出的评估，也是我们给自己讲述的故事。

然而，包容门槛不仅仅是一种隐喻。如果我们和社会上的其他人共度时光，我们与他们之间就会呈现出一定程度的同步性，不仅言谈举止和行为模式会与别人同步，我们对这个世界的看法也会受到别人影响而表现出同步的迹象，也就是说，我们会将别人的世界观融入我们的世界观。自我意识与他人意识之间趋于一致被称为“神经元同步”。以个人拙见，我认为这是目前在心理学领域进行的一些最有趣的研究。

协调：神经元同步

社会神经学家塔利亚·惠特利过去几年一直在跟踪研究达特茅斯商学院一年级的学生。达特茅斯位于新罕布什尔州的汉诺威，该地远远算不上一个大都市。惠特利开玩笑说，这个城市的树与人的数量比例是相当不平衡的，住在树上的动物数量显然超过房子里的两足动物的数量。商学院在校园里有自己的教学楼，学生们大部分时间都在上课，一起在食堂吃饭，一起住宿舍。因此，惠特利可以接触到一群一开始素不相识的新生，他们在几年的时间里都在为共同的社会事业奋斗，几乎所有的时间都用来工作、学习和分享经验。对于社会心理学家而言，大学可能是理想的对照试验场所，能够让他们实时观察社会网络的形成。更有利的一点是，每年秋天都会有新一批学生加入这个实验。这允许心理学家实现任何一项伟大研究都必须满足的一条黄金标准，即“纵向设计”。也就是说，心理学家可以在某个时间点评估一群人，然后对他们开展跟踪研究，观察他们在未来可能出现的变化。

惠特利与心理学家卡罗琳·帕金森等人合作，试图通过研究来回答一些复杂的问题。比如，在体验世界过程中我们与朋友的大脑的相似程度，[7] 我们是否会寻找与自己想法相似的朋友，等等。她称这项工作为神经元同步。神经元同步指的是相同事物对不同人的影响逐渐趋同。

她和她的实验室剪辑制作了一系列视频，包含了一些引人入胜却会引起分歧的内容。这些内容会因观看者的不同而引发各种积极或消极的反应。要理解这一点，可以想一想政治演讲、喜剧套路和模仿剧情。她让达特茅斯商学院的一群学生在功能性磁共振成像扫描仪中观看这些视频，观察他们大脑中的 80 个区域对这些视频的反应。因为他们是一群人，所以她也能够检测一下他们之间的社交网络。对于每一个人，她不仅能看到他与谁建立了友谊，还能看到谁与他联系了，所以不仅能看出谁与谁是朋友，还能看到朋友的朋友和朋友的朋友的朋友。然后，她记录了他们观看视频时大脑的反应，并检查了这些反应，看看他们思维变化情况有多大的相似性或差异性，并观察相似的大脑区域神经元在相似的时间点被激活或去活的情况。

惠特利和她的合作者发现，一个人的朋友的朋友的朋友对视频的神经反应与这个人不存在相似性。一旦两个人距离真正的友谊更近一步，大脑活动就开始呈现出协调性了。一个人的朋友的朋友的大脑激活的变化与这个人存在显著相关性，而一个人与其朋友之间的相关性则更显著。

我们的大脑对世界的反应与我们朋友的反应类似。虽然这项具体的研究只考察了大脑活动，但其传递出来的最主要观点是：

共同体验是友谊的一部分，我们因为同样的事情而一起大笑，一起感到恶心，一起集中注意力或一起感到无聊。

为什么惠特利和她的同事们能观察出这些结果？至少有两种比较令人信服的可能性。一方面，不同大脑之间能够建立联系可以归因于共同的生活经历，友谊赖以形成的部分原因在于我们的大脑活动对世界的反应趋于相似或同步。如果这是真的，你应该看到，在建立友谊的过程中，随着时间的推移，共同生活体验日积月累，这些友谊会越来越强。另一方面，我们最初可能会被拥有相似世界观的人所吸引。如果这个假设是正确的，那么你应该在两个人成为朋友之前观察一下他们之间的关系。此外，你应该能够利用大脑活动成像来预测一个人未来会选择和什么样的人一起分享乐趣、发泄情绪和看电影。（当然，在某种程度上，上述两点都有可能是真实的。）惠特利和她的团队正在积极地测试所有的可能性。

研究神经元同步现象的人并非只有他们。在一项大脑成像的创新研究中，来自普林斯顿大学的一个研究小组让一些参与者在扫描仪中观看一集 BBC 电视剧《神探夏洛克》。[8] 参与者走出扫描仪之后，被要求描述一下自己刚才观看的内容，如同刚刚和朋友一起看完之后聊天一样。研究人员比较了人们在观看电视节目和回忆节目场景时大脑活动的相似性（或差异性）。值得注意的是，人们第一次看到夏洛克和华生的滑稽动作之后，他们的大脑在复述这一情节时的活动更类似于别人复述这个故事时的大脑活动，而不是类似于自己在首次看到同样情节时大脑的活动。在接受 DeepStuff.org 网站的采访时，[9] 首席研究员贾妮斯·陈（Janice Chen）就这些发现给出如下解释："不同的人在感知和记忆真实世界时，他们的大脑有基本的相似性。这为我们相互理解打下了良好的基础。"换句话说，我们体验世界的方式存在一些相似之处，从而允许我们对世界的解读和回忆呈现出相似性和同步性。

在另一个案例中，几位芬兰科学家要求人们躺在功能性磁共振成像扫描仪中，观看一些流行电影的片段，比如《当哈利碰上莎莉》或《教父》。这些片段的作用是诱发积极或消极的情绪。[10] 在扫描了受试者的大脑后，让他们再次观看电影，这一次他们在观看电影时对自己的情绪起伏进行了评级。然后，研究人员一起查看了所有受试者的数据，特别关注了参与者何时表现出类似的大脑激活模式，以及这些同步活动的时间与电影片段的情绪高潮和低谷之间的关系。他们的研究结果表明，当受试者感受到强烈的负面情绪时，他们的大脑活动表现出显著的相似性，尤其是在负责情绪处理的区域。研究者写道："通过这种思维模拟，我们可以更准确地估计他人的目标和需求，并相应地调整自己的行为，从而使人们的行为呈现出一致性，促进社交互动。"强烈的情感体验可以将人们的注意力引导到环境中的相似特征上，并使他们的大脑活动呈现出同步性，从而使这种体验以相似的方式存在，使人们能够对他人的思想内容形成一致的理解。

这些都是神经元同步的例子，都意味着大脑在共同精神状态下的激活模式存在相似性。另一方面，两个人在交谈时，可能表现出一种类似于即兴爵士乐的交流，其中一个人的语言区域突然活跃起来，然后在另一个人说话时安静下来，反之亦然。

科学家们注意到，在你开始说话的几秒钟之前，你大脑里面负责产生词汇的区域就会活跃起来，这就是“听就是准备说”[11]的依据。这项研究或许可以解释为，我们并不真的在乎对方在说什么，我们只是在别人说话的时候，非常注重为自己接下来说话做准备。但自己准备说话和倾听别人说话的时间重叠并不表明你不注意对方在说什么，而是表明这个交流过程意味着一种共同体验，你们的想法可以相互影响。正如社会神经学家博·西弗斯在一次会议演讲中所说的那样，“交谈是神经反馈”。也就是说，你的大脑活动会影响其他人的大脑活动，然后这种互动又会反过来影响你。

当我说话的时候，你在预测我接下来要说什么，你在准备你的回应。所以，即使我说话的时候你很安静，我们也都在为这个对话做贡献。也有证据表明，这种同步预测与更好的理解力是有关联的，也就是说，当你在思考说话者接下来会说什么时，如果你的大脑活动与他的大脑活动相似，那么你就更有可能理解他接下来说的话。[12]倾听是一种基本的读心术。

在谈话中我们其实是同一个人。

总的来说，这类研究越来越多地印证了一句名言的正确性，即“你是与你相处时间最多的五个人的中和版”。① 当然，这个数

① 部分人认为这句话出自励志演说家吉姆·罗恩（Jim Rohn），但就像许多被广泛引用的名言一样，其最初来源并非完全清晰。

字未必准确，而且我们每个人受别人影响的程度也不尽相同。但一般而言，与你社交密切的人会影响你看待世界的方式、你做出的评价以及你的情绪，这些现象的背后都是神经系统的同步作用。如果你花大部分时间接触的人往往对这个世界做出负面评价，认为这个世界里的每个人都在为出人头地而相互欺骗，那么你可能也会形成相似的世界观，觉得自私自利现象遍地都是，并且质疑每个人的动机。如果你和关心他人、心地善良的人在一起，你会发现自己会变成一个更慷慨的人。

我知道我更想和哪一种人做朋友。

终极的神经元同步：浪漫的爱情

在本章结束之前，我不禁想就帕特里克写的关于浪漫爱情的一个文集提出几个问题。这个文集的名称是《人类婚姻》。

帕特里克揭示了交配、结合和浪漫爱情的科学。他提出了一个问题：我们是在进化过程中形成了要生育和抚养后代的真爱主义者，还是生来就是渴望猎奇和滥交的机会主义者？建立浪漫爱情是人类个体在形成蜂巢的过程中迈出的第一步，情侣堪称人类社会蜂巢最基本的单元。研究这个最基本的单元时，我们得出爱情的本质是什么？

答案很复杂。

在帕特里克看来，这个答案可能在很大程度上取决于我们以什么方式去考量浪漫的爱情。如果我们问一个人，在其一生中，是否很容易和一个满足了性、浪漫和陪护等需求的人建立关系，那么几乎毫无疑问，答案是否定的。但我们不妨换一种方式去提出问题，比如：人类进化过程是否自然而然地导致一个人被另一个富有魅力的人吸引，从而希望与其成为交配伙伴，并在足够长的时间内把自己的注意力完全集中在这个交配伙伴身上，将二人的生活和目标凝聚在一起，然后痴迷于创建和享受早期浪漫的爱情，最终至少在一定时间内缔结一种温暖的、相互支持和相互陪伴的关系？这种提问方式的答案往往是肯定的。所有证据似乎表明人类适合一夫一妻制，但擅长给人提供情感建议的专栏作家丹·萨维奇曾经说过，我们应该更加深入地探讨一夫一妻制这个问题，看看人类这个物种是否真的适合遵循这种制度。

这对我来说也是一个有趣的问题，但我更好奇的是浪漫的爱情如何以一种类似于人类思维的方式影响着我们的思维和大脑，这种彼此的融合和神经元同步让我们真心觉得我成了你，你成了我。小说家大卫·米切尔为什么在《骨钟》(*Bone Clocks*)中说“爱是一个模糊的代词”呢？

爱情的本质或许难以捉摸，但它本身并非如此，因为它是地球上几乎所有文化共有的一种体验。爱情的特征是强迫性地把注意力集中在另一个人身上，强烈地需要身体上的亲密感，觉得自己有一张通往对方心灵的地图，把对方的特性和彼此之间的相似性形成一种理想化的看法。爱情还普遍会令人产生一种身不由己的感觉，令人产生寻觅某个人的强烈动机，而且会因为这种感觉的短暂而感到绝望。帕特里克写道：“如果爱情受制于理性选择，或者我们知道爱情的开关在哪里，它就不会很好地发挥作用。相反，恰恰因为它似乎扼住了我们的喉咙，它的力量才如此强大。”为了寻觅爱情，人们必须付诸行动。

所有这些关于爱情的体验都表明了一个人与其珍爱的人之间界限的消失，彼此的思想、目标、时间和优先事项发生了融合，甚至两人的身体界限也趋于消失了。爱情模糊了彼此身体的严格界限，独立的、孤独的个体以一种欢愉的方式终止了（可能只是暂时终止），融入了一个幸福的联盟。但除此之外，爱情还意味着什么？

为了探寻这个谜题的线索，我们可以查看《纽约时报》的专栏版。2015年情人节前夕，该报发表了一篇文章，这篇文章后来非常出名，作者是曼迪·伦·卡特伦，题为《你这么做，想爱上任何人都可以》（*To Fall in Love With Anyonc, Do This*）。在这篇文章中，卡特伦分享了著名心理学家阿特·阿伦（Art Aron）在1997年研究过的一种有助于与陌生人建立亲密关系的技巧，他曾积极实践过。这些技巧包括向他或她提出36个问题，先从一些感情色彩较淡的问题开始，比如“打电话之前，你会提前想好要说什么吗”。接下来是亲密度逐渐增加的问题，比如“如果你今晚就要死去，却没有机会与任何人交流，那么你最后悔没告诉别人什么？你为什么还没告诉他们”。一些问题还会促使情侣们说出越来越多的细节来赞美对方，并说出一些带有“我们”字眼的句子，比如“我们都在一个拥挤的房间里，感觉很热”。

问完36个问题之后，参与者被要求对视4分钟。在典型的一对一互动中，人们倾向于与对方目光接触再移开，平均每一次眼神接触持续 3 ~ 5 秒，如是重复多次。对于互相吸引的情侣而言，这种视觉互动往往会更频繁、更长久，但每次持续时间仍在 10 秒以下。我最喜欢的心理学教授迈克尔·弗莱明曾对班里全神贯注听讲的大一新生说："如果一个人盯着你看的时间超过几秒钟，你就要当心，他要么想睡你，要么想杀你……"所以你可以想象，凝视 240 秒的感情有多么强烈啊！

多年来，阿特·阿伦对这个重要范式的多个版本进行了研究。据说，有两对异性走进实验室时还是陌生人，但最终成了情侣，并结了婚。阿特·阿伦最终也与同她一起参加活动的朋友建立了一段牢固的友谊。

我们姑且接受这个强有力的论点，即通过这 36 个问题和眼神交流可以让任何两个陌生人坠入爱河；接下来，让我们来想一想这背后的机制是什么。也就是说，如何回答一系列问题并笨拙地与某人保持眼神接触，才能引发浪漫爱情这种涉及激素、动机、情感与认知的复杂体验。难道有什么魔法能让我们距离如此纷繁复杂的东西仅几步之遥？

事实上，这些具有魔法的问题是由阿伦和她的专家同事精心设计出来的，意图就是让人际界限变得模糊，把你内心深处的愿望、记忆和恐惧全部释放出来，向对方和盘托出。你之前往往只会深埋内心或与关系密切之人分享的思想、记忆和情绪，现在放到了一个令你着迷的人手上，而那个人反过来也会同你分享自己内心深处的思想。

带有“我们”字眼的语句堪称锦上添花。这些语句明确地要求你们把彼此的身份认知融合在一起，并一起讨论你们的体验，就好像你们是同一个人似的。比如，“我们在这个房间里感到很热”就属于这种语句。阿伦及其同事设计的这些问题并没有什么神秘之处，它们只是推动一对潜在情侣朝着模糊的边界发展，实现思想和欲望的同步，这种情况在没有人为引导的自然状态下进展得非常缓慢。我们可以借用帕特里克提出的“思想云团”来解释这些问题。这些问题的目标并非让不同个体的思想云团自然地、偶然地发生碰撞，而是明确地引导思想云团碰撞到一起，然后持续一段时间，这段时间长到足以促使这些思想云团发生某种程度的融合。

社会神经学家塔利亚·惠特利等人研究的神经元同步是陌生人在社交过程中熟悉彼此及建立友谊的基础，而这一过程的终极状态就是建立浪漫的爱情。

物以类聚，人以群分

人类文化的发展促使陌生人建立了一个又一个“亚群体”，并促进了这类“亚群体”成员之间的合作。我们在社交过程中往往追求“趋同性”，即倾向于同那些具有相同文化背景、人口学特征及世界观的人交往。我们喜欢隶属同一个文化“亚群体”的人，我们在选择交友对象时青睐那些具有类似世界观的人，并选择与他们保持同步。当我们融入彼此，不再是相互分离的个体时，就达到了神经元同步的终极状态，即浪漫的爱情。

但这些“亚群体”并非一成不变。如同其他事物一样，我们所属的“亚群体”也会受到我们所做的评估和我们给自己讲述的故事的影响。与家庭或宗教相比，那些像自己一样热爱科幻小说的人或许会让我们产生更多的亲切感。随着年龄的增长和兴趣的改变，我们之前在某个年龄段加入的“亚群体”可能会失去吸引力，我们与这种“亚群体”之间的联系可能会破裂。由此可见，我们对包容的评估以及道德体系都会受到人为因素的操纵。

接下来我们会看到，社交媒体对我们的社交倾向既有好处也有坏处。它们既能塑造我们，也能让我们堕落；既能加强我们超社会性的优点，也能助长我们的缺点，而缺点确实是相当消极的。

冬天来了。

HIVEMIND

冬季

社交媒体的是是非非

第4章

纽约州，布鲁克林区

快到宾馆时，我注意到一群比我女儿大几岁的女孩儿在宾馆外面转来转去。她们待在空地上，时而微笑，时而大笑，却显得焦虑不安，令我不禁心生怜悯。走进酒店，我看到了一个身穿黑色西装、双臂交叉、僵硬伫立的保镖。我语气轻松地问他外面那些年轻人是怎么回事。他不情愿地承认，她们之所以待在那里，是因为一个明星在这家酒店住宿，但他不能透露这个客户是谁。

我皱了皱眉头，心想这些年轻女孩一定是在 Instagram 或推特上看到了她们的偶像出现在了这个地点。这个年代真是奇怪，人们可以突破空间的限制追踪名人，看一看他们早餐吃的是什么，在俱乐部喝的是什么，在自拍照中还有哪些熠熠闪光的名人。曾几何时，我也如此，我不禁对自己翻了个白眼。

当然，在纽约，人们不需要通过社交媒体来追踪名人。有一次我到城里去，与一位朋友共进晚餐，我们所坐的位置与《女子监狱》(*Orange Is the New Black*)女主角派珀(Piper)的饰演者所坐的位置仅隔着两张餐桌。

不过，我今天来这里不是要见哪个歌手或演员，而是要见拉娜·拉潘，她当时供职于“第一国家发展研究所”，担任“项目协调员”一职。我之所以联系她，首先是因为她研究“集体行为”，还因为她是在社交网络技术蓬勃发展中成长起来的“千禧一代”，我认为她对这些问题的见解很宝贵。特别值得一提的是，我们一直认为她这一代人往往是自拍狂和自恋狂，而她却与此形成了鲜明对比。她使用社交媒体的方式也很好地体现了我们倡导的“趋利避害”原则。最后，我知道她在网络上发现了丰富多彩的社群，而且自诩为“推特原住民”，在推特上面非常活跃。我很想听听她对推特“呼唤文化”(call-out culture)的看法。这种文化指当一个人的行为逾越社会规范时，用户就会在推特上公开呼唤此人做出解释并承担责任。

由于清晨起了个大早，而且长途驱车，我已经迫不及待地想吃午饭了，于是我和拉娜约好在酒店的餐厅碰面。她乌黑发亮的卷发垂到腰际，比我记忆中的还要长，但她温暖的微笑和对串珠耳坠的嗜好丝毫没有改变。

我问她作为千禧一代的成长经历是怎样的，这既包括她这一代人对“数字时代原住民”的看法，也包括成长过程中社交媒体带来的挑战。

拉娜告诉我，很多人认为她这代人不如前几代工作那么努力，她经常对这个看法感到沮丧，因为只要一代又一代人繁衍不息，这个主题就会反复出现。她说:“我敢肯定，在古埃及，父母们会说，哎，现在我们有了莎草纸，对这些孩子来说写字太容易了，不必像我一样去凿石头了。”不过，她也不得不承认，她有时会看着年幼的孩子们在 iPad 上玩，在气得想把 iPad 摔碎之前，会下意识地想到，自己在这个年龄时曾经用蜡笔和纸画画的情景。我回想起自己在几分钟前对名人 Instagram 的看法，也笑了。

正如我们在第二章中讨论的那样，我们对某个社会群体的刻板印象本质上源于我们对自己讲述的故事。我们对几代人的刻板印象不亚于我们对某些社会群体的刻板印象，这是我们讲故事的倾向带来的一个令人不悦的副作用。

我们的“超社会性”也包括构建社群的能力。当把我们的生活放在网上时，就意味着我们拥有了另一种媒介来构建这些社交网络。

社交媒体有助于加强现有人际关系

在现实生活中，智能手机和社交媒体可以拉近我们与别人的距离，并让我们接触到全新的社群，从而有利于构建人际关系网络。即便有些人因距离或环境限制而不再出现在我们的现实生活之中，我们依然可以通过社交媒体同他们保持密切联系。我在读研究生时结识了一对夫妇，与他们关系密切。如今，大约十年过去了，我依然通过社交媒体关注着他们生活的点点滴滴。他们从一个地方搬迁到了另外一个地方，开始了新的职业生涯。父母去世了，他们收养了两个可爱的孩子，开启了人生新篇章。如果没有社交媒体，我们在十年前就会失去联系。

克莱夫·汤普森是一名记者，著有《比你想象的更聪明：科技如何使我们的头脑变得更聪慧》一书。他认为，我们其实比自己想象的更聪明，科技正在提升我们的心智。他关注了很多议题，比如，谷歌如何影响我们的记忆，一些科技先驱如何使用微型录像机来记录他们的生活，等等。与本书的议题最相关的是，他认真思考了社交媒体如何改变人们理解彼此的方式。

汤普森指出，对于社交媒体，最早、最普遍的批评意见是这些媒体容易加剧人们的自恋倾向。比如，有人看到一些用户将自己的早餐发到社交媒体上，往往会觉得，“说实话，谁在乎你早餐吃了什么”。但汤普森的观点却相反，认为你不能孤立地看待某个状态更新并判断它的价值。因为这些状态更新的价值在于它们为你描绘出来的情景，即所谓的“环境知觉”①，也就是我们对朋友生活节奏的感知。当我们晒出我们早餐吃的东西、我们正在阅读的文章，我们在通勤时的沮丧，我们正在绘制自己的生活地图，并与我们的社会网络分享。汤普森说：“这些环境工具把这些信息编织成一幅挂毯，让你可以一眼就看到，这使得画面更完整，也更吸引人。这还能让我们注意到朋友状态更新中出现的问题。如果发现他们正在因为某种痛苦而挣扎，我们可以主动联系

① 环境知觉，ambient awareness，指主体对周围与自己非直接相关的对话和行为的认知。——译者注

他们，向他们伸出援手；如果发现朋友最近取得了很多成就，我们可以做出一些安排，亲自为他们庆祝一番。”

对于社交科技和智能手机，一个常见的批评是移动设备让我们疏离了身边的人，让我们无法真正关注身边真实的世界。摄影师埃里克·皮克斯吉尔发起了一个非常火的专题，名为“疏离”。该专题注意到人们在日常生活中虽然与朋友和家人待在一起，但注意力却集中在智能手机和其他设备上，导致了情感的疏离。为了让人们更清楚地认识到身体在一起而情感缺失的状态，他通过数字技术移除了一些照片上的智能手机和其他电子设备，这样一来，人们手上就没有了手机，看起来好像只是盯着空荡荡的手，忽略了彼此的存在：床上的一对夫妇躺在皱巴巴的床单上，背对背，茫然地盯着各自的手；一位母亲与女儿坐在沙发上，空洞的眼神凝视着各自空空的膝盖。这些怪异的照片引发了人们强烈的情感共鸣，堪称对智能手机和社交媒体做出的直接批判。但这种做法忽略了智能手机正在发挥的一个重大积极的作用：它虽然能让我们与身边的人疏离，却也能让我们与不在身边的人建立联系。我们可以拍一组形成鲜明对照的照片。比如，一位祖母微笑地看着一段她刚刚收到的视频，视频里面，她孙子刚刚学会迈出第一步；一位神色紧张的女士在忙碌的一天中被一条短信打断，这条短信让她停下脚步，脸红了，还轻轻地咬了一下嘴唇；一个大学生看到朋友发的一个表情包，突然大笑起来。

友谊和爱情往往意味着彼此内心世界的重叠。有了社交媒体所带来的“环境知觉”，我们就能时时刻刻关注我们的朋友和爱人在现实生活中的活动，关注他们的饮食和创意，关注他们的思想和感受。研究表明，如果我们经常与日常生活之外的人保持互动，可以增强彼此的亲密感、认同感和归属感。[1]一项研究发现，在脸书刚刚兴起的时候，那些被称作“重度用户”的大学生往往拥有更多的“社交资本”。所谓“社交资本”，是一个宽泛的术语，指一个人从社交网络中获得的资源支持。[2]有目的地使用社交媒体同他人保持联系，对于提升一个人的幸福感具有积极影响。[3]

人们在网络上的活动对幸福感有重要影响。这项研究得出的一个结论是，如果人们只是被动使用社交媒体，或者说“潜水”，即只浏览别人的帖子却不发表评论或贡献自己的帖子，那么你的做法与幸福感之间的关系就是负相关的。[4]然而，如果积极使用社交媒体发帖、评论、分享，则与幸福感之间的关系就是正相关的。被动使用社交媒体常常与嫉妒和“社会比较”（social comparison）等负面影响相关联，而主动使用社交媒体则常常与“社会联结感”等积极影响相关联。并非所有积极使用社交媒体的行为对幸福感的影响都是一样的，比如，从密友那里收到个性化的内容（照片、链接或勾起回忆的内容）预示着一种幸福感，而仅仅“潜水”或收到一键式反馈（如点赞或收藏）都不会带来多大的幸福感。[5]

我最喜欢引用的名言之一来自作家路易斯·亚当米克：“我的祖父总是说，生活如同舔掉荆棘上的蜂蜜。”我认为，关于智能手机和社交媒体的蜂巢思维过于关注荆棘，却忘记了蜂蜜的存在。最近，我花了一天的时间思考了智能手机给我带来的社交福利，比如，我 2 岁的侄女发给我一个音频文件，告诉我她爱我；我利用社交媒体联系了 6 个朋友，在我外出度假期间轮流照看我的宠物狗；在杂货店排队的时候可以利用智能手机订购母亲节礼物；只需轻点几下显示屏，我们就可以获取大量的资讯，这一点是前所未有的；我们也可以在推特上与学者和名人交流，可以突破时间和空间的限制与其他人保持联系。智能手机有这些蜂蜜，当然也有荆棘，其中许多我们已经探讨过了，我们将在接下来的章节进行更多更深入的思考。

但是，我认为我们应该偶尔驻足一下，去舔舔蜂蜜，这是非常有价值的。

社交媒体有助于扩大我们的社交范围

社交媒体技术促进社交的第二个方式是帮助我们与一些在线社群建立联系，而这些社群是我们在日常生活中无法接触到的。这些社群可以填补由于许多原因而导致的社交空白，包括身边缺少与你有相似兴趣的人，工作或学校的突然变动，内向、抑郁或其他不利于建立人际关系的性格特征，等等。

拉娜就有这样的经历。作为一名美洲印第安原住民，她之所以能够与自己祖先的文化遗产保护社群建立深度的联系，社交媒体发挥了重要作用。她的祖父母是莫霍克人、法裔加拿大人，后来从加拿大移民到美国。考虑到当时的文化氛围以及他们从外貌上很容易被视为白人，他们便专注于融入美国本地的白人圈子，并竭力避免被歧视，结果逐渐失去了许多文化传统。但是通过脸书和推特，拉娜发现了一个可以帮她寻找这些文化传统的网络社群。她从其他美洲印第安原住民那里获得了大量支持，这些原住民很乐意回答她的问题，为她提供必要的资源，并拓展她对自己种族历史的了解。

拉娜说："社交媒体确实有些令人毛骨悚然的地方，但推特上也有一些年长的印第安女性，她们会主动联系我，跟我讲印第安人曾经拥有什么传统。"

很多人都像拉娜那样在网络上发现了丰富多彩的社群，这是建立归属感的一种方式。我的另一个好朋友泰瑞·克拉克也同样在网上发现了一个互助类社群。她是一位推理小说作家，有时会使用齐恩·罗克琳的笔名。泰瑞认为社交媒体对她当前的职业生涯大有裨益，并且拯救了她的生活。她告诉我："除了在现实生活中得到朋友的支持和帮助外，在我的成长过程中，我一直无法真正适应关于黑人的定义。我之所以被歧视或忽视，是因为我的身份和别人对我的期望不匹配，但我在网上发现了一个黑人女性社群，她们和我用同样的方式看待世界，也喜欢写恐怖小说。"借助这些社交媒体上的人脉，泰瑞出版了一本名为《西考拉克斯的女儿们》（*Sycorax's Daughters*）的获奖作品集，获得了一个著名作家协会的会员身份，并通过这些人脉获得了直接或间接的好处，比如在学术会议上宣读自己的文章、公开发表文集以及在工作方面获得经济支持等。

拉娜和泰瑞的故事都反映了我们从互联网和社交媒体上获得的好处，属于理想化的情形。人们获得了跨越时空限制去建立网络社群的潜力，人们能够在共同兴趣的基础上建立关系，而不至于因地理位置、人口特征或机遇等因素继续处于疏离状态。流行的网站“相约网”（Meetup）就是为了这个目的创立的，它为拥有共同兴趣的用户提供了一个网络交流平台。在成立之初，其创始人预计大多数人将会围绕非常传统的兴趣爱好聚在一起，比如晚餐聚会、触身式橄榄球和棋盘游戏。相反，至少在几年前，参与人数排名前 15 的社群竟然涉及以下主题：女巫、从小接受“耶和华见证会”教育却最终离开该教派的人以及《星际迷航》的粉丝。[6]

这些都是所谓的“反主流文化社群”，它们可能很难在现实世界的社区中找到志趣相投的人。互联网和社交媒体促进了这些社群的发展。不然，这些人在现实世界中很可能被孤立和误解，而网络社群为这些志趣相投的人提供了庇护之所，让他们找到了归属感。

我们将在下一章详细讨论归属感对人类幸福至关重要。

拉娜说：“从某种意义上来说，对群体的归属感是我生命中最强烈的东西。当我和其他印第安原住民交谈时，会感到内心很平静，因为不管发生什么，仍然有一个群体会认同你。这种认同感是有层次感的，先是莫霍克人，然后是易洛魁人，然后是印第安人，然后是原住民，还有女人，还有年轻人……这些身份归属是呈环状的。有些时候，我真的对生活感到沮丧，或者不想投入工作，这种成为更大整体的一部分的感觉促使我早上从床上爬起来。”不同个体的身份认知会出现交叉重叠，塑造着我们对世界的感知。

易洛魁族文化明确要求一个人终其一生都要考虑自己所做的每件事将如何影响之后的7代人，从你在茶里放多少糖到你开什么样的车，莫不如此。它给人一种近乎指数级的归属感，这种归属感在过去和未来都会发挥重要作用。

拉娜说：“这种蜂巢心态适用于一代又一代人，会给你一种责任感，也给你一种希望和归属感。我想这就是我们生存的方式吧。不管事情有多糟糕，不管你来自哪里，我们所有的祖先都经历过更糟糕的事情。他们要应对殖民主义和大屠杀。眼下，人们也正在应对可怕的事情。我们通过社群意识克服了它们。”

加强网络社群的联结功能无疑是社交媒体积极的一面，它可以给我们带来很多好处。

但这一积极面会不会产生什么副作用呢？

群体极化

如果我们与那些志趣相投之人主动形成一个社群，反复向彼此表达同样的观点，让这些观点不断得到加强，就形成了一个类似于“回音室”的社群。但这种社群存在一个严重的问题，即如果你一直待在里面，从不接触其他观点，那么你不会质疑自己的信仰。面对反证（counterevidence），加以权衡和评估，然后要么无视，要么改变自己的信仰体系，这就是批判性思维的本质。

卡斯·桑斯坦是一位法学学者，曾为奥巴马政府效力数年，写过多部著作，其中包括《网络共和国：网络社会中的民主问题》。他担心我们越来越没有足够的机会接触其他圈子的人，也没有足够的机会接受不同观点和经验带来的挑战。

桑斯坦指出，过去，通过不同形式的公共集会（比如宗教组织、公共广场、学校活动等），我们有更多的机会去接触来自其他年龄、阶层、种族和政党的人。但随着我们越来越多地与志趣相投之人聚居在特定地理区域，我们发现自己另一面的机会就越来越少。此外，社交媒体又迫使很多人进入一种“控制体系”，因为这些人并非利用网络拓宽眼界，而是恰恰相反，根据自己的利益和偏见创建了一个“控制体系”，把自己的思想观念控制在志趣相投者组成的“回音室”里，将不同的意见排斥在自己的体系之外。桑斯坦认为这种做法无异于每天编制一份“《自我日报》”，这份报纸上面的一切新闻、广告和朋友状态更新都是专门为你定制的。出现这些定制内容的部分原因是你故意选择关注与你观点相同的普通人、名人和新闻机构。然而，很多内容定制过程也会在幕后悄然进行，并不需要你的主观意愿。比如，所有主流社交媒体平台花费相当多的精力开发算法，这样做的唯一使命就是预先为用户筛选他们想看的内容。因为如果这种“暗中侦察”成功了，用户便更有可能点开所荐内容、点击“喜欢”或者将所荐商品添加到购物车。这些主观和非主观的力量共同发挥作用，越来越多地管理我们的在线体验，所以我们只能看到世界的一小部分。

过去，大多数美国人有一个共同的基础体验，因为那时候电视频道和节目都比较少，也没有互联网，每个人接受的娱乐和新闻都比较相似，新闻网络服务的对象是每个人，而不是有针对性地服务于某个政治观点，这意味着当时的新闻报道要客观得多。纵然人们对一条新闻的反应不尽相同，但他们并没有被灌输某种固定的偏见。此外，每个人都在谈论《陆军流动外科医院》、《急诊室的故事》或《宋飞正传》等节目剧情，因为电视节目都必须实时观看，而且只有少数几个频道可供选择。

桑斯坦认为，尽管我们的背景和经历不尽相同，但我们仍然隶属同一个社会，所以，拥有共同的经历对塑造国家意识至关重要。他写道："任何一个运转良好的社会都依赖于信任和互惠的关系，在这种关系中，人们将自己的同胞视为潜在的盟友，在别人需要帮助时乐意伸出援手，在自己需要帮助时也理所应当地获得别人的帮助。但如今，我们往往只与一小部分世界观相近的志趣相投者具有共同体验。"

只同具有类似信仰的人交往，容易造成"群体极化"（group polarization），这是一个得到充分证实、众所周知的现象。[7]所谓"群体极化"，顾名思义，是指随着时间的推移，一个群体内部的观点通过成员互动而得到加强，朝着极端方向发展，使得保守的更保守、激进的更激进。如果你走进一个市政厅或一个班会，参与一场讨论，在讨论过程中，每个人都在附和你的观点，那么，当你走出那个地方时，你的观点会比你进去时更极端。

更糟糕的是，随着群体共识的建立，人们不再愿意表达一个更微妙或更复杂的观点。持有较弱或相反观点的人能感觉到群体的倾向，选择保持沉默，而不是冒着被指责或损害自己声誉的风险表达观点。这种沉默让整个群体相信没有对立的观点，每个人都在从众的过程中向呼声最高的意见靠拢。

群体极化是由对群体身份认同感的忠诚所激发的。如果一个群体具有共同的身份、共同的事业和团结精神，则更有可能出现极化趋势，而且这种趋势会变得更极端，美国一些政党内部似乎正在发生这样的变化。我们正在进一步分裂成左右两派阵营，两派之间只有仇恨，这种感觉得到民调的支持。根据桑斯坦的报告，在 1960 年，如果自己的孩子与其他政党的人结婚，会感到不高兴的人，共和党占 5%，民主党占 4%。2010 年，这一比例上升至共和党人占 49%，民主党人占 33%。不难猜测，2016 年的总统大选已经大大加剧了这一趋势的上升。

“回音室”和群体极化给我们带来了真正的挑战，但它们在本质上仍然是我们构建社群的方式。

社交媒体不仅让我们变得强大，也让我们堕落。

社交媒体的负面影响

从匿名骚扰到呼唤文化（或者说“愤怒文化”，指当某人蔑视或逾越社会规范，或被发现存在其他过错时，网友对其进行羞辱），再到网络欺凌，社交媒体的负面影响不亚于其正面影响。

网络上的许多事情都具有匿名性，这非但不利于抑制网友的冲动，反而还有助于逃避冲动带来的后果。这种抑制的削弱固然有正面作用，比如，你可以匿名在博客上分享关于个人反思的文章，以释放生活中的压力。但这也可能有负面作用，比如，你可以在匿名状态下在社交媒体上发表仇恨言论，而在线下你或许永远不会当着别人的面讲出来。[8]

有几个因素可能助长网上骇人听闻的行为。我们的网上活动很容易与日常生活脱节，尤其是当我们使用网名的时候，因为这样没有后果，没有必要因为害怕伤害别人而放弃强硬的观点。当你匿名表达这些观点之后，你不需要应对他们的反应，甚至根本看不到他们的反应。在本书的后面，我们将采访临床心理学家纳姆迪·波尔。他指出了幼犬如何通过与兄弟姐妹玩耍来学习控制咬合力，如果过早地把幼犬带离犬舍，它就无法同其他幼犬玩耍，无法通过其他幼犬被咬时的叫喊声来训练自己的咬合力，从而导致其咬合力出现问题。网络上也会发生类似的事情，因为我们听不到别人的叫喊声，不知道自己的言论给别人造成了多大伤害。

另外，网络上发生的很多事情都具有“非同步性”，这意味着即使有人对你发布的内容感到不快，回应也不是立即的，也不会影响你接下来要说的话。心理学家约翰·苏勒（John Suler）写道：“在一个不断强化某些行为、消灭其他行为的反馈回路中，其他人每时每刻的反应都有力地塑造了自我表露和行为表达，通常促使自我表露和行为表达朝着符合社会规范的方向发展。”[9] 我们知道人类是具有高度同步性的生物，互联网的非同步性会干扰这种自然的互动方式。我们根据一些皱眉、叹息或摇头等微妙的暗示来调整接下来要说的话。这些暗示在网上是完全没有的。

我们探讨了社会规范赖以形成和发挥影响的多个环节，这些环节最终可能导致整个在线社群更加积极地倾向于接纳社会规范。我们在一个特定群体或社区中的行为方式会最终影响整个社群。[10]

当拉娜还是一个青春期的孩子时，她和她的同学登录了一个允许匿名发帖的社交网站，该网站直截了当地要求用户对别人的外表、魅力和性格进行坦诚评价。帖子会在他们的同学之间广泛浏览，很多人会匿名留下评价，而评价内容往往是残酷无情的。恶评似乎是家常便饭，几乎除了恶评也没有别的了。这些网站在全国非常受欢迎。我实在想不明白为什么有人会愿意让自己承受这般恶意的影响。

拉娜也无法解释。“你知道情况会很糟，对吧？你知道人们会说这些乱七八糟的话语，但你还是做了……”她回忆起往事，摇了摇头。她也曾得到过令她惧怕的恶评。关于她外貌和性格的恶毒评论让她很沮丧，一度重挫她的自信心。拉娜的一位密友向她保证，这种残忍行为可能与学校内部拉帮结派的斗争有关，仅仅她班上的同学认为她不可爱并不意味着她真的不可爱。这位朋友说服了拉娜，让她在“雅虎问答”（Yahoo Answers）上发布一张照片，并配上了这样的问题：你觉得我的朋友漂亮吗？

我不禁眉头紧蹙，思忖着这个问题的答案。

大量的回复纷至沓来，说她很恶心，或者说她看起来像一匹马，或者说她看起来像个男人，或者说她应该去做整容手术。一个男子甚至花时间下载了这张照片，根据自己的想法，用 Photoshop 软件把他认为应该美化的地方进行了修饰，然后通过邮件把照片发给了拉娜，并建议她去找整形医生。

她那时只是一个读八年级的孩子啊！

当时，13 岁的她并不知道那些登录“雅虎问答”网站去评估十几岁孩子的魅力的人，都是些内心不安的“喷子”，这些人通过贬低别人来提升自己的地位。

如今，拉娜已经是一个成年人了，她终于意识到了这一点，但达到今天的认识水平，她花了很长时间。

“即便上了大学，我依然会偶尔回顾当时的感受。我的天啊，竟然有 60 多人耗费自己的时间跑到网上说我是一个可怕的怪物。”她喝了一口咖啡，耸了耸肩。“年轻的时候，你可能由于这种或那种原因觉得互联网是一个好地方，但这种想法是错误的。当你年龄渐长，并且在推特上收到死亡威胁时，你会心想：‘好吧，我现在知道这不是一个友好的空间。’”

听了拉娜的讲述，我不禁对网络感到一阵厌恶。她宛如我的女儿一般，我对她的遭遇感同身受，除了厌恶网络之外，没有其他感觉。

虽然这段往事依旧令拉娜感到有点心痛，但她似乎已经有所释怀了。与她相比，我青少年时期的伤心往事带来的痛苦更大。比如，在一次初中同学聚会上，有一次同学公然说道：“当然，我可以玩转瓶游戏，但如果瓶子指向萨拉，我就不玩了。”这句话真的令我心碎。还有一次，在我们当地公共泳池高高的跳板上，一个男孩儿在我后面催我说："快点，笨蛋！"心理学家芭芭拉·埃伦赖希认为，别人的判断具有压倒性的影响力，对方给我们造成的伤痛会彻夜萦绕在我们的心头。人类的超社会性意味着每个人都难免会遭受别人带来的痛苦，无论在网络上还是线下，莫不如此。

当然，我和拉娜的以上经历都是青少年时期的，属于孤立的事件。如同面对面的欺凌一样，具有组织性和持续性的网络欺凌活动也会造成毁灭性的伤害。[11]

除了网络欺凌外，社交媒体还会以另一种方式打击我们，那就是当我们成为众怒的目标时。"道义愤怒"是一个有趣的现象，它的背后反映了清晰的蜂巢思维特征。它可以强调和加强社会规范，并强化群体的凝聚力。当目标应该受到道义谴责时（比如已经犯下了对他人或群体有害的错误），与道义愤怒相关的羞辱有利于加强群体成员之间的合作，率先发起羞辱的人在群体内的地位将得到提升。[12]

随着社交媒体的出现，道义谴责的范围、羞辱的程度、后果以及发起者的地位提升，都将得到加强，可以说实现了病毒式传播，有时的确会造成毁灭性后果。

如果在线下当面表达愤怒，并追踪由此对受害者以及对社会产生的后果，则需要与被羞辱者保持较近的身体距离，这会耗费相当多的精力。但在网上就不一样了，只要敲击几下键盘，你就能羞辱别人，却不必去观察这样做给那些被羞辱者造成的后果。这些被羞辱者对攻击者而言只是一个网络头像罢了。[13]社交媒体的这些新发展导致一丁点儿的愤怒会诱发更多的愤怒，人们越来越愿意放纵自己，从而引发了推特上的这个笑话："那么，我们今天准备喷谁呢？"[14]

一个人越愤怒，其信息在社交网络上传播得就越远、越广，这可能会让人们走向极端。社会心理学家杰伊·范巴维尔（Jay Van Bavel）及其研究小组搜集了一个大型社交媒体发布的关于政治极化问题的数据库（比如同性婚姻、枪支管制），发现道义、情感类词汇加强了消息的传播态势，这类词汇能使传播效果加强20%。[15]他们称之为"道义传染"效应。道义传染似乎仅限于群体内部，而非跨群体，这是不足为奇的，因为自由主义者的道义愤怒局限在自由主义群体内，同样，保守主义者的道义愤怒局限于保守主义者的群体内。

有趣的是，其他研究表明，当人们看到恶意羞辱某个人的帖子时，对这位被羞辱者的评价就会变得不那么消极，对表达羞辱者的评价则会变得不那么积极，因为当这种帖子纷至沓来时，被羞辱者显然开始得到人们的同情。[16]

所以，在互联网的羞辱旋涡中，没有人能真正走出来。

我问拉娜是否愿意谈谈推特上的呼唤文化，即当某人做出不良行为时，其他人在推特上呼唤其出来担责，或者对其表达羞辱。那些真正犯下严重错误之人，网友可能用露骨甚至恶毒的方式去冒犯他们。对于这种情形下的呼唤文化，拉娜认为这是社会运作模式的一部分。她反思道："对于那些发表种族主义言论或做出种族主义行为，并因此失去了工作和奖学金的人，我认为他们付出代价之后会吸取教训。”然而，那些在网络上存在这类言行的人往往很少在现实生活中承担严重后果。为了保护人类，人类确立了一些社会规范去制约某些类型的行为，比如种族主义、非人性化和性骚扰，执行这些社会规范是人类社群运作模式的重要组成部分。

另一方面，拉娜观察到，在很多情形下，犯错误的人是愿意从中吸取教训的，但网络暴民拒绝给别人留下这种成长空间。有些行为很快就变得非常丑陋，包括暴力威胁。威胁通常包括“人肉搜索”，这意味着披露别人的身份和私人联系信息，以便施加更具针对性的骚扰。

2015 年，凭借《丑闻》和《被解救的姜戈》走红的女演员克丽·华盛顿在推特上说女演员凯特·温斯莱特是她的“灵性动物”（spirit animal）。拉娜直接回复了克丽的推特，让她知道这个词指的是印第安原住民一种古老的精神传统，如果以口语化和戏谑的方式使用这个词语，可能会被视为对印第安原住民信仰的一种冒犯。

针对拉娜的提醒，克丽以友好、坦诚的态度做出回应。推特上的其他人就不那么友好和坦诚了。人们给拉娜打上了“玻璃心”的标签，认为她是为印第安原住民讲话的白人女性，并指责她有仇视黑人的倾向。人们威胁要在现实生活中找到她，并对她施暴。她不得不将自己推特的个人资料设为隐私状态。多年以后，她仍会收到关于那条推特的信息。

她不认为自己给别人发出的友善提醒属于一种典型意义上的

呼唤文化，而是一种基于相互尊重的交流，因为她并没有在任何留言板上发布克丽的推文，没有引用、转发过克丽的推文，也没有以其他方式引起别人对克丽推文的关注。她只是试图把自己的专业知识传授给那些无意之中逾越雷池的人，因为这种逾越雷池的行为会导致很多印第安原住民感到不舒服。

尽管如此，善意的人依然会同恶意的人发生冲突，在推特上受到恶意骚扰的可能性尤其大。很多怀有恶意的人利用自己的休闲时间给别人施加痛苦，还有一些人编写计算机程序去模仿和嘲讽别人。这些所谓的“喷子”往往肆无忌惮地针对女性和有色人种，尤其是有色人种中的女性。几位名人在经历了漫长而充满仇恨的反对运动之后，被赶出了推特。比如，《捉鬼特工队》（*Ghostbusters*）主演莱斯利 · 琼斯（Leslie Jones）曾经受到涉及种族歧视、性别歧视和死亡威胁的骚扰，在《最后的绝地武士》（*The Last Jedi*）中饰演罗斯 · 提科的亚裔演员凯莉 · 玛丽 · 陈（Kelly Marie Tran）也曾因为遭遇网络暴力而退出推特。这类事件让很多人觉得推特在很多重要的方面已经崩溃，而且这个平台的反应太慢，无法解决威胁用户安全感和幸福感的深层次程序问题。

除了群体极化和网络暴力之外，“传播虚假信息”也是社交媒体的一个弊端。关于这个话题，我们可以用整整一本书的篇幅来讨论，但我们还要关注其他弊端，而且很多人曾经写过关于这个话题的书，因此，我们在这里就通过回顾一下前面提到的著名进化生物学家吉姆伯利 · 诺里斯 · 拉塞尔的观点，简要地审视一下这个问题就行了。

作为一个具有合作性的物种，人类奉行互惠性准则，比如“如果你帮我挠挠背，我也帮你”，就体现了这一准则。因此，对人类而言，一个挑战就是应对那些囤积财富之人（获取不公平的资源份额，参见自由主义者对 1% 富人的抨击）或不劳而获之人（不做贡献就领取福利，参见保守主义者对滥用社会福利者的抨击）。吉姆伯利解释说，在大多数具有合作性的物种里面，比如吸血蝙蝠和黄蜂，作弊者会被群体积极地识别出来并遭到严重的惩罚，因此整个族群才能保持稳定。

惩罚作弊者首先需要识别出个体，也需要与族群内的人重复互动。但如今的社交媒体技术竟然使得我们能在全球范围内匿名表达自己的观点，导致那些违反合作准则的人几乎不用承担什么后果。尽管社交网络进入了迅速扩张的时代，评估和判断信息以及惩罚虚假信息犯罪者的机制却没有得到相应的发展。

我问吉姆伯利，我们是否有能力适应这种新型社交媒体。

她说：“并不是技术不好或者我们不能适应，而是在新技术和我们的适应力之间有一个时间差。”我们进化出了一套系统来识别和惩罚作弊者，以及评估他人的可信度（比如根据面部表情，甚至是气味），但这些方法依赖于小规模社会中面对面的互动，并非为了推特而进化的。吉姆伯利认为，对某些群体来说，虚假信息是一种欺骗，在基于互惠性的社会体系中，说谎通常会受到惩罚。

她说：“如果一个社会没有防范措施去清除说谎者和欺骗者，那么它就会被自私自利者入侵，而且他们必然会赢，甚至可以操纵或推翻整个体系。”

我听了这番话，感到非常惊讶。

其中一些问题需要科技公司来解决，只有当足够多的用户发出强烈的呼声并要求科技公司做出改变时，这些公司才会付诸行动。面对社交网络的快速发展，我们并没有制订出保护自己的监管和防护措施，而且由于社交网络不太可能自发地在这方面取得什么进展，因此我们需要迅速果断地采取行动。一个令人鼓舞的消息是，在撰写本书之际，YouTube 宣布将不再推荐那些宣扬阴谋论的视频，尽管这样做可以赚更多的钱。我们需要大公司做出这些有利于社会的决定，即使这样会减少其经济收入。

不可否认的是，在数字世界的某些黑暗角落里，隐藏着赤裸裸的丑陋。

从整体上考虑，社交技术既能提升我们，又能打击我们。这表明把我们的社交群体放到网上之后，有可能放大我们现有的所有社会倾向，包括亲社会的和反社会的。

心理学家亚当·瓦兹和库尔特·格雷全面回顾了当前关于网络技术和社交能力的文献资料，写道：“如果人们使用网络技术来发掘潜在朋友，或加强与现有朋友的关系，那么网络技术就能促进我们的社交；如果人们过度使用网络技术，那就会削弱我们的社交。面对面接触并不容易的情形自然不在此列。”[17] 这句话也符合我们之前提出的在利用社交网络过程中“趋利避害”的原则。

我们将在第 7 章继续探讨社交媒体引发的一些令人惊讶的问

题，而且会探讨过度使用社交媒体是否会导致一些人出现一系列的个人问题，如抑郁、上瘾、注意力分散等等。

人类聚散

当我们走出宾馆大门的时候，拉娜问那些聚在门外的女孩在等着一睹哪位名人的风采。一个女孩热情地回答是歌手肖恩·门德斯（Shawn Mendes）。对她们那一代人来说，此人可能真是偶像，但我从未听说过。

那天晚上，我们和几个朋友在房顶酒吧聚会。酒吧的封闭部分有落地窗，可以看到周围的城市美景，河面上倒映着高楼大厦和闪亮的灯光。我们点了些饮料拿到外面，空气并不冷。

我们的朋友杰夫问我们中间是否有人参观过世贸中心的“9·11”事件纪念碑。我们都没有。他朝纪念碑的方向做了个手势，若有所思地说：“它真的非常令人感动。我之前看过它的照片，但亲眼看到完全是另外一种感受。”他说。水源源不断地流入两个池子，池底中间位置有漏洞，水通过漏洞流出，营造出一种永恒的失落感。他停顿了一下，皱了皱眉头说：“不知何故，持续平缓的水流也营造出一种深沉的平静感。”

朝着纪念碑的方向望去，我看到了地平线上的灯光在闪闪发亮，似乎在映照着人类分裂成敌对部落之后催生的悲剧。我想起了生物学家、作家亚当·卢瑟福在《我们人类的基因》一书中有一句我很喜欢的话，对人类遗传和祖先的历史进行了令人印象深刻的概述：

> 事实是，虽然我们来自世界各地，但每个人都是整体的一部分。即使你住在赫布里底群岛最偏远的地方，或者希腊爱琴海的边缘，几百年前，我们拥有共同的祖先。1000年前，我们欧洲人拥有共同的祖先。3000年前，我们与地球上的每个人拥有共同的祖先。在某种程度上，我们都是亲戚。我发现这令人欣慰，堪称一道让全人类共享的温暖之光。共同的基因贯穿我们和其他所有人。

我们究竟是一个庞大的蜂巢，还是一个个暴躁的部落的集合体？应该做出哪一种评估呢？我们如何才能像卢瑟福那样珍视社群带来的归属感和文化传统？如果认为人们既可以拥有社群带来的道德和包容，同时又不排斥社群之外的人，我不知道这种想法是不是太天真了。

为了回答这些问题，我一路向南，来到了弗吉尼亚州的夏洛茨维尔。众所周知，这个地方曾经存在很多个相互冲突的小团体，但最后以悲剧告终。

第 5 章

自我与他人

弗吉尼亚州，夏洛茨维尔市

2017 年第一场雪，我穿上运动鞋，到弗吉尼亚州的夏洛茨维尔跑步。我住的地方与我的家乡马萨诸塞州之间相隔好几个州，但我从社交媒体上知道，我的家乡以及其他许多地方也在下雪。当我知道全国多个地方的人都在望向窗外，凝视着同样洁白纷飞的雪花时，一种山川异域、风月同天的感觉油然而生。

夏洛茨维尔是典型的大学城，所以我跑步经过的很多商店都在售卖烘焙咖啡或精酿啤酒，还有几家饺子店。我之所以选择雪天出来跑步，一方面是习惯使然，为了保持健康，让自己的身材继续适合穿牛仔裤，另一方面是因为我有个秘密使命。接近“解放公园”（Emancipation Park）时，我放慢了速度。这个公园之前一直叫“李公园”（Lee Park），前不久才改成现在的名字。这两个名字见证了曾经困扰美国的所谓“文化战争”。在这个曾经宁静的小镇上，最近一段时间发生了骚乱和暴力事件，公园成了热点，使美国南部多个地区陷入紧张局势之中。当地不同社群就是否移除纪念内战人物的雕像而陷入了争执，要知道，这些内战人物曾为保留包括奴隶制在内的南方生活方式而战斗。在各个群体中，有些白人民族主义者反对移除，因为他们认为这些雕像是南方历史的一部分，移除就是试图抹去这段历史。但黑人则支持移除，因为他们认为这两位将军为了继续让黑人同胞当奴隶而战斗，在一个城市里到处矗立着纪念这些人的雕像，本质上就是在宣扬白人至上。

在这场持续不断的争论中，夏洛茨维尔市议会通过投票，决定移除罗伯特·李和托马斯·杰克逊这两位将军的雕像，他们在内战中曾经为了维护南方的邦联制而战。在这一事件中，当地居民、白人民族主义者杰森·凯斯勒尤其活跃。他与理查德·斯宾塞属于同一条战线。斯宾塞是一位自豪地倡导白人至上主义的全国知名人物，也是“另类右翼”运动的发言人。这两人是反对移除雕像派的代表人物。移除雕像的法案通过之后，有人组织了一些规模较小的活动以及烛光守夜活动，以示反对。后来，到 2017 年 8 月，凯斯勒等人在解放公园组织了一场规模浩大的集会，称为“右翼团结”运动。

解放公园集会的前一个星期五晚上，“右翼团结”组织在弗吉尼亚大学举行了一次非法游行。在全国乃至全世界，身穿卡其裤和马球衫的年轻白人举着火把的画面在网上蔓延开来，传播速度之快令人难以置信。他们脸部愤怒地扭曲着，高喊着诸如“鲜血和土地”“你们不能代替我们”“犹太人不能代替我们”等口号。

作为回应，一群反种族主义活动人士手挽手，高呼自己的口号。两群人开始互相嘲弄，用手电筒照射对方，接着开始拳打脚踢展开互殴。骚乱一直持续到第二天早上，最后，还是警方驱散了这些组织。

由于上周六的活动是事先计划好的，并引发了全国的关注，来自“另类右翼”和反种族主义运动的代表们纷纷涌向夏洛茨维尔。众所周知，这件事很快演变成了悲剧。活动人士希瑟·海耶被一名“另类右翼”组织成员驾驶的汽车撞倒杀害。浏览全国性媒体发布的图片，不禁令人产生一种不安的感觉，即人类的本性是野蛮的，信仰体系相互冲突的群体之间注定走向暴力，我们忠于自己的意识形态部落，真的会导致我们反对其他意识形态的部落。

然而，受夏洛茨维尔市委托开展的独立调查报告充满了令人惊讶的细节，其中一个细节表明，冲突双方似乎都曾希望能够避免暴力冲突。[1] 双方的激进分子曾经在好几个时间点公开请求警方采取干预措施。“另类右翼”组织的全国召集人克里斯·坎特威尔告诉凯斯勒说，必须把他们的计划通报给当地执法部门，不然他就不会参加这次活动。该报告似乎把很大一部分责任归咎于当地执法部门及其领导层，因为一名目击者援引执法部门的话说，事情越快演变成暴力，他们就能越快地宣布这是一场非法集会，并终结它。

在这个雪花纷飞的早晨，罗伯特·李的雕像被一块黑色的防水布覆盖起来，如同一个巨大的垃圾包，四周是橙色的临时围墙。

在安静的公园里，我仿佛可以看到对立的“另类右翼”和反种族主义两派人群不时冒出的胡椒喷雾，看到过于被动的警察部署在周围，看到丑陋的叫喊、踢打和仇恨。

但我来夏洛茨维尔并不是为了参观这个公园。

相反，我是来采访一个可能帮助我们理解它的人。

自我

我在当地的一家咖啡馆里见到了吉姆·科恩。他是弗吉尼亚大学的社会神经学家和心理学教授。他略带浅灰色的金发在脑后很随意地梳了个马尾辫，穿着保暖的毛衣、破旧的匡威运动鞋。他在大型学术会议上演讲时也是这一身，我曾亲眼见过。这让我想起了我最喜欢的电影《神秘博士》。

咖啡馆外雪花轻飘，咖啡馆内一片安静，弗吉尼亚大学的学生们一边敲打着电脑，一边翻阅笔记，正在为期末考试做准备。坐下来之后，吉姆对我说这一周他特别忙碌，部分原因是他刚刚收到一大笔资金，资助他的一个新研究项目。他对得到资金表达了复杂的感受，说:“我这人太懒了，只想和我的孩子们一起玩耍，另外搞搞我的播客。”

吉姆如此评说自己让我有点震惊，我足足有一分钟都没反应过来要如何回应他。为了准备这次采访，我花了一些时间浏览吉姆的网站，下载了他最新的论文。他在首页上的自我介绍让我嫉妒不已：教授、神经学家、顾问。他曾荣获多个主要科学组织颁发的青年科学家奖，还著书立说，撰写和编辑过多本著作，发表科学论文 80 余篇。《科学》、《自然》、《纽约时报》和美国国家公共广播电台都曾发表过他的研究成果。除了这些，他还拥有孩子们和播客。这样一个人，究竟在哪个星球上会被视为懒惰呢？

但后来回想起多年前我对人类的一个观察：事实上，我们对自己最担忧的方面往往是我们最大的优点。比如，我最自律的朋友最担忧自己缺乏自律。我最能干的朋友最担忧自己能力不足。我和堂妹伊丽莎白一起到嫂子凯茜家度周末的时候，向她讲述了这个我非常喜欢的理论。我问她对自己最大的担忧是什么，她几乎不假思索地回答："我担忧自己令人讨厌。"我和表妹都笑她，觉得她这句话太可笑了。那天晚上，我们让孩子们舒服地躺在床上，然后在门廊上坐了下来，喝着酒，看着星星，讲着古老的家族故事。时值 8 月末，夜晚的空气夹杂着一丝凉意，预示着秋天的来临。

凯茜进屋拿了两条露营毛毯，一言不发地把它们盖在我和伊丽莎白身上，格外小心地盖住我们裸露的脚趾。我对她说："你就是这样令人讨厌的吗？"我们三个人情不自禁地咯咯笑了起来。

我们最大的恐惧就是我们自身，我没有数据支撑我这个理论，但我怀疑我们付出了无尽的资源和时间试图让自己和世界相信这一点。所有这些时间和资源意味着我们一直努力改进自己的这一面，直到它成为我们最伟大的美德之一，几乎如同一只蛤蜊在为异物刺激而烦恼，直到它形成一颗有光泽的珍珠为止。

吉姆想要全职制作的播客节目叫作《韦利斯氏环》（*Circle*

of Willis）。韦利斯氏环位于大脑底部，也叫大脑动脉环，负责为大脑系统供血，形状看起来就像一个探寻整个世界的卡通人物。吉姆做这个播客的目标是给科学家这一职业增添一丝人性化的色彩，创造一个空间，让科学家既可以讲述自己的生活故事，又可以相互交流最新研究兴趣点，记录科学家之间的欢笑互动。几乎在每一集每一个时刻，他都明显流露出喜悦之情。

吉姆抽出一些时间去思考大脑如何将与自己关系亲密的社交对象融入自我意识。吉姆认为，当我们与社交对象达到一定的亲密和熟悉程度时，我们的神经元在某种程度上就不知道我们自己和他人之间的区别了。他把这种现象概括为“社交基准理论”（Social Baseline Theory）。该理论认为，人类进化不是为了独处，而是为了在社交中与别人在一起，与别人保持统一基准。[2]他认为心理学研究存在的一个问题是，我们花了太多时间研究个体，把个体从其社交网络中剥离出来加以研究，觉得这样就是在研究人性的基本面，但其实这样做是错误的。让个体脱离社交网络，相当于我们在研究程序中引入了一定程度的非自然因素。

我们发现社交孤立与一些疾病之间存在密切联系，比如心脏病、心血管疾病、抑郁症、高血压等等。之所以会出现这样的情况，是因为我们的大脑依赖社交提供的资源。吉姆认为，我们的大脑会将我们熟悉的他人纳入自我的神经表征之中，在我们的大脑中映射什么是自我，什么是他人，什么是我们，以及什么是我们的朋友。

这一切听起来都很甜蜜，感情色彩很浓厚，因为我们的大脑把心爱的人捆绑在我们自己身体的神经地图上。但吉姆却以一种不那么讨人喜欢的方式形成了他的理论。他把人塞进又长又黑的金属管里，然后电击他们。他想让他的参与者在面临威胁的状态下去激活那些在身体和精神承受压力时发生反应的大脑区域。电击威胁似乎是一种激活参与者大脑相关区域的方法。

在吉姆的经典研究中，参与者躺在神经成像扫描仪里面，在屏幕上看到一系列 X 和 O。[3] 当一个蓝色的 O 出现时，他们知道自己是安全的，不会受到轻微电击。当一个红色的 X 出现时，他们知道自己的脚踝有 20% 的可能性会受到轻微电击。至关重要的是，在这些试验中，参与者的手或者由配偶握着，或者由陌生人握着。吉姆比较了参与者的手在有人握着和没人握着时的实验结果，发现他们负责处理威胁的神经区域在有人握手的情况下明显不那么活跃，尤其在他们握着配偶的手时活跃度更低。

吉姆在随后的几项研究中重复了这一重要发现：被爱人握着手，有助于弱化脑神经在处理威胁时的活跃度。在一些研究中，参与者甚至没有与社交伙伴直接接触，他们的社交伙伴仅仅在场而已。总的来说，这项研究表明，当我们所爱的人在身边时，我们的应激反应会减少，更重要的是，我们不太可能激活大脑中控制应激激素释放的区域。

新闻工作者塞巴斯蒂安 · 荣格尔在其所著的《部落：还乡与归属感》（*Tribe: On Homecoming and Belonging*）一书中，借助人类学和心理学的理论，回顾自己在战场上与士兵们一起生活的经历，论证了人类渴望集体归属感。他认为，现代人类社会在许多方面都忽视了这一深层次需求。西方社会尽管变得越来越富裕，人们在食物、住所等方面的基本需求得到了越来越多的满足，但身体和心理方面的健康问题却日趋严重。这个现象的根源或许可以归因于越来越注重个人主义，人类深层次心理需求遭到忽视，没有得到满足。荣格尔回顾了一些数据，表明当国家陷入战争时自杀率会下降，正在遭受自然灾害的人们往往会感受到空前的团结，感觉人与人的关系很紧密，自己与别人同呼吸共命运。他认为，从战争中归来的老兵承受痛苦的主要原因，与其说是战争经历带来的创伤，倒不如说是他们失去了社会联结感和目标感，无法回归正常的生活。[①] 荣格尔说过下面一段话：

> 从现代战争或萨拉热窝战斗中幸存下来的士兵，会脱离原先那种紧密相连的集体（这种集体也是人类进化的结果），重返现代社会。而在这种社会中，大多数人在外面工作，孩子接受陌生人的教育，家庭脱离了所在的大社区，个人利益几乎完全压倒了集体利益。无论现代社会的技术如何进步，即使发展到近乎奇迹，这些技术产生的个体化生活方式似乎是对人类精神的深度摧残。

① 我的朋友、心理学家特里·科兰格·波哥达研究退伍军人的创伤性脑损伤，她可能不认同缺乏社会联结感是退伍军人罹患抑郁症和创伤后应激障碍综合征的主要原因。

这很自然地在我脑海里引发了一个问题：由于吉姆只研究过少数几组人，他如何看待这些研究结论是否适用于更大的集体？到目前为止，我们讨论过的一些群体现象，如社会传染、群体狂欢仪式、神经元同步等，与他在这种个案研究中发现的现象是否一致？

吉姆认为，他在个案研究过程中所做的工作揭示了许多群体现象，发现个体现象与群体现象内在的情感、认知和神经过程可能是相同的。他认为这一切都可归因于大脑是如何形成熟悉感的，或者如同他对我说“为什么对我来说你不是某种寄居蟹？”“你为什么令我觉得这么熟悉？”。所谓熟悉感，也就是将我视为人类同胞，而不是一只节肢动物，将我视为一个他认识的、令他产生某种温暖感的人。

我们总是以理所当然的态度看待“熟悉”这个概念，认为其等同于普通意义上的了解和认识，而忽视其更深的内涵。你知道，当你跟一个人打了几次照面之后，就会记住他，并在某种程度上预测他对你的反应。但“熟悉”的内涵远远不止于此，它与我们的大脑对“自我”的解读方式密切相关。如何定义什么是“自我”？什么是“他人”？这些都是一个有机体需要解决的基本问题，而不仅仅停留在大脑认知层面。

吉姆继续说：“我认为这里有一个原则。生物有机体必须存在于它无法控制的世界中，所以它必须划定界限。人类由这种扩展的、流动的、灵活的方式来界定什么是自我，什么是他人。我们主观上把这当作熟悉和偏爱。”

有时候，我们确实会熟悉一些人，却又拒绝接纳他们。既熟悉他们，又不喜欢他们，这种情况很少见。事实上，在心理学领域，有一个典型的基本经验，被称为“单纯曝光效应”。这个名称非常准确，恰如其分地展示了这个定义的内涵，即只要某个东西经常暴露在人面前，就能增加人们对其喜欢的程度，即使你记不起之前自己是否遇到过它也无妨。[4]

所有这些研究似乎都非常鼓舞人心，展现了社会心理学比较光明的一面，而我几乎不愿意去问吉姆那些比较阴暗的一面。然而，我们每天都看到大量关于仇恨犯罪和现代种族灭绝的新闻，关于现有社会体制如何保护犯罪的权贵的新闻，以及关于“自我”意识与“他人”意识对立引发的大量恐怖事件。有鉴于此，我决定同吉姆探讨一些比较阴暗的因素，这样的对话似乎是不可避免的。当然，对于“自我”与“他人”之间的冲突，我们可以做出的另一个评价是“他人”在我们的道德圈之外，即我们的包容门槛之外。

我们认为这些人是“他人”。

当我们形成社会认知时，要定义我们是谁，首先要定义我们不是谁。想一下这一点，你就会发现，即便简单地去定义一个社会群体，也会把其他人排除在这个群体之外。定义生物学上的家族排除了缺乏共同基因的人，与某人结婚传统上宣告其他所有人都被排除在你的性生活之外，加入一个运动队宣告你反对你联盟中的其他运动员。[5]

我们更倾向于将责任归咎于自己所属群体以外的人，将他们作为替罪羊，而不是归咎于自己所属群体以内的人。研究表明，如果短暂地令一个群体感到沮丧，那么他们会更加倾向于指责群体之外的人；而激活人们对死亡的恐惧，往往会放大群体内部的某些倾向（比如爱国主义倾向），以及放大对群体外部的敌意（比如仇外心理）。[6]

更令人担忧的是，如果我们对一个人的评估是“他人”，那么我们可能会面临着一种更严重的风险，即沉浸在最黑暗的评估中而难以自拔。

最黑暗的评估：非人性化

非人性化[①]是一种与人类最糟糕的行为具有内在联系的评估方式。当我们认为属于另一个社群的人不如人类，不具备与人类相关的全部心智能力时，就会做出这种评估。非人性化描述了其他群体智力低下、同理心较差、行为控制力较差、侵略冲动强或其他兽性明显的品质。这些评估可能会导致我们发自内心的厌恶。这不是巧合，非人性化的语言通常会把局外人和让我们厌恶的东西联系起来，比如蟑螂和粪便，从而可能导致一种漫不经心的冷漠以及同理心的缺失。如果其他生物跟我们不相似，而是类

① 非人性化，dehumanization，是一种道德脱离机制，是从认知上将受害者视为非人类的生物，甚至没有生命的物品，进而使用不同的道德标准来衡量以及合理化其行为。——译者注

似于苍蝇，那么我们把它们打死又有什么关系呢？剧作家乔治·萧伯纳曾经写道：“对待他人最大的罪恶不是恨，而是冷漠，冷漠是不人道的本质。”

纵观一下人类历史上最邪恶肮脏的时刻，你会发现非人性化的语言随处可见，比如，把整个社会群体比作令人联想到腐烂、疾病和肮脏环境的啮齿动物或昆虫。一个西班牙殖民者曾说：“我对 100 个拿着武器的印第安人的关注，还不如对一群苍蝇的关注。”[7] 一个英国丛林游侠曾说“会像射杀麻雀一样射杀塔斯马尼亚人”[8]。在纳粹德国，政府为大规模灭绝 600 多万犹太人找到了正当的理由，因为他们是“不配活着的生命”。[9] 在卢旺达，在造成大约 50 万 ~100 万图西族人死亡的大屠杀之前，受害者被比作待伐的树木。[10]

但是，在我们的历史上，非人性化现象并不孤立。即便在当代社会，这一现象依然存在。诺尔·凯特里（Nour Kteily）是美国西北大学的一位心理学家，他发现相当多的美国人都非常愿意接受这样一种观点，即有些人比其他人更具有人性。[11] 他和他的合作者使用了一种叫作“人类进化”（Ascent of Man）的工具，你可以在下面图 1 中看到。在一系列的研究中，他们要求参与者移动一个滑动条，以表明他们对不同群体的人性层次的评分（最低 0 分，最高 100 分）。

一般来说，美国人对本国人和欧洲人的人性评价很高，给出的平均分数在 90 左右。但这些参与者给其他社群的评分往往比较低，尤其是墨西哥移民群体，认为这些群体进化不够，人性不足。

图 1 “人类进化”这个工具衡量的是非人性化的严重程度。分数从 0 到 100，用一个滑动条来表示，滑动条在最左侧时，代表 0 分，指没有进化的原始人。滑动条在最右侧，代表 100 分，指完全进化之后的现代人类。尽管从科学角度来讲，这个图无法准确地描述人类是如何进化的，但它以线性的方式呈现了人类进化的过程。该图最早由凯特里、布鲁诺（Bruneau）、韦茨（Waytz）和克特利尔（Cotterill）于 2015 年发布。

凯特里及其同事不满足于仅仅证明非人性化现象的存在，还深入研究了这些人性化评分较低的意涵。

所有这些研究都解释了为什么当所谓的自由世界的领袖们频繁使用非人性化的语言，把整个国家描绘成粪坑，把黑人妇女称为狗，声称非法移民污染了我们的国家，或者说黑帮成员“不是人，而是动物”的时候，心理学家们是如此心惊胆战。（应当注意到，非人性化言论并不局限于政客中的右派人物，希拉里·罗德姆·克林顿在 20 世纪 90 年代也曾因将市中心的年轻黑人描绘成“超级掠夺者”而遭到尖锐批评。）这种关注算不上政治正确的吹毛求疵，而是反映了一种深刻的愿望，即我们自己的国家一定要避免出现新的残暴时代。

社会群体中一些比较微妙的机制有助于刺激人们采取非人性

化的措施。在一项实验中，研究人员让参与者聚在一起，让他们齐步行进。当研究人员要求他们杀死昆虫时，他们比那些没有在集体中齐步行进的人更倾向于执行。[12] 此外，那些被安排与其他参与者一起整理塑料杯子的人，当研究人员要求他们制造令人难以忍受的噪声去侵扰其他群体时，他们也更倾向于执行。[13] 心理学家米娜·西卡拉（Mina Cikara）总结了这一研究成果：当人们在群体中协调各自行为时，个人经常会做出或说出违背自己信仰、欲望和道德标准的事情。[14] 支持这一观点的研究表明，在服从权威以及从众现象盛行的文化中，种族灭绝和群体暴力发生的频率更高，因为在这种环境下，人可能更像一只从众倾向极强的蜜蜂。[15]

我提醒吉姆关注一下这种研究，问他这种实验结果是否符合他提出的“社交基准理论”，也就是说，他是否认为我们越靠近与自己比较相似的、同一群体内部的人，我们就越容易对群体以外的人缺少宽容，越容易出现分歧，越容易用非人性化的视角去看待本群体以外的人。

我说话时，吉姆一直在摇头。我讲完之后，他开口说道：“我要在这里说一些可能有争议的事情，我认为那基本上算是一个民间理论，其实，过去几十年的数据并不能对它提供多少支撑。事实上，你所看到的人们以非人性化方式对待其他群体，通常是群体内部偏好的一种重构。当你让不同群体互相竞争时，就会引入一种危机感，这时，人们往往不会投入资源去对付外部群体，而是倾向于把更多的资源投入自己的群体中。因此，他们变得更具有群体意识，只不过这种意识是更关注自己的群体，而不是外部的群体。”请记住，我们隶属于某个群体，不仅意味着我们如何在社会上识别自己，还会融入我们的思维，让我们知道什么是自我，什么是他人。因此，当我们群体中的其他人感到威胁时，我们也会有同样的感受。在后面的章节中，当我们探讨仇恨犯罪对边缘群体的影响时，会继续探讨这一观点。

我对他的说法很感兴趣，但仍然觉得难以置信。我专门向吉姆询问了他的同事、《隐形的心灵：灵活的社会认知和非人性化》（*Invisible Mind: Flexible Social Cognition and Dehumanization*）一书作者、社会神经学家拉萨娜·哈里斯（Lasana Harris）的一些研究成果。哈里斯认为，我们可以灵活地将“社会认知”（比如思想、情感和复杂动机）归因于社会群体的不同。哈里斯对一个问题很好奇：如果要求一个人考虑不同类别的人，其大脑中负责思考他人以及自己内心精神生活的区域被激活的程度存在多大差异？比如，当一个中产阶级的人看到一个无家可归者蜷缩着倒在人行道上，他的脑区被激活的程度会少于看到一个身形笔挺、穿着与自己相似的人，或者看到一个貌似瘾君子的人吗？[16] 对于这个问题，哈里斯的数据给出了肯定的答案。

在其他研究人员进行的实验中，参与者被要求躺在神经成像扫描仪中，观看别人的手遭到刺伤或打击的情景。研究人员向参与者描述说，这些手的主人属于不同的信仰体系，包括基督教、伊斯兰教、犹太教、印度教、山达基教和无神论者。正如作者假设的那样，当参与者看到其他信仰群体的人受到伤害时，其大脑中与同理心相关的区域比看到自己教派的人受到伤害时激活的少。[17] 然而，至关重要的是，即使是无神论的参与者也存在这种现象，他们看到其他信仰体系的人的手遭到伤害时，其大脑中被激活的与同理心相关的区域比看到无神论者受到伤害时要少。所以，这与你所属的群体在你的神的眼中有多么特别无关，而与你把自己归属为哪个群体有关。

“没错！”吉姆惊呼道，仿佛自己获得了胜利一般。我感到困惑，他继续说道：“但那并不是非人性化，而是去自我化。”

这并不是说受到威胁的人不如你有人性，只能表明他们不像你所属的群体内的人那样符合你的身份认知。吉姆对这些结果的评价完全颠覆了参与者的想法：你并不是在积极地排斥某些人，你只是在积极地接纳某些特定的人。与哈里斯的观点相比，这是一个微妙而重要的区别。哈里斯认为，我们有选择地认为某些人具有完整的人性和社会认知技能，而认为其他人不具有此特质。但吉姆认为我们应该以人性化的视角看待每一个人，只不过我们只将与我们属于同一信仰体系的人认同为“自我”。

吉姆的看法与莎拉·布莱弗·赫迪和帕特里克·克拉金的想法产生共鸣。他们认为，我们进化的天性是高度合作的，推动我们更多注重群体内部，但针对其他群体的敌意和暴力是最近才出现的，更有可能是文化环境催生的结果，而不是生物进化催生的结果。人类肯定有能力表现出很大程度的暴力和敌意，但也许这种倾向并不是人类的本性，更多地与我们的文化环境和我们对外界的评价有关。

匿名的外衣和阳光的局限性

正如我们在前一章讨论过的那样，无论线上还是线下，匿名性都会让我们产生这样一种感觉，即我们不受我们的行为可能带来的社会后果的影响，这会让我们更容易受到社会环境的影响。这些因素可能影响了白人民族主义者在 2017 年涌入夏洛茨维尔的决策。

但在这个互联的时代，我们感知到的匿名往往是最薄的面纱。

看看内华达大学学生彼得·西塔诺维奇的经历吧。在夏洛茨维尔游行最著名的照片中，他算是一个核心人物，他愤怒的脸扭曲着，手里拿着火炬，喊着种族主义口号。根据他在活动后接受的采访，他觉得自己参加集会的动机是好的。[18] 他认为参加这场游行的心情是轻松的，并将得到别人的肯定，只是强调一下白人的骄傲，虽然自己支持白人，却不反对任何其他群体。他说，当人们开始唱圣歌时，他无意之中被集体的能量吸引，这是整个集体积极行动的一部分。西塔诺维奇很可能觉得自己和平常的自己脱离了。他对当地一家电视台的记者说："我希望分享照片的人愿意倾听一下我的想法，我不是他们在照片中看到的愤怒的种族主义者。"尽管他当时在一个白人民族主义集会上举着火炬高喊极端种族主义口号，他骨子里并不是照片塑造的形象。

推特很快开始人肉搜索起来了，他和照片中其他很多人的身份都被确认了。之后，道义愤怒和社会规范的影响逐渐体现了出来。据报道，其中一个白人至上主义者失去了工作，另一个被迫与家人断绝了关系。而西塔诺维奇也频繁沦为所在大学抗议活动的目标，但他所在的那个州立大学努力把他留在校园，保护他，因为大学认为抗议是《美国宪法第一修正案》赋予他的一项权利。在TEDx①一次关于言论自由的活动中，内华达州副检察官奥林·约翰逊解释了他们对于这件事的态度背后的逻辑："他的想法，如同所有恶心的东西一样，只在黑暗、潮湿和隐蔽的地方生长和发展。[19] 我们将他的意见与更好的意见做比较，因为阳光是最好的消毒剂。看到它，揭露它，研究它，嘲笑它，就是让这种想法失去力量的方式。"

但真是这样吗？把这类隐秘而恶心的想法暴露在阳光下真的能让它们失去活力吗？

也许是吧。但也可能出现另外一种情况，即这类想法被曝光出来之后，会促使其他人效仿。比如，当人们得知其他人都从森林里偷石化木材之后，他们也会这样做。在这种情况下，把这些想法暴露在阳光下，意味着更多黑暗、恶心的想法会从潮湿的地方滑出来。

接下来，我们将做更进一步的探讨，南下前往塔拉哈西市，与一位比吉姆更悲观的人交谈。她对群体内外的看法可能因为她是一位历史学家，而不是心理学家。

---

① 所谓的 TEDx，指由本地 TED 粉丝自愿发起、自行组织的小型聚会，让本地 TED 粉丝能聚到一起，共享 TED 一刻。——编者注

第 6 章

内部的敌人

佛罗里达州，塔拉哈西市

我承认我向来害怕黑暗，我不知道黑暗莫测的空间里潜伏着什么，总觉得里面充斥着不怀好意的阴暗小人，他们可能长着长长的牙齿，拿着锋利的武器，而且几乎可以肯定的是，他们咧着嘴的笑容中充满了狡黠。

人类出于恐惧对人性的一些揣测令我着迷不已。在研究生院的时候，我和一个朋友开设了一系列课程，讲述流行电影中的心理学知识。通过这项工作，我开始怀疑最令人恐惧的东西其实并不是表面上的东西，比如连环杀手、戴着面具的疯子、复仇的亡者等等，而是我们思维深处的精神错乱。具体来说，这种形式的精神错乱在某种程度上脱离了蜂巢思维，脱离了基于共识形成的现实。

我注意到，在我能找到的恐怖电影中，在描述主角寻求出路的时候，几乎都有一个惊人相似的剧情，即无论主角被什么类型的恶魔困扰着，都会寻找朋友、情人或兄弟姐妹倾诉出来，讲述关于恶魔的某些变体。比如他们会说“我知道这听起来很疯狂，但是……”，“但是”后面常出现的内容可能是：我能跟死者交谈；我想我的孩子可能是反基督者；在我的梦中，有一个装着金属爪的火人在追我，我想他会杀了我。通常，当主角倾诉之后，这个在主角心中非常重要的人虽然支持主角，但高度怀疑其所说的话，觉得难以置信。在大多数情况下，主角都会产生偏执和孤独的感觉，最终被驱逐出蜂巢。

我还认为，这些恐惧背后的主要原因都可以归结为我们对脱离现实的恐惧，这些电影选择的怪物具有象征意义。[①] 比如，外星人和我们的仇外心理有关，鬼魂与我们对死亡和来生的恐惧有关。僵尸与我们对自己身体欲望的恐惧有关。

不过，僵尸的象征意义总是让我摸不着头脑。它们总是看起来……有点恶心，浑身是血，渴望吃掉人的大脑。

二月初，当新英格兰地区依然笼罩在严寒之中时，我一路向南，前往佛罗里达州的首府塔拉哈西市，与宗教历史学家凯莉·贝克（Kelly Baker）交谈。我来这里主要是想和她谈谈三K党，问问她三K党如何影响我们对群体内外的态度、非人性化以及社交媒体在加剧极端主义方面的作用。事实上，她也是一位僵尸文化研究专家。我在推特上关注了凯莉一段时间，主要因为她是网

① 我曾假设我们最大的恐惧可以转化为我们最大的力量，我这些想法也都是我的推测，没有任何实际数据支持。

络出版物《高等教育中的女性》(*Women in Higher Education*)的编辑。除了《三K党》和《丧尸之战》，她还写了两本颇受欢迎、颇有见地的书，讲述了她与学术界的复杂关系，以及学术界面临的一些系统性问题。

我当时住在塔拉哈西市中心的一家时髦旅馆，那里有露珠吊灯和石板墙，凯莉就来我的旅馆见我。让我高兴的是，这家旅馆还有一个屋顶酒吧，可以提供食物。我们去了那里，我一时无法集中注意力，因为那里艳阳高照，暖风徐徐，那种感觉简直太美妙了，令人沉浸其中难以自拔。

我们点了一些马尔贝克葡萄酒和一些被称作“塔帕斯”的餐前小吃。在接下来的访谈中，我们所处的氛围散发着一种休闲惬意之美，而我们讨论的话题却那么丑陋，这种反差令我感到惊讶。

我们从僵尸开始聊起，为什么不呢？

凯莉笑着说：“它们是思考传染的好方法，对吗？”

不仅是思考传染的好方法，也是思考非人性化的好方法。僵尸从来没有像现在这样流行过：僵尸娱乐和装备产业的产值高达50亿美元。从《行尸走肉》(*The Walking Dead*)到电子游戏《植物大战僵尸》，僵尸已经慢慢地从恐怖片中爬出来，成了一种主流文化符号。

现在是僵尸文化蔚然成风的有趣时刻。它们经常被拿来比喻人类的盲目行为，从消费主义到恐怖主义，再到智能手机成瘾。僵尸起源于一个巫毒传说，尸体被萨满复活。在早期的描述中，僵尸文化的典型图景是一个所谓的“大师”带着一群没有头脑的尸体，再次呼应了我们对盲从于群体的天性的恐惧，以及我们对融入一个集体后丧失个性的恐惧。最近的僵尸文化不再讲述“大师”的故事，而是将重点放在对僵尸的功能失调做出广泛传播的解读。[1]

末日生存者的俱乐部和集会经常讨论如何为僵尸出没的世界末日做准备。枪支和弹药行业对新的营销机会毫不手软，专门针对这些僵尸爱好者推出特殊弹夹和其他用品，也出售真人大小的僵尸目标，当你射击他们时，他们身上的肌肉真的会脱落。[2]

凯莉说：“最令我不安的是人们谈论摧毁僵尸时的那种喜悦。僵尸象征着令我们感到紧张的人。针对什么样的人施加酷刑或朝他们脸上开枪是可以为人接受的？很多人问我是如何从白人至上主义者变成僵尸文化研究者的，其实，这种转型很简单。”

从本质上来看，所谓的僵尸和种族主义，都是那些表面上看起来和我们一样，但在某种程度上遭到非人性化对待的人。这些人是不是在某种程度上不那么有意识，不那么有辨识能力，不那么具备人类的全部情感？如果是这样，也许他们不太值得享受人权，甚至像僵尸一样，我们应该双发快射地将其灭掉。

这是最危险的评估。

这种评估让我们远离了虚构的生物，在现实生活中倾向于接受这样一种观点，即随着人们越来越不愿意包容自己所属群体之外的人，便开始以非人性化的视角看待其他群体的人，觉得他们不是完整意义上的人类。这种评价也促使我们开始直接探讨凯莉更感兴趣的一个学术研究议题。这个研究与“三K党”有关。该组织在种族优越性的旗帜下把白人团结在一起。[3]

在美国历史上，三K党的发展是白人运动浪潮的一部分。最近几次浪潮发生在20世纪60年代（当时人们普遍认为这是对民权运动的强烈反击）以及80年代。这两大时段的白人运动浪潮往往组织混乱，白人至上的情绪非常强烈，而且运动的主要目的是为了威胁自己所属群体之外的人，而不是为了紧紧团结自己所属群体内部的人。早在20世纪20年代，三K党就显示出了组织性更强、使命更专注的特点，并一度在1924年达到发展顶峰，在美国拥有400万成员。

在20世纪20年代，围绕“哪些人才是白人”有很多争论，这种身份认同问题依然是当今世界移民问题的焦点。但与现在的移民群体不同的是，20年代的大多数移民虽然是白人，但仍被排斥，因为他们是天主教徒和犹太教徒。三K党认为这两个群体都不应该被吸收纳入美国文化，因为天主教徒对教皇忠诚，而犹太教徒彼此之间太团结。这在三K党看来都是非常值得怀疑的。在三K党看来，真正的美国人既是白人，又是来自英格兰和苏格兰等地的移民后裔。当时，三K党的官方文章可谓臭名昭著，聚焦于移民和仇恨行为，他们公开发表针对黑人社群的赤裸裸的攻击。

这些都是过去的事情了，现在已有别于往日，不过最近的情况却有些令人沮丧。2016年，三K党走上街头，再次开始游行。“另类右翼”组织的煽动者发起了媒体巡回演说，公开大肆谈论美国成为一个白人国家的必要性。

突然间，每个人都想和凯莉聊一聊了。

她说："我觉得这是最奇怪的时刻，因为我突然变得很重要了。在2016年的这些时刻，我忽然发觉，哦，原来我没有错，我们竟然真的生活在三K党的美国。这真是一件可怕的事。"

三K党和"另类右翼"组织使用的一些花言巧语相互呼应。在20世纪20年代，三K党的白人基督教徒感受到了三重社会变化带来的威胁：工作岗位的现代化程度不断提升，种族与性别问题的多样性及其对社会发展的限制引发越来越多的关注，与语言和行为的可接受度标准有关的社会准则发生了变化。他们联合起来要求集体变革。他们把"真正的美国人"定义为白人、基督教徒以及近乎激进的爱国主义者。他们在集会上和大学校园里聚集在一起，有时还举着"美国优先"的横幅。

凯莉强烈地意识到，媒体、记者甚至学者对三K党的最大误解之一，就是觉得三K党的成员要么是粗鲁的、没有受过教育的乡巴佬，要么就是隐秘的、邪恶的幽灵。种族主义问题虽然错综复杂，却一直贯穿于主流社会，已经让人觉得平淡无奇了。如果不这样想，就会忽略掉种族主义的一些主要方面。如果你只是指着一个戴着套索的"乡巴佬"，说戴套索是种族主义的表现，那么你就不会仔细审视自己的选择或倾向。你不会思考为什么主要的新闻网络都以博人眼球的标题为特征，这些标题不断呼应着我们历史上最丑陋时期的语言；你也不会研究我们的教育系统、就业系统和法律系统如何为某些人提供比其他人更多的机会，以及这些结构性的种族主义如何使你受益而剥夺了他人的权利。

凯莉说：“我们总是接近那个话题，然后又岔开，因为如果你能用三 K 党作为评判种族主义的标准，那么你就会说——好吧，我又没有在别人院子里焚烧十字架。这就是我们的标准？请不要让它成为我们的标准。”

凯莉在其大学组织的一次教师研讨会上介绍了自己关于三 K 党的研究工作，指出三 K 党的言论强调了国家和信仰的重要性，有必要保持白人新教徒的生活方式，对过去的传统生活方式充满怀旧情绪，质疑种族多样性的价值，并着重突出民族主义。凯莉讲完之后，一位教师直截了当地回应说不相信凯莉的工作是真实的，因为许多花言巧语听起来“太像我认识的许多卫理公会教徒了”。另一位教师说凯莉的言论很危险，因为它混淆了三 K 党成员与普通白人。

凯莉摇了摇头说：“这句话说到了关键点上，因为三 K 党成员也是普通人，符合我们对普通人的评判标准。他们是中产阶级，受过教育，有男有女，他们非常认同白人至上的思维方式，而白人观众的反应则是‘不，他们和我们不相似’。我尽力把我的观点讲清楚，而听众们却一句话也听不进去。”

今天的白人民族主义者不会穿易于辨别的特殊衣服到处炫耀。他们的种族主义不是体现为明确的反黑人或反犹太言论，而是体现为表达爱国主义和对自己传统的自豪感。他们玩文字游戏——“我们不反对任何人，我们只是支持白人”。他们中的许多人巧妙地回避了他们演讲的不利影响，还有效地利用了像野火一样在互联网上蔓延的表情包、图片和流行语。这些强有力的小图像成功地激发了民族主义情绪，而且不会刺激别人做出任何深入的分析。

三K党在20世纪20年代勃然兴起的一个原因，就是其为追随者提供了现成的社群。他们一起参加家庭野餐，一起在社区做志愿者。他们一起参加游行，这可能是一种集体狂欢仪式，呼唤人性焕发出集体精神。追随者受到欢迎，融入一个由志趣相近者构成的部落。三K党的文章和演讲也强调成员要融入集体。虽然我们通常认为三K党成员的那种头罩和长袍有助于为其成员提供秘密掩护，但这种形式的统一装扮也起到了去个性化的作用，让成员忘记独立的自我，融入更大的运动之中。这种融入的内涵是把个体的身份认知放在一边，让集体意志为结果负责。

凯莉思索片刻，然后说道："我认为这种策略确实奏效，他们在一些时候有过这种感受。三K党的成员竟然会以一种奇怪的、诗意的方式描述这个充满活力的组织的工作。他们写的是火红的十字架以及三K党成员被兄弟们包围的感觉，这种感觉真的很有情感冲击力。各种各样的仪式促使你去做事，并在你的身体里植入记忆，这样你才能继续做这些事。"

这些做法也让我想起了埃里克·霍夫（Eric Hoffer）于1951年出版的一本小书，名为《真正的信徒：关于群众运动本质的思考》（*The True Believer: Thoughts on the Nature of Mass Movements*）。在这本书中，霍夫把所有的群众运动和社会变革都纳入了研究视野。不管这些运动所期望的变革是政治的、宗教的、民族主义的、文化的还是创造性的，他都没有根据诉求内容对这些运动做出区分。此外，他在书中还研究了纳粹党和美国革命者，研究了基督徒和异教徒，并探寻这些运动在历史上是否具有什么共同之处。

霍夫认为，从本质上讲，群众运动的发生可以归因于人们对自己的命运感到不满，渴望摆脱个体身份，融入集体。他写道：

> 如果他们以完全皈依者的身份加入这场运动，他们就会在这个紧密团结的集体中获得新生；如果他们以同情者的身份受到吸引，他们就会通过认同这场运动的努力、成就和前景，找到自豪、自信和目标……一个正在兴起的群众运动的活力和发展前景取决于它能在多大程度上唤起成员自我牺牲的激情。

追随者急切地希望摆脱阻碍自己做出自由选择的种种负担。霍夫写道："无依无靠的个体面临着各种负担、恐惧和绝望，摆脱它们之后便催生了获得解放的感觉。"他还引用了一位早期种族主义者的话，描述了由自由个体融入集体带来的喜悦。对于那些曾经努力满足自己、家人或社会期望却没有成功的人，这种吸引力可能特别强大。成为整个挂毯上的一根线，要比作为一个不及格的个体好得多。

社交媒体为当前白人民族主义运动所做的一大贡献就是让人们找到凯莉所说的"亲密团体"或"志趣相投者"。毫无疑问，20 世纪 20 年代的三 K 党在没有数字媒体帮助的情况下也成功地找到了志趣相投者，但现在，有了社交媒体的帮助，他们组建社群的容易程度、势力范围和影响力都得到了很大程度的拓展，并扩展到了全球。不仅如此，社交媒体还允许以前互不相同的群体聚集在“另类右翼”组织的标签下，比如“白人至上”“男性反对女权”等。他们可以共同表达对失去文化主导地位的焦虑，表达对对立群体可能联合实施报复的恐惧。三K党明确称自己为骑士，把自己描绘成好战分子，但是这些新的集体运动同样使用自卫的语言，企图对抵抗他们或希望解散他们的力量发动战争。

凯莉问我：“你读过迈克尔·巴昆（Michael Barkun）关于阴谋论的书吗？”

我坦言没读过，然后趁这个机会把一些奶酪抹到了饼干上。

凯莉继续说：“他是一位政治学家，著述的内容大多与宗教阴谋论有关。我曾经用他的书做教材，因为他非常认真地对待人们的信仰并给予客观呈现。学生们觉得很好，也觉得他的看法是正确的，直到他谈到所谓的爬虫族信仰……”

听到这儿，我忽然被奶酪噎了一下，说：“抱歉，还有爬虫族这种信仰？”

凯莉点点头，说当时她的学生反应是这样的：“等一下，我没听错吧？”“难道有人信仰蜥蜴？”她的回答是：“没错，这是真的。”

我的研究把我带上了一些奇怪的、意想不到的道路，让我了解了一些无法想象和骇人听闻的信念，而且拥有这些信念的人多到出乎意料，但真的有人相信蜥蜴人的存在吗？

我感到有点儿惊讶。

蜂巢思维放大的结果：异教和阴谋论

当我拿起迈克尔·巴昆所著的《阴谋文化：当代美国的末日幻觉》（*A Culture of Conspiracy: Apocalyptic Visions in Contemporary America*）一书时，发现他对阴谋论的研究与我所读到的集体运动和异教之间存在着许多联系。这三者都利用了蜂巢思维的一些基本原则，一方面利用了我们在现实生活中社交活动的不确定性，另一方面又利用了我们对归属感和确定性的渴望。我们将会看到，并非只有我将这三者用这些主题联系起来，拥有这些怪异信仰的人，越来越多地开始在网上找到彼此，并跨界联合起来。有时，他们联合的方式显得非常奇怪和令人担忧，比如，白人至上主义者与非自愿独身者联合起来，或者与那些认为爬虫族控制美国政府的人联合起来。过去，这些不同的群体是孤立运转的，现在他们有了博客、Reddit（一个社交新闻网站）和4chan（外国的综合型讨论区），可以24小时不间断地倾听志趣相投者的声音，在群体极化的过程中反复确认甚至强化自己现有的信仰。

在我们开始进一步讨论之前，先明确一下“异教”这个词的内涵。许多学者对“异教”这个词提出了异议，他们更喜欢用一个价值观比较中立的术语，比如“新宗教运动”。传统上，“异教”运动具有以下特征：要求信徒表现出最大程度的服从，牺牲自己的个性，加入某个集体，并经常在经济或性方面压榨其成员。事实上，并非所有基于共同身份和共同生活方式而形成的紧密群体都符合这些标准。毕竟，大多数宗教都有关于世界和人类起源的神秘故事，规定信徒要采取什么样的生活方式，神职人员主持唱经和唱诗的集会，规定信徒要向该组织捐款。许多学者的想法是，不能仅仅因为有些是古代形成的，有些是现代形成的，就把后者贴上“异教”的标签。它们创立的时间比较晚，并不意味着它们应该受到嘲笑。我很欣赏这一点。但正如加州州立大学社会学教授贾尼亚·拉里奇所指出的那样，并非所有具有破坏性的、封闭的社会群体都是宗教性的，比如，围绕养生实践、商业和体育锻炼等世俗话题也可以形成强大的、封闭的群体。[4] 所以，对于这些非宗教性质的组织而言，用“新宗教运动”这个术语似乎也不合适。

有些组织，比如“天堂之门”（Heaven’s Gate），有记录表明它们会对个体的独立性构成威胁，在研究这类组织时，我会继续用“异教”这个词。有些组织则位于广泛的灰色地带，其中既有看似很正常的集体组织，也有要求追随者做出自我牺牲等极端行为的组织，甚至有要求追随者发动暴力袭击的边缘组织。这类组织都不在我的讨论范围之内。

“阴谋论”这个术语本身就存在一定的模糊性。首先，现实世界中确实会发生阴谋。俗话说：“如果你总怀疑自己要受伤，那么或许并非是你患上了妄想症，而是真有人想要这么做。”在 20

世纪，美国政府虽然确实对非裔美国人进行梅毒研究了数十年，但一直拒绝为他们提供治疗。[5]在20世纪50年代和60年代，美国中央情报局确实给不知情的人注射了一种叫作麦角酸二乙基酰胺（LSD）的迷幻剂，试图探索它作为精神控制剂的可能性。[6]当然，一些旨在伤害我们国家的恐怖主义阴谋确实存在，我们自己的政府也在实施复杂的阴谋，以推翻那些被视为对我们国家利益不利的外国政府。奇怪的事情确实会发生，只是会被掩盖起来。

如何分辨哪些是真实的，哪些是虚幻的呢？事实表明，我们赖以做出判断的只有那些存在偏见的、一知半解的蜂巢思维，所以我们做出的判断往往并不好。我们周围的人（你自己可能也如此）往往持有与常识和现实相矛盾的想法，比如，认为接种疫苗是一种有害的阴谋，目的是让大型制药公司变得更富有；认为某些巫师可以读懂死者的想法；认为政府掩盖了2001年9月11日发生的一些事情；等等。

我必须公开承认一点，我在本书中探讨的一些“阴谋论”未来某一天可能会被证实并非阴谋，但我认为如果我们要讨论这个话题，就必须先从某个地方开始谈起。

在我们开始讨论阴谋论、群众运动和“异教”背后的一些常见原则之前，我想先讨论一下它们背后的一个动力，即我们往往存在偏执倾向与被迫害妄想症，总觉得每一个角落后面都有人要暗算自己。

被迫害妄想症的力量

作家兼编辑杰西·沃克（Jesse Walker）在其引人入胜的《偏执的美国：阴谋论》（*The United States of Paranoia: A Conspiracy Theory*）一书中，将美国的阴谋论思维追溯到美国建国之初。他的著作表明，从美国建国初期开始，我们就一直对暗中与我们作对的人抱有偏执狂式的担忧。要创建一个强大的社群，最快的方法就是告诉一群人说他们目前共同归属的社群正在遭受外部攻击，必须予以保护。一种常见做法是树立一个强大的敌人形象，使其成为人们关注的焦点，比如，肯尼迪遇刺案中未被发现的第二名枪手，奥巴马总统是基地组织的一名特工，都属于这种情况。这个假想敌可能在社群外部若隐若现，也可能潜伏在社群内部，但所有的假想敌都是为了动员整个社群的力量去对付威胁我们生命的某个人或社群。

第一张敌人面孔往往是“外部敌人”。沃克认为，这些“外部敌人”与你不相似，不吃你吃的食物，不穿你穿的衣服，也不和你敬拜同一个上帝。他们是异类，是外来的，因此高度可疑。

沃克这样描述“外部敌人”：

> 家门之外的世界给人的印象往往是不友善的荒野，居住着邪恶的势力，人们倾向于把这些势力视为由傀儡大师或小集团自上而下领导的阴谋势力。人们对文化交融的边界地带感到恐惧，怀疑居住在本国的外国人充当外国势力的代理

人，担心自己所属的社群可能会被敌人重塑。有一种倾向认为这场冲突是一场宏大的、世界末日式的斗争，如果不是反对撒旦，就是反对某种非常邪恶的东西。

回顾美国的历史进程，不用太多的创造性思维，就能看到美国历史进程中出现的多个“外部敌人”，比如二战期间的德国人、冷战期间的苏联人。激发国民对所谓“外部敌人”的恐惧，往往就会增加国民对外部群体的敌意，这有助于迎合公众对于某些收缩性政策的偏好，比如，希望政府支持战争、限制移民、加强监控等。

然而，并不是所有的敌人都在你的门外。也许更有害的是内在的敌人。他们同你吃一样的食物，同你穿一样的衣服，同你敬拜一样的神……至少他们看起来是这样的。但私下里，他们依然属于所谓的“外人”，仍然反对你的利益，在你的社群内部搞破坏，把你毁灭。当内部敌人逐渐坐大时，谁都会沦为被怀疑的对象。这个敌人正在你的房子里往外打电话。

在 20 世纪 50 年代，当人们越来越恐惧沦为麦卡锡主义的攻击目标时，诸如《天外魔花》(*Invasion of the Body Snatchers*) 这样的电影就不失时机地捕捉到了公众的想象力。在这些电影中，看似平凡而值得信赖的人其实是正常外表掩饰下的异类。这些恐惧情绪的核心是担心被一个强调无条件服从的集体吸纳进去，以至于在这个集体中失去一个人的个性。沃克写道：“当内心对内部敌人的恐惧达到最强烈的程度时，即便物质世界也会令人觉得不真实，如同一个脆弱的外壳掩盖着一个隐秘的区域。”

当一个社群的“内部敌人”数量激增时，很有可能在社群成员之间播下不信任的种子，比如麦卡锡听证会、塞勒姆女巫审判和20世纪80年代的日托性侵恐惧症。邻里可以反目成仇，无辜的人可能会受到迫害。

外部敌人和内部敌人涉及个体与集体之间的矛盾，即个体是否忠诚于集体。接下来的两个主题则更多地涉及社会地位，即地位高于或低于你的人都可能通过某些方式采取对你不利的行为。

那些在一个社会中权力较小的人，可能会推翻他们上面的人，颠覆整个社会秩序，这些人就是所谓的“下层敌人”（Enemy Below）。下层敌人通常是穷人或其他无权无势的群体。外界认为这些人对自己的命运不满意，有可能聚集在一起，反抗社会中的其他人。被压迫群体为创造一个更公平的世界而开展斗争，这些斗争虽然确实催生过许多旨在寻求积极变革的社会运动，但这类运动蒙上了浓重的偏执色彩，从而加剧了危险，使这些被边缘化的人失去了人性。

下层敌人“往往被视为一种代表着怪物式欲望的力量，他们存在强奸、焚烧、掠夺和屠杀的集体本能”。换句话说，他们存在种族主义和阶级主义的倾向，并且用最坏的恶意去看待别人，尤其是遭受他们压迫的那些人，这堪称人性中最丑陋的一种倾向。美国奴隶制历史上一个个裸露的伤口意味着这类敌人一旦掌握了武器，就会攻击我们国家的有色人种；针对黑人的种族主义尤其凸显了这些敌人的好斗性和危险性，其影响具有破坏性和致命性。达伦·威尔逊（Darren Wilson）警官曾经在密苏里州弗格森市枪杀了黑人青年迈克尔·布朗（Michael Brown）。后来，威尔逊的证词竟然说当他紧紧抓住布朗的胳膊时，如同一个小孩子紧紧抓住胡克·霍根①一样。在他看来，被他枪杀的布朗如同一个巨大的“魔鬼”。[7]

沃克注意到，被视为敌人的群体会随着时间的推移而改变，而且这些敌人的类型也会随之改变。比如，随着爱尔兰移民逐渐融入美国文化，他们会从外部敌人的类型转变为下层敌人的类型。他们不再被视为忠于令人存疑的外国教皇的外人、异类，所以不再对美国人构成一种威胁，但他们中间的很多人是冷酷无情的罪犯，因此被视为危险分子。像这种从一个类型向另一个类型的过渡，表明我们可以通过改变自己的评价去适应不断变化的现实，也可以根据现实的变化去重塑自己的评价。这就相当于某种形式的“精神体操”，使得我们不会去质疑自己的偏见。

最后再谈谈“上层敌人”（Enemy Above）。与社会中的其他人相比，这类人拥有的权力比较大，并且能够对其他人实施阴谋。这类阴谋的例子不胜枚举，比如，政府运用公告从潜意识上去控制人们，或者将化学物质添加到我们的饮用水里面；制药公司用疫苗中的汞导致接种者患上自闭症；保险公司组建“死亡小组”去掌握病人生死决定权；等等。有趣的是，以上这些关于上

① 胡克·霍根是美国摔跤界最著名的英雄式人物之一，身高201厘米，体重137千克。——译者注

层敌人的阴谋论似乎更能够吸引政治领域中的左派，而非右派。

我们了解了阴谋论的许多诱因之后，接下来考虑一下哪些机制性因素会导致人们屈从于阴谋论和其他形式的集体思维。

欢迎加入现成的集体，抵抗是徒劳的

很少有人会一头扎进异教或阴谋论里面。无论是借助互联网，还是在招募人员的掌控下，人们对某一集体的适应过程都是渐进式的。在这个过程的伊始，往往是因为某个政府机构或其他组织做出了某个令人疑惑的、有损一类人利益的行动，接下来，就会有一个组织出面接触这些人，为他们提供一种归属感，或者令他们更深入地陷入这一难题，从而一点一点地滑下去。

哪些人容易沦为异教的招募对象呢？研究表明，最有助于判断一个人是否容易沦为受害者的因素，是此人是否感到孤立或脱离原有的社会支持系统。[8] 社交结构遭到破坏的人被招募的风险尤其大。这类人包括第一次远离家庭的大学生、刚刚失去配偶的人以及为了工作刚刚迁居外地的人。在研究中，当实验人员诱发参与者的被排斥感时，参与者会更愿意支持极端的观点和行为。[9]

不确定性，尤其是关于自我认同的不确定性，似乎更容易激发人们对其他组织的认同感，特别是那种具备强烈信仰和内在特征的组织。[10] 关于不确定性如何导致极端主义，有一个理论框架，被称为“不确定性–认同理论”（Uncertainty–Identity

Theory）。[11] 这一理论认为，当人们对于自己是谁、应该采取什么行为方式存在不确定的感觉时，便拥有了强烈动机去解决这个不确定性，而他们解决这个问题的一个主要方式是对社会上的某个组织产生认同感，尤其是那些拥有强烈身份认同感、对成员的行为方式及世界观做出明确规定的组织。

据报道，山达基教有一个明确具体的新人招募模式，招募人员首先以友好的态度接触其打算招募的人，以消除被招募人潜在的敌对反应。[12] 下一步就是找到最困扰这些人的问题。也许这些人觉得自己从未达到父母的期望，或者害怕永远找不到真爱。山达基教招募团队的任务就是找到这个软肋，然后向其建议说山达基可以解决或治愈这个精神创伤。

一个组织信奉的许多信念最初或许看似合情合理、令人欣慰。这些信念加大了你对这个新组织提出质疑的难度，导致你在这个新组织中越陷越深。对其了解得越来越多，你与现实脱离得就越来越远。在很多情况下，这一切体验都是这个新组织精心设计出来的。

在《受限的选择：真正的信徒和魅力的异教》（*Bounded Choice: True Believers and Charismatic Cults*）一书中，加州州立大学社会学教授贾尼亚·拉里奇记录了两个异教，一个是因信徒自杀而臭名昭著的“天堂之门”，另一个是“民主工人党”（Democratic Workers Party）。当一个人在异教的信仰体系中越陷越深，他就越来越远离常识及其原来所属的蜂巢。

拉里奇认为，异教之所以具有吸引力，是因为它让成员收获了个人成就感，让成员看到了自己超乎想象的最佳一面，同时使得成员能够完全放弃自我，让孤独的心灵融入集体之中。你可能记得，霍夫认为这种融入恰恰是群众运动的一大吸引力。正如拉里奇所写的那样，“成员们找到了一种表达自己内心渴望的方式，让生活充满目标和意义，成为集体的一部分，从而体验到了一种喜悦感”。

在很多情况下，当你逐渐融入新的群体思维方式时，原有的社交网络就会被削弱。你被鼓励切断与非信徒的所有联系，最终，你所有的社交支持和人脉关系都来自这个新组织的成员。如果你跳出这个组织的信仰体系或行为准则，就会被孤立和挤对。比如，在山达基教中，那些对宗教信仰持怀疑态度或持保留态度的人被称为“受压制者”（Suppressive Person，简称为 SP）。如果一个人在山达基教里面与“受压制者”走得比较近，那么这个人可能会被贴上“潜在问题源”（Potential Trouble Source，PTS）的标签，而且接受培训和服务的权利也会被剥夺。[13]

在“民主工人党”，新成员被招募进去之后最先做的事情之一就是改名，即放弃从婴儿时代就使用的名字，选择一个新名字。除此之外，很难想象还有什么更彻底的方法能让一个人与其过去断绝联系。与此类似的一种精神控制方法就是“人民圣殿教”的成员被迫写忏悔材料，邪教领袖吉姆·琼斯把这些材料存档，作为勒索任何萌生退意者的手段。[14]

霍夫认为，对于群众运动来说，背后套路总是这样进行的：当下是糟糕和不堪忍受的，而过去的奇迹和未来的辉煌都是无可比拟的。人们必须加入这场运动，以实现这一光辉的未来，这样他们就相当于投身于一个宏伟的目标，而不是日复一日进行毫无意义的生存斗争和地位争夺。就这样，在一群观众的见证下，很多人为了未来，为了书写历史，也庄严宣誓加入了这场运动。

群众运动的斗争对象不仅仅局限于可能将世界推向错误方向的抽象力量，还会针对具体的敌人，比如移民、犹太人、无神论者、俄罗斯人、美国人、东海岸精英人士、恐怖分子等等。不同的群众运动、异教和阴谋论有不同的斗争对象，但它们的一个共同点是肯定要树立一个魔鬼作为斗争对象。正如我们之前所了解到的那样，想让人们相信存在某个魔鬼并不难，因为我们总是在提防上层、下层、外部、内部的敌人。

这种史诗般的斗争似乎更适合异教和集体运动，但阴谋论也会大肆传播这类斗争主题。迈克尔·巴昆声称阴谋论的本质就是描述邪恶，知道它是如何形成的，然后赋予它有意义的形式。这种邪恶的社群会变化，呈现出不同形式，但往往不能被视为一个真正意义上的社群。

异教和群众运动通常存在一个富有魅力的领导者。霍夫认为，这些运动的最佳领导者往往言之凿凿，口若悬河，自信满满，却罔顾事实，鼓励追随者在挑战中收获喜悦，并注重大规模演讲和集会带来的仪式感。这种领导者“表达出了失意者心中郁积的怨恨，并且为其合理性进行辩护”。有趣的是，霍夫注意到，那些失意者往往不是真正的穷人，而是那些无聊、没目标、不成功的人，他们只是暂时无法获得成功或权力。

形形色色的异教、群众运动和阴谋论给追随者提供的最诱人的礼物或许是绝对的确定性，即让追随者知道如何去解决生活中那些令人烦恼的问题。

正如多丽丝·莱辛曾经写过的那样：

> 人们……渴望确定性，追求确定性，追求伟大而彻底的真理。他们喜欢融入某个能够带来这些真理和确定性的运动，如果有叛逆者和异教徒，那更令人满意，因为这个结构是如此深深地根植于我们所有人的内心。[15]

重要的是，关于生命、宇宙等一切事物问题的答案，不在于我们深感恐惧、反复无常的随机性，而是在于简单可靠的秩序和设计。这些运动的教义必须是绝对的和确定的，加入运动意味着你消除了所有的怀疑。阴谋论是如此错综复杂，无所不包，部分原因在于它对信奉者而言似乎能解释一切，消除所有的不确定性。

所谓确定性，尤其是异教给信徒创造的确定性，部分原因在于其他选项都被消除了。异教的仪式和规范似乎都是为了培养无意识性和自发性，换言之，就是让信徒不必为了做出选择而费心，让他们感受到一种终极的自由。“天堂之门”这个组织精心制作的手册为信徒的每一个决定都做出了事无巨细的指导，包括早晨煎饼的直径以及挤到牙刷上牙膏的多少。[16] 山达基教为信徒制订了不同层级的自我改进体系，并将这个持续改进的体系称为“通向完全自由之桥梁”。

所以，我们可以看到真相：异教组织为你提供了你渴望已久的归属感和社会认可感，让你越陷越深，削弱你固有的社交人脉网络，让你感觉自己加入了一个史诗般的斗争，去同一个可怕的邪恶对象做斗争，最后，这个组织为你提供了一种绝对的确定性，帮你治愈内心的伤痛，打消你所有的疑虑，排除深刻的恐惧与焦虑。

如果我们还能不屈服，就堪称奇迹了。

污名化的知识

关于氟化物，政府不想让你知道哪些事实？51 区①隐藏了哪些秘密？20 年前轰动全国的“笑脸杀手”系列案件，哪些事情是没人调查过的？

阴谋论、异教和群众运动都对权威人物、现行体制和学术专家抱有深深的怀疑，并将迈克尔·巴昆所说的“污名化的知识”奉为圭臬。[17] 事实上，这些知识被污名化反而变成了它们值得骄傲的地方，也是一个吸引人的卖点。被阴谋论和异教所吸引的人似乎陶醉于自己知道了别人不知道的事情，甚至当自己的想法被主流社会拒绝时，他们还很享受这一点。

① 51 区（Area 51）别称水城、梦境，在美国内华达州。该地区被认为是美国用来秘密进行新的空军飞行器开发和测试的地方，因有人相信它与众多的不明飞行物阴谋论有关而闻名。——编者注

这种对知识的污名化甚至会出现一个自我强化的循环，信徒们会将主流社会的排斥视为进一步佐证阴谋论的证据。“看，他们正在让我们噤声！我们肯定发现了什么！”当然，主流社会的确会对某些知识或信仰进行污名化，比如，很少有人认真地谈论仙女、幽灵和政府密谋。

阴谋论的伪科学性很明显，却故意模仿主流学术。一些人为了佐证这些被污名化的知识，做了大量的工作。因此，你可以找到大量文章讲述疫苗与自闭症存在关联，或者揭露大型种子公司隐瞒转基因食品危害性的证据。尽管主流学术界受到了这类组织或运动的诋毁，但主流学术界依然有一些坚定的追随者展示了大量的参考书目和引文去反驳那些被污名化的知识，一些资料经常一遍又一遍地出现在一些专业期刊上。但这并没有多大帮助，因为大多数民众没有能力将经过专业人士评议的、真正的科学论文同那些貌似科学的伪论文区别开来。

奇怪的是，这么多的阴谋论思维既规避了学术思考和科学，同时还假装拥抱、反映学术思考及科学的一些做法。这种既拒绝又拥抱、既厌恶又羡慕的方式体现在这个世界的很多方面。历史学家理查德·霍夫斯塔特（Richard Hofstadter）在 1964 年写了一篇著名的文章，名为《美国政治中的偏执风格》（*The Paranoid Style in American Politics*），文中指出了这种紧张关系：“敌人在很多方面似乎都是自我的投射，自我理想的以及不可接受的方面都可以归因于此。偏执狂风格的一个基本悖论是对敌人的模仿。”[18] 这让我想起了弗洛伊德经典的心理防御机制理论，即“反应结构理论”。（作为一名现代心理学家，我不应该谈论弗洛伊德。）反应结构理论包括一个人希望得到自己声称讨厌的事物，讨厌自己声称希望得到的事物，用过度逆转的行为来掩盖自己羞于启齿的感觉。比如，在公开场合表现出对同性恋的恐惧，以此来掩盖同性对自己的吸引力；再比如，一位母亲通过溺爱孩子来掩盖自己对孩子的矛盾心理。

要削弱阴谋论对人们的吸引力，化解人们内心的敌意，并在阴谋论问题频出的叙事中发现破绽，这并非没有可能，但需要有敏感性和策略，我们将在第 9 章和第 10 章探讨这一主题。

共识在现实中成为碎片

我们必须解决这个问题，因为令人沮丧的是，越来越多的人似乎都屈从于它，而且它对凝聚社会共识产生不利影响。正如我们从本书一开始讨论的那样，我们的社会、我们对世界的理解以及我们的幸福感或许都依赖于我们基于共识建立的现实之上。

世界上的许多事物我们并不会去直接体验，而是依靠教育和流行文化去了解一系列的事实和相关网络，这些事实和网络构成了我们所知道的世界。当尼尔·阿姆斯特朗登上月球时，我们并不在场；我们也不曾亲往盐湖城的洞穴去探险，看看那里是否真的存在爬虫族；我们刚刚吞下的圆形白色药片可以消除头痛，我们既没有观察到也不了解相关的化学知识。我们只是依赖人性中最基本的信任感，信任专业人士，相信这个世界大都是一个充满善良的地方，相信像我这样的人在开展研究之后说“没有证据表明接种疫苗会导致自闭症症状”。[19]

我们正在目睹前所未有的融合。之前相互孤立的边缘团体，如今借助网络的力量，在同一面旗帜之下融合到了一起。凯莉·贝克警告的很多事情正发生在“另类右翼”运动上，比如，男权组织与白人至上主义者融合，阴谋论者正在与偏执狂群体融合，全球主义者与光明会（Illuminati）融合，爬虫族的追随者与好莱坞精英融合。迈克尔·巴昆把这种融合称为“即兴的千禧年主义”或“融合妄想狂”。

这种融合会带来很多问题，因为它让那些曾经被主流社会排斥和孤立的群体壮大起来，并在这个过程中吸引新的追随者，像滚雪球一样越来越壮大。他们搜集到的信息越多，关于这个世界的阴谋论解读可能就越多，他们给人们提供的确定性越来越强，对人们的吸引力也就越大。更令人担忧的是，那些曾经被排斥在边缘地带逐渐消亡的想法，如今得益于“觅母文化”的盛行，得益于民众对专家的怀疑越来越多，正在逐渐演变成常见的说法。

迈克尔·巴昆指出，在网络被广泛采用之前，阴谋论思想似乎仅仅局限于激进的反政府保守团体和激进的基督教原教旨主义者，他们认为反对基督教的人已经踏上了征程。这些团体的思想大体上停留在边缘，并没有玷污较为主流的文化。但随着互联网的出现，以及《X 档案》（*X-Files*）等热播剧中占据核心的阴谋论主题，所有这些曾经边缘化的想法都得到了普及，并得以相互融合。比如，有一种阴谋论认为，奥巴马并非出生在夏威夷，因此没资格做美国总统。这一阴谋论甚至得到了主流新闻媒体的严肃对待，对此，巴昆提出了大量批评。

跻身主流媒体会自动给阴谋论戴上一个合法性的光环，如果阴谋论者在标准的晚间新闻上讨论奥巴马的出生地，那么这就意味着这种说法或许真的具有一定的合法性，这样就会把这一阴谋论的说法介绍给那些或许永远不会接触到它的新受众。

2013 年，巴昆在关于阴谋论的第二版著作中给出了一种结论，表明他似乎感到焦虑：

> 我们还没有处在一种彻底的、多元化的认知环境中。在这种环境下，不同群体可以对究竟何为真实持有完全不同的观点。虽然有人在堕胎等问题上卷入激烈的“文化战争”，但在其他问题上，依然生活在同样的精神世界里……
>
> 如前所述，总是有一些真正的局外人对日常生活中的观念提出质疑，结果被有效地边缘化，被视为古怪的人，只有一些小群体才能容忍他们……
>
> 一旦采取措施遏制异常观念，可能就不太合适了……
>
> 不同理念的边界存在一定程度的相互渗透，这有别于过去的情况……

巴昆大约是在 5 年前分享这些想法的，从那时开始，我觉得情况开始变得很糟糕。那时，名人表达的观点还不算太脱离现实。

那时，白宫发言人还没有用“另类事实”一词去指代政府的一系列谎言。如今，非法的阴谋论居然一跃成为主流，这对我们的民主制度、社会运转方式以及社会凝聚力都可能产生广泛的影响。

还有更糟糕的风险。由于越来越多的人相信伪科学而牺牲了自身的免疫力，导致人类很久以前利用疫苗战胜的疾病已经开始死灰复燃，并夺走了最脆弱人群的生命。正如小说家艾米丽·圣约翰·曼德尔（Emily St. John Mandel）在其著名的小说《11号车站》（*Station Eleven*）中所写：“如果你认为自己代表光明，而你的敌人代表黑暗，那么你可以为一切不合理的事情做辩护，没有什么会难倒你，因为没有什么是你做不出来的。”比如，曾有一名来自北卡罗来纳州的男子听信谣言，认为某个比萨店是希拉里·克林顿（Hillary Clinton）领导的虐童组织大本营，结果就拿着一把枪出现在了这家比萨店里，准备把被奴役的儿童解放出来。[20] 再比如，曾有一名来自“非自愿独身者”社群的博主不加区分地朝着人群开枪，导致6名无辜者身亡，他之前曾在博客上发帖称，由于太长时间没有进行过有意义的社交接触，造成了严重的精神损伤和压力，促使他不得不这么做。[21]

我坐在舒适的扶手椅上，一只小猫咪趴在我的腿上，我喝着酒，读着书。我把巴昆的深红色大部头著作放下一分钟，用手指在书上描出“光明会”的代表符号，不禁打了个寒战。

我希望我们还没有在阴谋论的泥潭中陷得太深，依然有时间改变现状，但如果我说我还没有感到非常不安，那就是在说谎。

在我们开始考虑这些问题的解决方案之前，我们还有一个在社交媒体时代需要考虑的危险：我们的智能手机正在破坏我们的精神健康吗？有研究表明，智能手机让人们变得更容易出现抑郁、分心、精神分裂以及依赖等问题，在下一章中，我们将前往拉斯韦加斯这个代表着放纵和冲动的地方，去研究一下这些主题。

第 7 章

社交技术的创伤

内华达州，拉斯韦加斯市

飞机着陆时，发出了一阵刺耳的噪声，比通常的着陆显得突兀，几个乘客吓得惊叫了起来。此时，一周刚过去一半，我来拉斯韦加斯不是为了欣赏演出，也不是为了赌博，而是为了给杜鲁大学做一个关于情感和教学的演讲。在飞行的过程中，我发现一个越来越明显的事实，同一个航班的很多乘客主要是为了享乐而来的。当空乘过来提供饮料时，坐在我旁边的先生说："请来三杯金汤利。"[①] 刚上飞机时，我身后的那排人是陌生人，但到最后混得越来越熟，喝了一杯又一杯，还放声大笑。

当我走下飞机时，感觉比往常更疲惫。走出廊桥后，首先映入我眼帘的是一排老虎机，呼啦啦地旋转着，闪着光，就位于显示航班抵离信息的显示器旁边。地毯很脏，我看到每一个地方都

① 金汤利，Gin and Tonic，一种常见的鸡尾酒。——译者注

有数字广告牌、动画视频和一排排的赌博设备。人们不是挤来挤去，就是大喊大叫，很多人都像那几个跟我搭乘同一航班的乘客一样已经喝得醉醺醺的了，要不就是耷拉着肩膀坐在老虎机前，面无表情，垂头丧气。

闪烁的灯光和老虎机旁赌客们的慵懒姿态似乎无处不在，不禁令我开始怀疑自己对科技所持的乐观态度，尽管如此，我更愿意持技术不可知论的态度。我的积极态度本身就是一副有色眼镜吗？如果那些危言耸听的言论都是对的，我们口袋里诱人的屏幕真的会带来毁灭，我们该怎么办呢？

在拉斯韦加斯，尽管有很多人似乎要把眼睛贴到老虎机屏幕和控制杆上，但也有很多像我这样的人，对赌博完全不感兴趣。很多人牺牲自己的婚姻和毕生积蓄，给老虎机做贡献，但也有很多人只是随便玩一把，之后再也不沾。

从逻辑角度来看，对于技术的一种普遍误解是“技术决定论”。人们在思考科技如何影响青少年、父母或普通人时，往往存在一种潜在假设，即这种影响只存在于科技本身，对人产生消极或积极的影响只由科技单方面因素决定。比如，智能手机会令人上瘾，频繁自拍会导致自恋，Fitbit智能运动设备将在运动爱好者和久坐者中掀起一场运动革命。

然而，这并不符合人的运作方式。

人类天生就是复杂多变的。对于那些把外貌作为唯一生活乐趣源泉的人而言，自拍能够增强他们的自恋倾向；但对于其他人而言，自拍可能是一种激进的、自我接纳的行为，因为他们的身体或许会招致别人的羞辱，而且外界对于美的标准也设置了严格限制，符合这些标准的绝大多数是白人、欧洲人和瘦人。对一些青少年来说，社交媒体可能会增加他们的焦虑和抑郁，因为他们会在社交媒体上看到朋友们笑逐颜开地参加一些聚会，而自己却没有收到邀请，他们也可能在社交媒体上看到自己暗恋的人与别人亲密依偎的情景。但对于其他青年而言，社交媒体可能是一个带来幸福感的生命线，因为他们可以通过社交媒体同那些具有共同性取向或性别认同感的人保持秘密联系。

科技对幸福感的影响可能会受到不同因素的影响而发生变化，比如你运用科技时的身份、你的好恶、你的其他情感宣泄方式和行为方式，以及你所处的社会环境。你如何构建技术、你如何看待自己与技术的关系，也就是你所做的评估，可能也很重要。

基于所有这些原因，我在这一章想要探讨的问题并不是社交媒体本身是否具有创伤性、压抑性、上瘾性或两极化。相反，我认为我们应该研究、思考和争论的问题是，社交媒体可能会给哪些人带来潜在的创伤、压抑、上瘾或两极分化？哪些人是脆弱的？我们应该如何保护他们？

我们中间的脆弱者

为什么有些人能够忍受生活中难以承受的事情，并且能够相对较快地从这些事情中恢复过来？为什么另一些人却深陷在噩梦、过激反应甚至更病态反应中难以自拔？我曾与神经学家

丽莎 · 申（Lisa M. Shin）共同开展研究，她的研究项目是一个经历过创伤的人在执行涉及情感、记忆和注意力的任务过程中，是否会患上过创伤后应激障碍综合征，是否会引发其大脑机能的差异。[1]

大多数关于创伤后应激障碍的科学研究工作都是在日常生活中评估那些经历过个人创伤的人、经历过战争暴行的退伍军人、被陌生人攻击的人（更糟糕、更普遍的情形是被他们信任的人攻击）以及那些被自然灾害和其他危机重创的人。比如，丽莎和我进行的一项研究包括了孩子遭受严重烧伤的父母，另一项的研究对象是最近截肢的人。[2] 这些都是导致脆弱人群患上创伤后应激障碍综合征的极端事件。

我刚读研究生一个月的时候，两架飞机撞上了纽约世贸中心双塔。同许多美国人一样，我在新闻上实时关注这一事件的演变。我在第一架飞机撞击后打开电视，然后眼睁睁看着第二架撞上大楼，世贸大厦开始燃烧，身处大厦高层的人有的在没有任何防护的情况下跳楼，摩天大楼随后塌了下来。在之后的数周内，新闻报道不分昼夜地播出。有线电视的主播们及受邀的反恐、政治、国际关系专家团队不停地推测究竟发生了什么以及未来可能发生什么。大厦倾倒引发的震惊不断袭来。

不久之后，关于这一国家创伤带给人们何种体验的研究开始出现在心理学文献之中。我对这项工作进行了深入研究之后的评估认为，人们不仅会因为自己在现实生活中亲身经历的事件（比如截肢和遇袭）而受到心理创伤，还会因为间接经历的事件（比如新闻报道的事件）而受到心理创伤。“9 · 11”事件的媒体报道画面会让人们受到创伤吗？这些图像和视频剪辑在文化蜂巢中持续存在，当时生活在美国的人是否有人看到这些数码内容而受到了集体创伤？

当时的数据似乎无法表明人们观看了电视报道之后就会患上创伤后应激障碍。但关于“9 · 11”事件的报道及随后的相关新闻报道的确会令某些人感到不安，而且有些人感觉不安的程度很严重。一些研究表明，更多地观看电视画面和更大程度的痛苦之间存在一定的关联。

但这些在观看相关电视报道之后感到痛苦不安的人往往不完全符合创伤后应激障碍的诊断标准，这些标准包括失眠、噩梦、惊恐发作以及不愉快的记忆反复出现。似乎更大程度地接触不愉快事件，或者说亲身经历这种事件之后带来的紧迫感，才会导致人们患上这种疾病。

社交技术为那些可能造成精神创伤的数字影像创造了一个新的源泉，手机摄像头拍摄的暴力或露骨图像被大量上传到了社交媒体上。人们经常利用社交媒体上传带有暴力色彩、种族主义、露骨色情或恐怖主义的内容。仅仅在过去的几年里，脸书不得不劳心费力地筛选涉及谋杀、殴打、自杀、虐待动物和轮奸的视频内容。数以千计的人被脸书（或脸书外包的公司）雇来审查那些可能给其他用户造成不适的内容。这些人通常只有几秒钟的时间来判定是否应该删除一个内容，然后再迅速切换到下一个。许多审查员很快就辞职了，[3] 因为可怕的画面无休无止，如同洪流一般冲向他们，超出了他们的忍耐限度。

虽然这些审查员希望为我们屏蔽最糟糕的图像，但他们肯定不能全部捕捉到，或者捕捉得不够快，导致一些漏网之鱼的存在。YouTube 上面一位名叫罗根 · 保罗的知名视频博主最近公开表示道歉，因为他在日本青木原树海（日本一处因自杀而出名的风景区）拍摄了一个视频。在美国文化中，进入这个所谓的“自杀圣地”拍视频以获取更大的点击量并不算一件敏感的事情，但保罗做得较为过分，在视频里拍摄了一位挂在树上的自杀者的遗体。视频上传后，数百万订阅者观看了这段视频，其中包括许多为了欣赏他的表演特技和喜剧而订阅的年轻人。[4]

公众观看过大量黑人死于执法部门之手的真实场景的视频。这些视频往往充斥着血腥和悲惨的细节，比如一个 4 岁的女孩哭着恳求母亲停止对警察喊叫，因为她不想让她的母亲也遭到“枪杀”。[5] 与社交媒体平台努力以最快速度识别和删除的那些视频相比，这些视频得到了更加广泛的浏览。

这些令人不安的图片和内容是如何影响我们的呢？推理小说作家玛格丽特 · 阿特伍德在其令人难忘的未来主义三部曲之一《羚羊和秧鸡》（*Oryx and Crake*）中想象了这些视频可能产生的影响。主人公吉米和他最好的朋友秧鸡为了消遣，在网上观看无穷无尽的暴力和黄色视频，结果长期观看这些视频削弱了他们作为人类应有的同理心。

我们会受到类似的影响吗？那些关于世贸大厦坍塌的视频时间相对久远了，给人一种距离感。如今经常上传到脸书和推特的一些图像、视频则比较新，比较真实，特写镜头比较多，而且经常会激发主题为“黑人的命也是命”之类的运动。我也不知道社交媒体上涌现的这些新视频是否会比那些老视频更容易促使观众遭遇“虚拟创伤”。这些被分享到社交媒体上的音频、视频近距离地、生动地反映了现实生活中的暴力和威胁，但似乎也反映了人们在现实生活中可能遭遇的事情，而不是诸如“9 · 11”袭击这类超现实的、罕见的事件。

正是在这种背景下，我被马萨诸塞州史密斯学院教授纳姆迪 · 波尔在一次心理学研究大会上的演讲深深打动了。纳姆迪的演讲集中探讨了警察经历的创伤与他们在之后执法中过度使用武力的风险之间的关联。关于执法改革，一直存在一种错误的看法：你要么为这么多警察所做的好事心存感激，要么为我们刑事司法系统各个层面存在的种族不平等感到震惊，不能平等地看待警察与弱势群体。这一蜂巢思维式的叙事方式反映了我们对错误的二元论的偏爱。相比之下，纳姆迪的演讲体现了对所有群体的同情，我觉得这很有说服力。

纳姆迪是一名临床心理学家，这意味着除了学术研究和教学工作之外，他还开展心理治疗实践。他的研究集中在创伤和治疗过程中治疗师和病人之间生物行为的同步性。学术兴趣的交集让我无法抗拒与他访谈的愿望，于是我联系了他。

他欣然同意了我的访谈请求。

当时正值隆冬时节，在一个寒冷的早上，我前往马萨诸塞州北安普顿的一家地中海风格的咖啡馆——马赛克咖啡馆，与纳姆迪见面。那天，天空阴沉沉的，显得十分灰暗，高速公路两旁的树木被冰霜压得低垂了下去。这种景象令我觉得这条路如同一个被施了魔法而发生霜冻的隧道一样。树上挂着一层薄薄的、闪闪发光的冰，我觉得路面上肯定也覆盖着这么一层冰，因此，为了谨慎驾驶，我不得不全神贯注于路况，无法充分欣赏风景。

我到达了安静的市中心，进入温暖的小咖啡馆，纳姆迪对我表示欢迎，终于令我放松了下来。除了必要的咖啡来缓解我的头痛，我还点了一份夹着山羊奶酪、红辣椒和野蘑菇的薄饼。纳姆迪选择了一大份热气腾腾的炖鸡肉。我们吃得不亦乐乎，兴致勃勃地聊着天，竟然还发现了我们在社交网络和学术网络存在几个意想不到的交集点。

我向纳姆迪讲述了我在“9 · 11”事件后对所谓“虚拟创伤”的研究，并向他询问当代的智能手机上面的视频，比如那些困扰脸书的视频以及那些激发“黑人的命也是命”等群众运动的视频，是否更有可能引发创伤后应激障碍综合征。

他说：“在回答这个问题之前，我想先问一句，根据你的研究综述，你得出了什么结论?”

我承认，对于纽约世贸大厦遇袭坍塌的视频看多了是否会普遍导致创伤后应激障碍，我并没有找到令人信服的证据。

纳姆迪点点头。他认为创伤后应激障碍是一种特殊的精神疾病，是由一件非常隐私、非常意外、令人不安的事件引起的，而这件事的记忆似乎从未有效地融入你的其他经历。正如他所言：“回忆就是重新体验，现在和过去之间的界限非常模糊。”

与一些人相比，纳姆迪并不那么担心社交媒体上的数字视频可能造成精神创伤。作为一名精神创伤领域的研究人员和临床医生，他经常听别人讲述各自生活中最糟糕的日子，他觉得无论视频多么生动，其是否引起精神创伤都是很难准确衡量的。他还觉得我们的很多娱乐内容充斥着大量的暴力因素，以至我们对暴力的影响可能已经不再敏感了。鉴于暴力类的图片会在晚间新闻和主流电视节目中播出，他甚至不确定是否有可能对其进行监管。

这时，联想到警察滥用暴力的视频，我回应道："哦，我的问题并不是侧重于监管本身，而是侧重于社群观看视频造成的潜在创伤。"

"哪个社群？"纳姆迪歪着头问道，"因为我们有很多相关的社群，有执法社群、黑人社群、城市社群……"

我澄清了一下，对于这个特定的问题，我指的是黑人社群，并向纳姆迪叙述了一下前不久一个周末发生的事情。那天，一位黑人女性朋友来我家参加万圣节派对，结束后在我家过了个夜。第二天早上，我正在家里无所事事，寻思着要洗洗碗碟或做点其他什么事，突然我发现她僵在那里了，她的脸突然绷紧了。我顺着她的视线向外看，发现一辆警车停在了我邻居的房子外面。她看到警车之后的反应与高度警惕的状态是如此一致，导致我不禁把她的反应与创伤后应激障碍联系在了一起，一种震惊和难过不禁涌上心头。

纳姆迪再次点了点头。他认为这些反应与仇恨犯罪——非临床定义的创伤——具有更多关联。仇恨犯罪受这样一种认知驱动：

当人们因为自己属于某一社会类别而感到被针对时，他们的精神健康可能受到不利影响。在本书中，我们都清楚地知道，我们每个人都有多种类、多层次的身份认知，隶属于不同的社会群体，比如性别、种族、政治派别、校友、运动队、世代等等。这些不同群体之间存在一定的重叠。仇恨犯罪，尤其是那些对像种族这样有明显标记的群体的仇恨和犯罪，会导致这个群体的成员产生一种威胁感和脆弱性。

纳姆迪说："你问我社交媒体图像对人造成创伤的可能性，我默认你是想问对那些健康的、机体功能良好的、有成熟防御能力的人的影响，而不是对那些机体功能差的人、受过创伤的人或年轻人等脆弱群体的影响。你今天听全国公共广播电台了吗？"

我承认没听。

纳姆迪告诉我，就在当天早上，全国公共广播电台播出了一个关于流感暴发的节目。在节目中，一部分讨论集中在每个人都应该做的事情上，比如打流感疫苗之类的事情；但有一个小组讨论集中在脆弱者应该做什么，比如老年人、年轻人、艾滋病毒携带者等。考虑这些群体面临的流感风险完全是另外一回事。

纳姆迪说："那么，我们如何才能创造一套媒体，不伤害那些非常脆弱的群体呢？"

纳姆迪没有对年轻人和社交媒体做太多的研究或临床工作，但他对脆弱性这个话题有两个想法：首先，他想知道，把一切活动都转移到网上，可能会对脆弱者在现实生活中获得的社会支持产生什么影响，这对幸福感至关重要；其次，他还想知道，既然社交技能的发展对现实生活中的互动是如此重要，如果孩子们的大部分互动都是通过社交技术实现的，而不是面对面进行的，那么他们是否正确地学习了这些技能。

对于这一问题，纳姆迪在其临床办公室里观察得比较少，而在教室里观察得比较多。在教室里，两种相反的课堂反馈反复出现：一种情况是学生觉得课堂作业太容易；另一种情况是学生们抵制某些类型的课堂作业，往往是那些涉及公开演讲或在一群人面前抛头露面的行为。他似乎看到了一个普遍的问题：随着时间的推移，这些学生与他人和权威的社交关系变得越来越糟糕。

他承认："或许 40 多岁的人经常这么说 20 多岁的人，觉得他们不会社交，但我认为与人进行面对面的交流真的有价值，在这种交流中，你可以学习如何摆脱可能伤害他人的说话方式。你可以在动物王国里看到这一点，比如那些没有与同伴进行充分嬉闹互动的小狗的咬合力往往不佳，以至未来不得不重新学习如何控制自己的咬合力。"

纳姆迪认同社交媒体让人们更容易找到志趣相投者构成的社群，并指出，在某些情况下，这种极端的同质性会让人们在遇到截然不同的观点时感到震惊——即便是在一个看似温和的话题遇到不同观点也免不了震惊。他说："我认为这的确会增强自我身份认同感的重要性，从而可能让你很难对与自己不同的人产生同理心。"

考虑到我们在第 4 章中探讨的所有研究都表明社交媒体有利有弊，既有利于我们的社交，也会导致群体极化问题，因此，我想征求他对一个问题的看法，即社交媒体是否能让我们更紧密地联系在一起。

纳姆迪耸了耸肩，承认他很少用社交媒体，因此无法给我最好的判断。他告诉我观看了前不久新上映的《星球大战》（*Star Wars*），感到特别怀念他 7 岁时的那个年代。当时，他在一家电影院里看了《星球大战》第一部，在那里，他完全沉浸到了这个虚构的、由伊沃克人和激光剑组成的虚拟世界。但后来，他开始接触社交媒体，并在社交媒体上看到了一些粉丝的愤怒情绪，这些粉丝们认为许多主角都是有色人种和白人女性，觉得电影制作人迎合了他们眼中由社会正义战士演绎的电脑文化（这些战士都是好人。）

纳姆迪沉思了一会儿。我循着他的目光看向窗户，只见融化的冰在玻璃上留下了长长的痕迹。

他说："即便现在，依然如此。就连在我们的幻想中，我们也是分裂的。"

我决定接受纳姆迪的挑战，去思考谁更容易受到社交技术的负面影响，以及如何创造一套媒体来帮助他们，而不是伤害他们，具体来说，就是某些人是否比其他人更容易抑郁、上瘾或分心。

容易抑郁和焦虑

2017 年社会心理学家珍 · 特温吉（Jean Twenge）出版了一本书，名为《互联一代》（*iGen*），探讨为什么当今处于超级互联世界中的孩子们在成长过程中越来越不叛逆，越来越包容，越来越不快乐，对步入成年期完全没有准备，这对我们其他人又意味着什么。在代际差异方面，特温吉是一位活跃且成果丰硕的研究者，著有几本相关主题的畅销书。在《互联一代》出版前后，她还在《大西洋月刊》上发表了一篇文章，标题为《智能手机是否摧毁了一代人？》[6]。

这篇文章的论点和标题一样引人注目。

特温吉在文中写道：

> 自 2011 年以来，青少年患抑郁症的比例和自杀率急剧上升。毫不夸张地说，互联一代正面临着数十年来最严重的心理健康危机。这种恶化的原因在很大程度上可以追溯到他们的手机……智能手机和社交媒体的双重崛起，引发了一场我们长久以来没有见过的巨大地震。

她承认，虽然心理健康问题在新一代人中有所上升，几乎在所有方面，新一代人的表现都比前几代人明显好很多，比如，过早性行为、少女早孕和酗酒等现象显著减少（首次出现的时间也会延迟）。但她指出，这一趋势似乎与青少年在面对面社交上投入的时间越来越少有关，他们宁愿花更多的时间待在自己房间里玩手机。试想一下，如果你成天躺在床上刷社交应用平台“快拍”（Snapchat），那么你肯定很难遭遇车祸。

特温吉一直研究美国的代际差异。据她观察，历史上大多数的代际变化都是细微而缓慢的，她电脑上的数据显示出的是许多平缓的小波峰和小波谷。但她介绍说，从 2012 年开始，也就是智能手机拥有率超过 50% 的那一年，这些缓慢的斜坡变成了“陡峭的山峰和悬崖”，这显出年轻人感到抑郁、焦虑和孤独的比例越来越高。

特温吉利用全国性的大数据开展了大量研究，发现青少年使用智能手机的次数越多，他们的感觉就越糟糕，痛苦也就越大。她还梳理了以往的研究，这些研究反映，与按照正常频率使用脸书的人相比，那些停用一周的人报告说自己的幸福感有所提高。

特温吉的文章像病毒一样在网络上传播开来，我在所有的社交媒体上都能看到人们在转发。不计其数的人，甚至包括祖母辈的人，都点击了“分享”按钮，并且激动地说：“我早就知道这一点了！”

对于特温吉的文章，我第一反应是事情没有那么简单。在我看来，声称一项技术会单方面地对整整一代人产生影响是经不起推敲的。我在我的博客“今日心理学”（Psychology Today）上发表了一篇反驳的文章，题为《不，智能手机并没有摧毁一代人》。特温吉的数据表明我们正面临着一场规模无法估量的危机，她对这些数据做出了解释，但对于这种解释，我存在一些担忧。

我们先考虑几个问题，然后再提出一个更有趣的问题，即这些影响是否适用于脆弱的人。

第一，大量研究表明，社交媒体可以增强我们的力量，而不是拖累我们，而特温吉的研究忽视了社交媒体的积极影响。第二，从特温吉研究的这类大数据里面，你可以发现一些变量之间存在显著的相关性，但这些相关性在现实生活中可能并没有什么意义。要知道，在公开数据中，你完全可以在一些毫不相关的变量之间发现荒谬的相关性，比如，跌落泳池而溺水的人数与尼古拉斯·凯奇参演的电影数量之间存在相关性，或者人均消费的奶酪数量与被床单包裹太紧而窒息身亡的人数之间也存在相关性。[7]显然，这些年里面，凯奇虽然走遍各地，参演了很多电影，却从来没有把人往游泳池里面推，所以，这些相关性都是虚假的。

研究人员艾米·奥本和安德鲁·普兹比尔斯基率先对特温吉的分析提出了批评，[8]他们下载了特温吉的数据，自己进行了统计分析，发现特温吉的解释的有效性值得商榷。比如，对预测抑郁而言，用智能手机去解释，与用人们吃土豆的数量或者是否戴眼镜去解释得出的结论差不多。更令人担忧的是，有些发现并没有随着时间的推移而重复出现（比如，有些发现只适用于从 2016 年到 2017 年，但在其他时间段就不适用了），而且哪些变量应该包括在研究范围之内，很容易受到实验者的灵活决策的影响。基于相同数据做出的不同决策既可以产生积极影响，也可以产生消极影响或完全没有影响。

但归根结底，探寻智能手机的使用与青少年健康之间的关系太过直白。实验的衡量依据——每天花在盯手机屏上的时间——是如此宽泛，几乎毫无意义。盯手机屏幕的时间可能意味着给朋友发短信、玩《糖果粉碎》、用“多邻国”（Duolingo）学习一门新语言、嫉妒地潜伏在你前任的 Instagram 上、发现新音乐、在推特上读有关神经科学的文章，或者为你的自拍照没完没了地翻找合适的滤镜。有些活动可能对幸福感有消极的影响，有些则有积极的影响。

那么，是什么因素导致人们变脆弱了呢？什么类型的活动会使一些人比其他人面临更大的风险？

从某种程度上来讲，我们在第4章已经回答了这个问题。在那一章，我们看到社交媒体上的一些活动会带来较好的结果，比如，如果你在社交媒体上与现实生活中的朋友分享一些个性化的内容，则会对你产生积极影响；相反，像特温吉探讨过的那些类型的活动则会带来较坏的结果，比如，在朋友的社交网站页面潜水时忽然发现自己没有被邀请参加一些女孩儿的聚会，容易给你带来失落感等负面情绪。我们调查了社交媒体发挥作用的多种方式，得出的结论是，积极效应大于负面效应。

有趣的是，安德鲁·普兹比尔斯基还发现，那些几乎不使用社交媒体和智能手机的人，以及那些经常使用社交媒体和智能手机的人，都比那些适量使用社交媒体和智能手机的人的情况要糟糕一些。他用“金凤花姑娘”①的比喻来解释他的发现：太少和太多都可能造成不健康的结果，但介于二者之间的适量则能带来最好的结果。[9]

特温吉和社会心理学家乔纳森·海特（Jonathan Haidt）前不久发布了一份关于青少年、社交媒体和心理健康的研究报告，并公开邀请研究人员提供其他参考文献和反驳意见。[10]尽管并非

① 金凤花姑娘，Goldilocks，是美国传统的童话角色，喜欢不冷不热的粥、不软不硬的椅子等“刚刚好”的东西。——译者注

每个人都同意他们的结论，但大量的数据似乎表明过多使用社交媒体可能是一个危险因素，少女可能特别容易受到伤害。

特温吉研究了“情景因素”（contextual influence）的影响，结果发现这些因素非常重要。社交媒体的使用会干扰睡眠或取代面对面的互动，而不是增加互动。因为朋友们可以在社交媒体上共同制订一些计划和分享照片，削弱面对面社交，这尤其令人担忧。[11] 性格方面的多重因素似乎也会导致一个人容易受到社交软件的负面影响。比如，有些人总是害怕会错过更有趣或者更好的人和事，[12] 有些人更容易在社交软件进行攀比，[13] 有些人因为自己出现在了一些照片中而深感苦恼，[14] 有些人不乐意上传自己与他人的合照。[15]

也有少量的实验试图让人们减少或停止社交媒体的使用，但这些实验的结果也不尽完美，因为那些参与者可能原本就意识到了社交媒体在操纵着自己的情绪和生活，而且可能非常理解实验者的初衷，即实验者希望这些参与者最终能够从摆脱社交媒体中受益，因此，参与者非常乐意配合实验。最终，这些做法似乎提高了参与者的幸福感。[16]

我们对这一问题的科学探究还处于早期阶段，但社交媒体减少面对面社交时间，还减少睡眠和锻炼等健康活动似乎是最严重的问题。那些特别倾向于社会攀比或自我评价的人似乎承受了更多的痛苦。但我们需要更多、更仔细的研究，这些研究要考虑到“情景因素”的影响，比如一个人使用社交媒体的频率、是否使用社交媒体来增强社会联系、是否存在其他弱点以及影响的大小。

容易上瘾

比“手机容易让我们抑郁”这种蜂巢思维更常见的一种叙事或许就是“手机让我们上瘾”。最近，我在推特上关注的一个人发出了一组描绘我们高度依赖手机的艺术作品。其中一张图片中，一只脱离身体的手拿着一部智能手机，手机上的触须已经嵌入了人的手臂，扭动着钻入皮肤；在另一张图片中，一名男子晕头转向，一部典型的外星人风格的智能手机紧紧抓住他的脸；第三张图片中，一个人像死蝴蝶一样四肢张开，被各大社交媒体平台的图标紧紧地钉在手机上。

许多关于科技成瘾的解释都基于这样一个神经科学模型：快感会导致一种名叫多巴胺的神经递质的分泌数量激增。吸毒也会导致大脑中所谓的快感回路释放多巴胺，毒品对这个回路的影响越直接，就越容易上瘾。人们似乎发现社交技术是有益的，并一次又一次地被它吸引。因此，这些行为一定与多巴胺有关，既然它们与多巴胺有关，一定会令人上瘾。

然而，几乎没有实验证据表明看到短信通知或玩一个“拯救公主”的电子游戏就能增加多巴胺的分泌。此外，有关多巴胺是一种“令人愉悦的化学物质”的说法过于简单化，基本上是错误的。你会在大众媒体上看到这样或那样的行为会导致你的“多巴胺迸发”，或者给你造成一种“像吸了可卡因一样的冲动”。但多巴胺是一种复杂的神经递质，涉及许多行为，从学习某个动作到跟踪动作结果反馈。但即使在这些行为中，“近距脱靶”和“百发百中”对多巴胺释放产生的影响是相同的，跟踪某个预测或结果比跟踪某种快感对多巴胺释放产生的影响还要大。

我认为，人们使用上瘾隐喻背后的逻辑是循环论证。比如，我选择一个标签，将其贴到某个事物上，然后这个标签导致人们的神经变得紧张起来，激起了一些严重担忧，促使别人保持警惕，而保持警惕之后，反而印证了我选择这个标签的正确性。在这种情况下，人们需要做出自己的评估。

在马萨诸塞州波士顿的“媒体与儿童健康中心”，媒体专家迈克尔·里奇博士及其同事们明确表示，他们根本不把不健康的媒体使用习惯称为“上瘾”，而是称为“互动媒体使用问题”。我喜欢这种说法，因为它不仅摆脱了可疑的成瘾模式，还反映出几乎任何行为，包括锻炼、购物、收留流浪猫等行为在内，一旦走向极端，就有可能成为一个严重问题。

对于这种特别的脆弱性，我认为我们应该把注意力集中在这样一个事实上：我们正在努力探寻最健康的媒体使用方法，并保护弱势群体，但社交媒体巨头正在积极地与我们作对。作为媒体研究领域的教授，希瓦·维迪亚那桑就这方面给出了一个简明易懂的总结：“像赌场、老虎机、薯片一样，脸书的目的是让你沉浸其中，给你足够的迷惑，令你不能自拔，忘记这种体验的时间和深度，给你足够的奖励，让你经常登录。即使你在时间和精力允许的范围之内拥有其他更具启发性的、有益的或愉悦的选项，你依然无法抗拒登录它的诱惑。”[17]

社会心理学家亚当·奥尔特在《欲罢不能：刷屏时代如何摆

脱行为上瘾》一书中回顾了社交科技公司是如何利用有关目标、反馈、进步、升级、悬念和社交互动等方面的心理研究来反复吸引我们的。这种利用心理学原理来控制消费者行为的做法不算新鲜事，赌场一直这么做，已经持续了很长时间，而且给社会带来的坏处比《糖果粉碎》这种游戏还要严重。但是我们没办法在我们的口袋里随身携带赌场，所以赌场对我们生活的侵袭程度要远远低于手机上面的应用软件。奥尔特提供了一个利用心理学原理来对付这些公司的简易指南。他写道："答案不是用医学方法来治疗这些形式温和的上瘾，而是要改变我们的生活结构，既包括社交层面，也包括更细微的层面，比如日常生活方式。"他不赞成完全禁用科技，而是倡导有意地培养一些良好的科技应用习惯，把我们的宏伟目标和价值观置于优先地位。

我们将在本书的结尾处回顾这些习惯。

容易分散注意力

对于智能手机和社交媒体的最后一个批评是，它们永久性地破坏了我们集中注意力的能力，持续的嗡嗡声、通知和刷新正在改变我们处理事情的方式。更糟糕的是，孩子们的大脑还在发育中，如果沉迷于手机，恐将无法学会如何集中注意力。

为了对这个领域进行概述，社会心理学家拉里·罗森和神经学家亚当·加扎利（Adam Gazzaley）合著了一本书，名为《分心的大脑：古代大脑遭遇高科技世界》（*The Distracted Mind:*

Ancient Brains in a High-Tech World）。他们认为，注意力分散不是由手机催生的，而是由“我们大脑根本的弱点”催生的。我们的大脑已经进化出了多个系统，一方面关注目标导向的行为（比如研究笔记或者写书），另一方面分配一部分注意力关注我们所处的环境，以应对与我们的生存或目标相关的事件（比如剑齿虎冲着你的喉咙扑了过来或者倾盆大雨即将到来）。大脑内部这些相互竞争的系统意味着，我们生来就容易受到各种各样的干扰，包括内部的（比如空想）以及外部的（比如接收短信）。

这两位作者提出了一个理论，这个理论的一个前提假设是我们寻找信息如同其他动物寻找食物一样。“我们之所以从事干扰诱导行为，是因为从进化的角度看，我们只是以一种最佳的方式来满足我们寻求信息的内在动力。”如同一个生物在草丛中嗅来嗅去寻找食物一样，我们必须评估和权衡，待在当前位置和冒险出去寻找一个新的、未被开发的美味资源，哪一种做法的潜在风险和利益更划算。因此，他们认为，我们从 Instagram 转到 Snapchat 再到推特，也是基于同样的评估和权衡。

在手机和互联网盛行的今天，所有这些信息搜集方式的问题在于，当我们切换信息流或正在处理的任务时，我们付出了精神上的代价。同时做两件事会分散有限的注意力和记忆力，而且会削弱我们的表现。这两位作者明确说出了哪些人群更容易受到伤害（受害的程度甚至是正常人的两倍），包括那些有认知缺陷的人、有注意力缺陷问题的人（既有年轻人，也有老年人）以及有痴呆表现的人。

这两位作者提供的证据表明，这些应用程序、平台和其他程序通常是有意设计的，目的是最大限度地鼓励你反复查看，以分散你对目标导向行为的注意力。这与社会心理学家亚当·奥尔特在《欲罢不能》这本书中提出的观点是相呼应的。智能手机和社交媒体让这些“信息补丁”变得越来越容易获取，也越来越有吸引力。

这两位作者并不认为我们应该浪费大量精力去为漫长的“数字戒毒”而苦恼，也没必要为此去购买青少年用的那种翻盖手机。相反，我们必须适应，如同我们过去对许多技术和革命所做的那样，而且适应新形势也是我们人类所擅长的。我们不能指望在每一个革命性的技术中都能本能地找到适度平衡。我们必须使用我们大脑中更高级的元认知（比如，对思考方式的思考和有意控制）来调节我们大脑中更活跃、更情绪化、更易受刺激的区域。我喜欢这种方法，你将在后面几章中看到，我认为，这种方法与解决我们集体天性中丑陋一面的方法有很多共同之处。

我们在前文中思考了社交媒体对幸福感可能产生的三个负面影响（抑郁、上瘾、注意力分散），接下来，我想介绍两个反转。

最脆弱的人其实也是最不脆弱的人吗？

具有讽刺意味的是，那些在日常生活中被视为脆弱的人，比如那些极为内向、抑郁或社交焦虑的人，可能是最不容易受遭受社交媒体负面影响的人。因为他们在现实生活中很难进行社交互动，这些平台降低了他们参与社交活动的成本，让他们有机会表达自己的感受，进行社交互动，并在必要时向外界寻求帮助。

拉里·罗森和亚当·加扎利的研究表明：在脸书上面朋友较多的人患上抑郁症的概率也比较小；更多地出于社交原因使用互联网也预示着患抑郁症的概率比较小，网络上瘾的概率也比较小，而且对自己所获社会帮助的满意度比较高。抑郁症患者报告说，在情绪低落或面临风险的时候，社交媒体允许他们以一种简单的方式向外界寻求帮助。事实上，心理学家正在探索如何利用在线社交网络为有精神健康问题的人提供帮助。[18]

从社交媒体中受益的不仅仅局限于那些心理脆弱者。其他研究表明，有听力障碍的人、行动受限的老年人、乳腺癌患者和神经疾病患者都可能从在线社交中受益。[19]

这些早期的研究结论很可能是真的，但我们需要更多的数据才能得出确切的结论。

我们要讨论的第二个反转是：在网络面前，我们所有人都可能变得脆弱。

我们所有人都容易恐惧吗？

最近，我参加了嫂子家的一个大型户外派对，和她的一个好朋友聊天。朋友问我写书的进度。当我描述书的主题时，她伸出手，紧紧抓住我的胳膊。

她说："噢，萨拉，你能早点给我寄一本吗？"她对我说她的女儿正处在一个过渡时期，目前还没有智能手机，也没有Instagram账号，但她一直眼巴巴地渴望使用这些东西。这位朋友继续说："我真的太害怕了。"她声音里的颤抖和抓我胳膊的力度表明她说的话是真的。对于社交科技，主流看法都弥漫着恐惧的色彩，如同恐惧的泡沫一样笼罩着我嫂子的这位朋友以及我们所有人。

在我的心理学导论课上，我向学生们展示了2010年英国心理学家沃恩·贝尔的一篇文章，题为《不要碰那个拨盘：从印刷到脸书的媒体技术恐慌史》。[20] 贝尔是一名社会认知和精神病领域的研究人员，但他最广为人知的成就或许是名为"心灵黑客"的博客，他在推特上面也很有名，堪称社交媒体上粉丝最多、最受尊敬的心理学家之一。

在《不要碰那个拨盘》一文中，贝尔提出的证据表明，自从技术出现以来，对技术的道德恐慌①就一直是人类体验的一部分。他从苏格拉底开始说起，据说苏格拉底对文字的传播感到震惊，觉得如果你能把信息写下来，怎么还有记忆的动力？如果我们不再依赖于记忆，我们的记忆存储就会崩溃，我们将知识储存在大脑的能力会不会在未来某个时刻消失呢？另一个转变是如果人们纷纷开始从报纸上获取新闻，而不是从街头公告员（town crier）那里获取新闻，那么人们就会变得孤独，待在家里沉默不语，社交关系就会衰退。每出现一种新的信息分享媒体，从印刷机到收音机，

① 道德恐慌（Moral Panic）是针对个体或团体的误解发起大众运动，对不了解或不合社会主流价值的个人或团体予以打压，通常经过媒体炒作。——编者注

从电视到个人电脑，再到我们现在所处的互联网、社交媒体和智能手机，无不给我们的社会结构带来一定程度的威胁。

但贝尔指出，所有这些道德恐慌的背后存在三个共同的评估：第一，因为技术是新出现的，所以人们的担忧也是新的；第二，与之前的技术相比，我们现在的这些新技术都是糟粕；第三，这些新技术的发展或将给我们的头脑、社会结构以及年轻人的幸福感带来可怕的风险。《纽约时报》援引脸书前高管雅典娜·查瓦里亚（Athena Chavarria）的话说："我确信我们的手机里面住着魔鬼，对我们的孩子造成了巨大的伤害。"[21]

其实，魔鬼不在手机，而在自己。

其实，人们除了对自己的生命产生恐惧以外，对孩子的恐惧也是我们最本能的恐惧之一。

美籍日裔作家柳原樱在《小人生》（*A Little Life*）这本小说中写道：

> 如果不是有了孩子，你可能永远不知道何为恐惧……每一天，你的第一个念头不是"我爱他"，而是"他怎么样"。一夜之间，世界重组了，变成了一个恐怖的越障训练场。我会把他抱在怀里，等着过马路，我会觉得，对于我的孩子以及其他任何一个孩子而言，在这样的环境中生存下去是多么不可思议啊。这似乎是不可能的，如同那些晚春的蝴蝶一样——你知道，就是那些白色的小蝴蝶——我有时能看到它们在空中不停地摇摆，距离挡风玻璃只有几毫米之远。

如果我们认为社交技术天生就是危险的，那么这种想法最终必然会引发恐惧和焦虑，这种恐惧和焦虑又会通过情绪感染得到广泛传播。但对于恐惧，我们应该时刻保持警惕。

著名哲学家玛莎·努斯鲍姆（Martha Nussbaum）在其著作《恐惧的君主制：对我们政治危机的哲学观察》中谈到了我们对恐惧及其潜在后果的关注。她认为，我们已经完全屈服于恐惧，不仅是对技术及其影响的恐惧，还有对经济、气候变化、当代政治极化、民粹主义兴起等方面的恐惧。这些话题的确值得立即关注和担忧，但努斯鲍姆的观点是，恐惧妨碍了人们在这些问题上取得任何进展，导致人们倾向于只关注自我，喜欢一成不变的、令自己感到舒适的事物。我们局限于自己所属的小群体，对外部群体漠不关心，从而限制了我们的行为和选择，这恰恰是不应该做的事情。要解决我们所面临的复杂问题，需要开放的胸怀，需要超越不同的视角，并发挥创造力和相互协作。面对挑战，我们需要探索无限的可能性和行动方案，拥抱恐惧会导致我们的选项越来越少。

更重要的是，恐惧很容易被操纵，变成一个分散注意力的武器。早在亚里士多德时期，人们就意识到了政客通过激发恐惧而直接操纵民众的威力。通常来讲，政客首先激活民众的思维，促使民众形成一种评估，即他们所属的群体面临着一个不受控制的威胁，亟须做出应对。一旦民众的这种恐惧情绪被激发出来，他们通常会支持政客实施更加严格的限制政策。比如，“9·11”事件仅仅过去几周，美国就通过了《爱国者法案》，即《使用适当手段拦截和切断恐怖主义以助美国团结和强大的法案》(2001年)。除了加强反恐情报工作之外，该法案还允许联邦政府对其公民实施前所未闻的监视活动。

恐惧还会促使人们关注自我。这是一种自恋式的、将注意力从集体转向个人的狭隘行为。努斯鲍姆认为，从很大程度上来讲，恐惧是婴儿的一个重要标志，因为对婴儿而言，到处都是未知的东西，与看护者分离意味着死亡。一个人逐渐发育成熟，进入成年期，则意味着学会抑制恐惧，停止担心上层、下层、内部和外部的敌人，坦然处理其他各种情绪，并考虑其他人的观点。

在下一章中，我们将前往群山环抱的盐湖城，考虑一些能够取代恐惧的方法。

保护弱势群体

在从拉斯韦加斯回家的途中，正赶往那个令我有些害怕的机场时，我接到了双胞胎兄弟丹(Dan)从爱尔兰打来的电话。他嘲笑我第一次去拉斯韦加斯却不赌一把。我已经步入中年，却从未玩过老虎机，因为作为一个防御性悲观主义者，我不相信自己会赢。对我来说，赌博如同把钱放在火上，看着它燃烧，只是燃烧的过程夹杂着一些噪声。丹强烈建议我去试一试，对他来说，赌博就是拨一下转盘，与幸运女神共舞。我嘟囔了几句，挂了电话，还是决定走向嗡嗡作响的老虎机。

我面前摆着一个幸运转盘，感觉有点像我打开社交应用平台

“快拍”时的感觉。我按了几个按钮，没有任何反应。

我拿出信用卡，把它放入一个可用的插槽，但机器不识别。

我试着像《星际迷航》中与座头鲸对话的斯科蒂那样跟它说话:“喂，电脑?”还是什么反应都没有。

我引起了旁边一位女性技术人员的注意，她对我翻了个白眼，说:“亲，只收现金。”

我一面内心暗骂那个劝我赌博的兄弟，一面把一张10美元的钞票放在刚才插信用卡的位置，钞票一下子就被吸了进去。我对着机器皱了皱眉头。接下来会发生什么?我找到一个按钮按下，三个插槽里面就发出嗡嗡声，显示器上面的数字不停旋转，然后落在了一个小发光条上，显示三个“7”和一个金色的“5”，根本不匹配。似乎没有迹象表明我投入的10美元能转多少圈，所以我耸耸肩，随机地再按几次按钮，直到机器没了反应。

直到结束我还是没闹明白怎么回事。

但这次赌博经历让我深刻理解了这一章的主题。也就是说，我个人与科技之间的关系可能会让我对科技与心理健康之间的相互作用产生偏见。也许是遗传、环境、个性和世界观的某种随意组合，导致我看不透赌博背后的动机，也导致我看不透频繁查看手机或害怕错过任何新信息具有的诱惑。因为这个视角，我觉得我的智能手机似乎不是一个负担或生活支柱，充其量不过是一个了不起的工具罢了。

我反思了纳姆迪的观点，即我们需要考虑社交技术对那些最脆弱者的影响，而不是对最坚韧者的影响。我欣赏这个观点。我们在这一章看到，如同有些人更容易受到赌博的诱惑、来自同伴的压力或屈服于权威的影响一样，有些人可能特别容易受到科技的负面影响。

无论是作为一个个体还是作为一名家长，对于使用社交媒体的问题，我非常赞成适度、自我控制和适度限制的原则。我十几岁的女儿会告诉你，她是班上唯一一个不能上 YouTube 的中学生。很多青少年和成年人特别担心错过新信息，特别易于进行社会攀比，很难调节自己的行为。这些特质使他们使用新技术的过程中施加有益健康的限制非常必要。正如我们在前言中所讨论的，我非常支持对该行业进行更严格的监管。

我反对道德恐慌，尤其是因为某些恐慌情绪能比恐慌对象本身对幸福感的影响还要大，而且支持道德恐慌的数据非常没有说服力。我还反对把我们自己视为被新消息通知牵着鼻子走的无助受害者，而非积极、自主、能够规范自己行为的人。我反对强迫青少年弃用社交媒体，因为他们的同龄人可能在积极利用社交媒体去发展自己的人脉网络以及身份认知，而且这样做还会导致孩子们无法掌握未来人生中所需的数字信息处理技能。

我们曾经对书面文字、报纸和个人电脑形成一些最糟糕的恐惧，但这些恐惧并没有成为现实。同样，我觉得我们也不会沦为手机设备的奴隶，注意力的持续集中时间也不会变得比金鱼的记忆还短。

好消息：在接下来的几章中，我们的访谈对象将是那些对社交技术前景和人类所走道路持积极看法的人。

春天就要来了。

H I V E M I N D

春季

第 8 章

行走的
杏仁核

犹他州，盐湖城

我用 Lyft 叫的一辆银色尼桑汽车停在了我在盐湖城市中心的酒店门前，我钻进车，跟司机打了个招呼。在我家乡，早春的暴风雪依然肆虐，但在犹他州，阳光明媚，空气温暖，只是对我来说有点干燥。司机忍不住和我聊起了天气，我跟他描述了波士顿的暴风雪。他开玩笑地对我说："哦，您是从波士顿来的？这里的每个人都对你这么好，一定很让你感到困惑吧！"我笑了笑，试图打破人们普遍认为"豆城"[1]居民不友好的刻板印象，但我也承认，在乘坐电梯时，我好像的确会保持一种冷漠的沉默。

礼节性寒暄之后就是沉默。我敬畏地凝望着环绕在城市周围白雪皑皑的山峰。盐湖城是这些山脉围成的一个山谷。把我带到这个城市的活动协调员说，游客有时会有轻微的高原反应，会脱

① 豆城，Beantown，波士顿的别称。——译者注

水，所以要好好休息，多喝水。我真的难以相信是否所有人都能习惯如此壮美的景色，景色美得让人们认为这些山不是真实的，而是投射出来的电影背景。

过了一会儿，司机打破了沉默，开始讲述一个不祥的故事，说摩门教徒疯狂地复印一些文件记录，然后埋在了城市四周高山下面非常深、非常隐秘的隧道里面。故事是这样的：他曾经找过一份送复印机的工作，在接受这份工作之前，他不知道竟然有这么大而笨重的复印机，他给城里一个摩门教教堂送过。为了送复印机，他必须过好几次安检，每一次他都只是得到必要的信息，不会获得更多信息。交付复印机时，他进入了一楼，然后一连乘坐多部电梯往下走，一直往下走，最终到了一个远低于地面的地方，把机器交给一个人，这个人大概拥有更高的安全审查级别，拿到复印机之后，就乘了另一部电梯，到了更深的地方。

他指着我刚刚欣赏的风景说："我听说他们正在疯狂地复印他们所有的东西，然后把复印的东西藏在山中的秘密洞穴里。"他还给我讲了更多的故事，比如关于米特·罗姆尼①可疑的行事方式，关于历史书上没有记录的"耶稣基督末世圣徒教会"和美国政府之间的秘密战争，以及关于隐秘、不信任和地下深处的卑鄙行径。他给我的印象是有点阴谋论和反摩门教，所以我没有给他太多鼓励，就这样，对话结束了。到达了目的地之后，我祝他

① 米特·罗姆尼，美国政治家、企业家、马萨诸塞州第 70 任州长。他是一名摩门教信徒，曾在 2012 年美国总统竞选中挑战奥巴马。——编者注

一切顺利。

我的目的地是“公共咖啡馆”。这家咖啡馆有巨大的落地窗、黑色的金属凳子以及美味的咖啡。我将在这里会见记者、技术专家安妮·科利尔。她是一个土生土长的波士顿人，但后来搬迁到了盐湖城。与司机在开篇故事中所述不同的是，她觉得波士顿是一个受人欢迎的现代城市，远远不同于人们脑海中的刻板印象。我很幸运在小镇上碰到了安妮，她当时正在忙着前往全球多地旅行，发表演讲，为各种工作小组效劳，并参加各种峰会。

那天，她刚参加完教育工作者学术会议，坐飞机来到了这个镇上。在会议上，她为高中管理人员发起了一个角色扮演小组，讨论如何应对Instagram上面的欺凌和非自愿发送色情短信等挑战。

我坐在一个长长的、高高的木质卡座上，喝着这家咖啡店非常出名的香醇美味的咖啡。几分钟后，安妮精神抖擞地冲了进来，她穿着一件舒适的拉链夹克，一头金黄色的短发，刘海微微遮了一点点眼睛。虽然我们都不是千禧一代，但我们都点了牛油果吐司，用了大量的碎海盐、新鲜的胡椒和大量的橄榄油。

安妮最初的工作是记者。数十年来，她一直在观察科技方面的新动态，撰写相关文章，并提供建议。她笔耕不辍，还发表博客和演讲，分享自己对于网络健康和安全的看法，逐渐涉足学术研究领域。她具有清晰的沟通能力、深厚的研究素养以及丰富的社交媒体知识，使她在重要媒体上发表了令人艳羡的成果。她曾供职于三个国家级工作组，负责审查青少年数字安全数据，其中之一为参与主持奥巴马政府的一个在线安全与技术工作组。同时，她也是脸书、Snapchat、推特和 Kik 的安全顾问委员会成员。她还与谷歌在家庭技术方面密切合作。

安妮和我讨论了与青年、焦虑和社交技术相关的问题。正是这些充满争议的话题首次让我们了解了彼此对于数字技术的看法。她花了这么多时间见证了新技术的兴衰，因此，她对技术恐慌的兴衰也非常熟悉。她提到了 2006 年前后出现的一个高峰，当时人们最担心的是网上的恋童癖，而流行的电视节目《猎捕恋童癖》[①] 加剧了这种恐惧。这个节目在 2004 年首次播放，热播的关键是利用了人们对隐藏起来的儿童性骚扰者（即所谓的“内部敌人”）和新型社交技术的恐惧。在我们当前的恐慌中，人们似乎较少关注孩子们上网时可能发生的事情，而是更多地关注上网本身是否是个问题，关注沉迷于智能手机是否会增加成瘾、抑郁的风险，或者过于注重攀比，担心自己不能满足社会的期待。

十多年前，我去电影院看迈克尔 · 摩尔关于枪支暴力的纪录片《科伦拜恩的保龄球》（*Bowling for Columbine*）。我本以为摩尔肯定会觉得这种暴力的肇事者就是枪支文化和全国步枪协会。看完影片发现，摩尔的确不仅把矛头指向了这些组织，还指向了美国媒体，指责媒体沉迷于制造恐慌，在我们的晚间新闻中，关于杀人蛇、致癌肥皂成分和恐怖阴谋的报道比比皆是。根据 24 小时循环播放的新闻来看，这个世界上到处都是敌人，有内部的，

① 《猎捕恋童癖》（*To Catch A Predator*），是美国实况真人秀节目，利用人员假扮成儿童，引诱侵犯型恋童癖上当进入摄影棚，最终将其逮捕。——译者注

有外部的，有上层的，也有下层的。这就好像一组鬼故事，旨在吸引我们关注下一期的夜间鬼故事。经常想着这些危险和迫害的故事很可能会加剧人们的焦虑和社会的两极分化，让人觉得每个人都需要在枕头下面放一把枪来保护自己。

我告诉安妮，在研究和撰写本书的过程中，我发现了一个似乎非常普遍的假设，即人们对智能手机和社交媒体普遍存在两种极端反应：一种是盲目恐慌，另一种是不加任何批判地吹捧。我之前参加安大略省的一个广播节目时，就谈到我发的一些博客文章，认为智能手机并没有毁灭一代人。在这个节目的助理为我做准备的时候，她发现我 10 岁的女儿还没有智能手机，觉得有些不可思议。我向她解释说我的立场并不是说特温吉等人关心青少年的心理健康是错误的，而是说他们引用的一些证据存在缺陷，而且忽略了非常重要的“情景因素”的影响。比如青少年使用智能手机做什么事；如果没有智能手机，他们是否能够获得其他方面的支持；他们在现实生活中对社交的投入程度；等等。我认为有必要提醒听众一个事实：如同生活中几乎其他所有事情一样，按照适度原则去使用智能手机和社交媒体或许是最健康的方法。这时，电台助理惊慌失措地喊道：“哦，你不能这么讲！”

后来，我发了一篇博客，阐述了一下我的温和立场，即智能手机和社交媒体既非与生俱来就是危险的，亦非与生俱来就是完美的，家长面临的选择不一定是严格管制，也不一定是放任自由。谁知道这篇博客发出来之后，我却收到了一些表达厌恶情绪的邮件，令我觉得莫名其妙。我曾写过关于性别和种族的文章，觉得网上围绕着这类热门话题的愤怒是理所当然的，但我觉得以适度原则对待社交技术似乎并非一个特别具有挑衅性的观点。

我对安妮·科利尔讲了这些纷争，她沉思了一下，说："我们总是喜欢两分法，希望分出对与错，黑与白，好与坏。"

安妮认为，人们之所以拘泥于两分法，部分原因在于我们的社会不断发生剧烈变化，这种变化给人造成了一种压倒一切的感觉。显然，事情一直在变化，但在技术、经济和气候方面，变化速度却在加快。或许由于这个原因，我们越来越恐慌，而且正如之前讨论过的那样，我们越来越为孩子感到担忧。

一项大型的全国性调查发现，93% 的父母担心陌生人在网上联系他们的孩子，觉得这样会给孩子带来危害，而实际上，只有 1% 的父母曾经历过这种情况。[1] 与此相似，我们对屏幕的恐惧也是不符合现实的。反儿童犯罪研究中心主任戴维·芬克霍尔（David Finkelhor）创造了"青少年成长恐惧症"一词，他解释说，这个词的意思是人们往往对社会变化给年轻人带来的影响产生过度恐惧。[2] 他在写关于网络恐惧的文章时，特别强调了网络上存在真实的风险，但问题是蜂巢思维使人们只关注这些在其他生活环境里也可能出现且没有确凿证据的风险。

安妮沮丧地摇着头说："现在有太多的恐惧，我们如同一个行走的杏仁核。"

这个隐喻吸引了我。（因为我们都有杏仁核，而且的确也会带着它四处走动，所以，我觉得她这句话既是事实，也是我们文化中高度警惕性的一个很好的隐喻。）如同深藏在我们颞叶深处的那些杏仁状的脑组织一样，我们似乎时刻对环境中的潜在威胁保持警惕。主管恐惧情绪的大脑组织不断进化，有助于我们及时对环境的某些潜在威胁因素做出反应，这些因素会对人类的生存和繁衍产生生物学方面的影响（这涉及杏仁核的神经回路），但这并不意味着我们的大脑要时时刻刻处于高度警惕模式。

这让我想起了神经内分泌学家罗伯特·萨波斯基终其一生在压力研究方面所做的工作。[3]他认为，我们的“战逃反应”是为了应对迫在眉睫的危险进化出来的。比如，当大脑发现你被老虎追赶时，就会激活你神经系统的某个部分，让你的心跳和呼吸加速，分泌更多肾上腺素，释放葡萄糖到你的肌肉，所有这些反应都有助于你逃到安全的地方。在现代西方生活方式中，我们不会经常被这类危险因素所困扰，但我们依然例行性地、习惯性地、不间断地激活我们的“战逃反应”，比如某个任务的截止日期、报税截止日期、为子女读大学做储蓄等事情都会激发这种反应。我们还经常担心自己的孩子是否和邻居的孩子一样聪明、善良和有天赋。长期的应激反应会消耗我们体内几乎所有系统的能量，从而导致一系列与压力相关的疾病。在遥远的过去，我们的确常常激活这种应激反应来逃避老虎，而且也常常有人因为被老虎咬伤而死亡，虽然目前这种威胁已经不存在了，我们依然习惯性地用这种应激反应来应对心理压力，结果导致我们早早就死于压力带来的疾病，比如心脏病、中风和某些癌症。当然，在长期压力诱因的列表中，排名靠前的是手机带来的压力。我们总是担心：我上瘾了吗？我分心了吗？我的孩子长大后会不会缺乏同理心、批判性思维或持续注意力?

今天的年轻人不由自主地感受到了我们的恐惧，并受到我们内心深处不断酝酿的焦虑的影响，部分原因就在于我们之前提到的情绪感染和神经元同步。结果，我们的恐慌变成了他们的恐慌。作家约翰·华纳将这种现象称为“涓滴式焦虑”。

2013 年，英国心理学家索尼娅·利文斯通和朱利安·塞弗顿·格林教授对九年级的一个班的学生（相当于美国的八年级）开展了为期一年的跟踪研究，观察孩子们在学校和家里使用智能手机时的表现，并将研究结果发表在了一本名为《一个班：数字时代的生活和学习》的书里面。这些学生承认，他们对自己在这个世界上所处的地位日益感到不安和不确定。但根据对这些年轻人生活情况的研究和观察，以及同他们的对话，这两位心理学家并没有把这种焦虑感归因于智能手机。相反，数据揭示了其他因素在起作用，比如他们对父母的依赖性较强，在家庭之外缺乏有意义的工作，来自学业的压力比较沉重，对宗教和公民社区的参与有所减少，以及在家里面发挥的帮助作用也有所减少。

文化分析表明，这一代人对美好生活的期待不会高于父母那一代人。他们看到父母为了维持生计而身兼数职，同时还要努力满足日益膨胀的新自由主义思潮对美好生活的要求，即完全健康的、有成就感的、值得分享到品趣志（Pinterest）的生活。利文斯通和塞弗顿·格林写道：“我们不知道年轻人对未来的担忧是出于真正令人不安的社会变化，还是出于他们周围充满焦虑的话语。”年青一代在苦苦挣扎的时候，希望我们会给他们答案。他们肯定会在社交媒体上挣扎，如同他们在生活的其他方面一样。但如果我们也跟着苦苦挣扎，那么他们就没有了依靠。

安妮说，在如何指导下一代正确看待社交媒体的问题上，很多家长和教育工作者往往束手无策，觉得自己没有什么好的工具可以帮助年轻人。事实上，虽然数字技术是个新领域，但要应对这个新领域的挑战，之前应对社会生活其他方面的挑战时所用的工具依然能派上用场。她运营着一个名为 ICanHelp.Com 的社交媒体求助热线，旨在指导学校应对与社交媒体平台有关的问题。比如，在最近的一个案例中，社交应用平台“快拍”上面有一个匿名用户试图向同一所高中的许多女生索要裸照。安妮与该社交平台的管理方取得了联系，几个小时后，这个账户就被关闭了。但安妮等人做的更多工作是提醒高中管理人员，只要高中还存在，她们就会一直同流言蜚语、性骚扰和学生拉帮结派做斗争。即便在数字时代，相关挑战从现实生活转移到了网络，以往在这方面的斗争技巧依然有用武之地，比如与存在问题的学生谈话，对他们采取干预措施，持续追踪后续效果，对存在问题的学生及其家长同时开展心理教育，等等。

安妮跟我分享了这样一个故事：之前，一些关于她儿子的八卦被传到了网上，星火燎原一样蔓延开来，令人感到很痛苦。最后的结局是她儿子同一个朋友的友谊破裂了，在痛苦中度过了大约 60 个小时。但后来一切都过去了，她的儿子经受住了这段经历的磨炼变得更坚强了。八卦和骚扰并不是社交媒体捏造的，甚至匿名也不是什么新鲜事。

安妮和我异口同声地说："麻辣书！"（burn book）。

在我们读中学的那个时代，青少年会制作小册子，在这个小册子上，学生可以匿名地写一些嘲笑其他同学的话。在2004年大受欢迎的电影《坏女孩》（*Mean Girls*）中，他们称这样的小册子为"麻辣书"。

安妮还担心，如果对青少年使用新技术的监管过于严格，可能妨碍孩子们学习自我管理的技能。如果他们使用数字媒体的行为完全是由外部控制的，他们自己怎么能学会驾驭这些技术呢？她分享了一个故事，她11岁的儿子非常渴望能在Xbox360上玩一款名为《光晕》（*Halo*）的游戏。他玩了一遍又一遍，每次都玩好几个小时。安妮不禁开始担心起来，她曾经建议家长在这种情况下不要介入，但此刻她不知道自己是否应该违反自己的建议而采取干预措施，给她的儿子施加一些外部管控。最终，她还是没有干预。不久之后，她儿子终于对这个游戏感到厌倦了。作为一名有天赋的运动员，他错过了户外活动和自我调节的时间。大概在这一过程中，他学到了一些关于适度原则、自我调节和分清轻重缓急的教训。我回想起某年2月份的一个假期，我连续好几个星期都穿着睡衣抱着任天堂玩一款名为《生化尖兵》的游戏，不禁笑了笑，心中颇有同感。

安妮反思说，当对于科技的道德恐慌蔓延时，我们的反应通常是内疚，因为我们担心自己无法保护好孩子。技术潮流是不断变化的，要赶上它很难，这可能会让用户和家长感到不安。但往往是家长们对新技术感到更困惑，更有可能认为它们是有害的。

年轻人出生在这个数字技术时代，不需要用以往的方式去适应新世界。技术变化的确会令我们感到畏惧，但我们不需要把我们所有的反应都集中在这方面，不需要耗费所有的时间和精力去应对技术可能带来的危害，而是要坦然面对，与年轻人一起卷起袖子，齐心协力地共同解决相关问题。试想一下，如果我们这么做了，会发生什么呢？这样可能带来双重回报，一方面减少我们的担忧，另一方面让我们按照年轻人的方式与其建立更为密切的联系。

这很复杂

达纳·博伊德在《这很复杂：网络青少年的社交生活》这部精彩小说中探讨了这个问题。博伊德是微软的研究员，也是“数据与社会”（Data & Society）的创始人。这是一个研究机构，专门针对涉及社会、文化与技术的问题开展交叉研究。在十多年的时间内，博伊德访谈了很多年轻人，探讨他们与技术的关系以及他们如何使用技术，那本书就是这些访谈的结晶。尽管一些技术已经不可避免地过时了，比如里面包括了聚友网（MySpace）上的许多故事，但相关的教训仍具有持久的吸引力。

此书以田纳西州首府纳什维尔的一场足球比赛为开篇。博伊德注意到，在这场比赛中，似乎每个人都在用智能手机。但父母们却以一种孤立自己的方式盯着自己的手机，甚至当他们的配偶和邻居在身边，很容易开展面对面社交的时候，依然低头不语地滑动手机屏幕。那些年轻人则与之相反，把手机用作相机和协调设备，拍照并上传照片；互相发短信告知见面地点；给对方看搞笑的猫咪视频。也就是说，他们把手机当作互动工具，而不是孤立自己的设备。

博伊德后来在比赛中与一名十几岁的女孩交谈，女孩打开她的脸书给她看。虽然这名少女在活动中没有使用脸书，但之后上传了照片，标记了她的朋友，然后在评论区进行了长时间的互动，评论里面引用了比赛期间发生的很多对话。她利用社交媒体网站继续对话，扩展社交场景，而不是在游戏中分散注意力。

在这种情况下，青少年使用的是社交媒体（包括短信和其他形式的信息）的公共交流功能。博伊德将其定义为一个“社交空间”或“社群”，既可以是具体的，也可以是想象的，或者是两者的混合。我们都属于多个公共场所，每个公共场所都有自己的互动空间（现实的和虚拟的），比如教堂、政党、校友会、工作团队等等。博伊德写道：“公共场所为人们提供了一个空间和一个社区，让人们聚集、联系，并帮助构建我们所理解的社会。”随着科技、互联网和社交媒体的多重进步，这些公共场所已经转移到了网上，并日益网络化。

博伊德声称，我们通过更严格的规则、对陌生人的恐惧、无休止的课外活动以及不容忍在公共场所闲逛，挤压了年轻人的社交空间，他们的反应就是转移到网络上面。青少年非常想和自己的朋友在一起。具体来说，他们想要在没有成年人监督的情况下，在他们选择的公共场合，按照他们自己的方式和朋友相处。如果不考虑青少年日益缩小的社交环境，我们便无法理解社交媒体在他们中间取得的广泛成功。

我不满 13 岁时，有很多闲逛的机会，比如从早餐到晚餐的这段时间，我可以在家周围几英里[1]内闲逛；此外，由各种各样的树屋组成的公共场所、售卖廉价糖果的商店外面、水库周围的树林里等等，都可以供我闲逛。与此形成鲜明对照的是，我不到 10 岁的女儿只能参加有组织的、在家长监督下的玩耍，以及参加没完没了的课程和活动。即使我想让她去闲逛，她也找不到一起闲逛的人。她的朋友们觉得我是个叛逆的家长，因为我竟然允许她独自去图书馆，独自穿过街道，独自走过几栋楼之远的距离。在《被溺爱的美国心灵：好心和坏主意如何造就失败的一代》一书中，格雷格·卢加诺夫（Greg Lukianoff）与乔纳森·海特这两位作者把这种过分溺爱的教育方式称为“安全主义”（safetyism），并认为这种情况会影响青少年培养自己各方面的能力，是青少年抑郁和焦虑的一个重要诱因。

青少年之所以蜂拥而至地使用社交媒体，并不是他们被高科技设备催眠，而是受他们与生俱来的社会性所驱使，以及被日益强烈的控制和驾驭社交空间的欲望驱使。博伊德写道：“社交媒体远非诱人的特洛伊木马，而是一个释压阀门，让年轻人重新找回有意义的社交，作为一种工具来管理自己面临的压力和限制。”在对青少年的采访中，博伊德一次又一次地听到他们希望面对面地聚会，但这种聚会的机会是有限的，他们被父母的恐惧和过度

① 1 英里≈ 1 609.34 米。——编者注

安排的生活束缚住了。

社交媒体还为青少年提供了一个令人兴奋的自我展示的新平台。正如他们用自己喜欢的纪念品和海报去装饰储物柜和卧室墙壁，喜欢通过某些体育活动、音乐品味或其他活动来寻求群体认同一样，他们在社交媒体上发布自己的活动、发布推文、上传生活照片也是基于同样的心理。社交媒体就是他们表达和检验不同身份认知的平台。青春期是一个尝试探索新自我的时期，如同试着戴上一顶新帽子，然后对其进行调整，看看是否适合自己。他们希望在摆脱成年人的窥视和责骂的状态下做这些事情。

青少年在网上与他人一起做的很多事情，与之前没有社交媒体时青少年在线下所做的事情是一样的。当然，一个主要的区别是这些行为更加公开，可以在线上被永久记录下来，而且同时被多个受众看到。数字媒体往往拥有看不见的受众，这会让一些事情变得更加困难。之前，你的储物柜或卧室的内部只有少数人能看到，而且随着你身份认知的改变而改变，不符合新认知的东西会逐渐消失在时间的风沙中。但在网络时代，任何能连接互联网的人都可以访问你在推特上发布的内容，包括大学招生人员、潜在雇主、之前和未来的约会对象，而且这些内容都会成为永久的记录。所有这些感兴趣的群体一窝蜂地访问数字平台，会导致博伊德所说的“情景崩溃”（context collapse），即某些文章或信息本来是面向那些具有共同历史、共同认知的受众而发布的，但现在被分享给了更多受众，而这些受众可能没有正确的情景去解读这些文章或信息。

当然，一些青少年在使用社交媒体、电子游戏和其他互动媒体设备时的确存在自我调节方面的问题，我们在前一章中讨论过这些行为。博伊德认为这方面的问题通常是一种表面症状，反映了内在的抑郁、焦虑或其他失调。那些难以控制冲动的人可能很难控制他们对各种屏幕的使用，他们值得我们关注。但博伊德写道："上瘾这种措辞并没有催生富有成效的对话，而是将新技术视为魔鬼，认为青少年天生就没有能力应对身边的诱惑。"

安妮说她喜欢南加州大学传媒教授亨利·詹金斯给家长们的建议，即不要总是躲在孩子背后偷窥他们，而是要保护他们。她建议说："和你的孩子坐下来，问问他们：那是什么？会让你紧张吗？会让你烦恼吗？"科技时代的良好生活标准与以往时代具有相似之处，同样，社交媒体时代的良好教养标准也与以往时代存在惊人的相似之处，即这种教养必须让孩子懂得适度原则，必须有意识地、深思熟虑地做出决策。在平衡工作与生活、饮食、消费和使用药物方面，我们在一生中养成了一些良好习惯，在如何正确使用新技术设备方面，这些良好习惯也是适用的。

数字公民

索尼娅·利文斯通不仅是《一个班：数字时代的生活和学习》一书的合著者，还是伦敦政治经济学院的社会心理学教授，著有 20 本关于儿童和媒体的书籍，堪称关于数字公民权利的主流思想家之一。她曾是"欧盟儿童在线"项目（EU Kids Online）

的一名重要研究人员，该项目演变成了今天的“全球儿童在线”（Global Kids Online）。这是一个国际性的研究项目，其使命是创建一个全球研究人员网络，研究儿童使用数字媒体的情况以及数字媒体给儿童带来的利弊，探索和汇报客观性、实证性的证据。

在这个项目的众多报告和论文中，有一篇的名字是《用他们自己的语言：孩子们在网上有什么烦恼？》（*In Their Own Words: What Bothers Children Online?*），[4] 整理了研究人员同来自25个国家的9~16岁的年轻人的对话。研究人员坐下来和这些年轻人谈论他们在网上的经历。根据安妮的观点，当前公共政策的议定几乎完全是基于成年人的担忧和恐惧，而不是基于世界各地年轻人的担忧、兴趣和经验。年轻人真正担心的是未来以及如何与同龄人相处。

我们需要花费大量心思、时间、精力和资金来培养年轻人的“数字素养”（digital literacy），即数字时代所需要的新知识与新技能。比如，我们绝对需要掌握从海量信息中去粗取精、去伪存真的方法，需要在笃信事实和秉持真理的前提下培养质疑精神。同以往一样，年轻人也非常需要培养社交与情感管理方面的素养，尤其是他们当前的许多社交活动都是在没有面对面、没有即时反馈的情况下进行的，这种素养就显得更加重要。但年轻人用事实证明自己有能力在新技术发展条件下保护自己和他人，甚至试图保护自己的父母。安妮说：“长期以来，我们一直认为孩子是互联网安全问题的潜在受害者，但无论在线上还是在线下，互联网对孩子自身、孩子的同龄人以及所在社群的福祉都有积极影响。”

她继续说：“我们倾向于认为这些问题是技术层面的，因为这样解决起来显得更容易，但其实并非如此，因为这是人文性问题。”这类问题还有很多，比如，在一个不断变化的世界里，如何保持人文素养，如何构建深入而非肤浅的社会联系，如何建立社交网络，如何平衡远大抱负与活在当下，如何消除社会不平等，如何一边让孩子们享有自主性一边保护他们远离世界上切实存在的威胁。我们需要活动人士、学者、媒体界、工业界以及下一代人共同努力，才能将解决这些问题的使命坚持下去。

社交媒体为年轻人与别人建立联系、寻找生活意义提供了强大的新工具。重要的是，这些年轻人不仅广泛参与社会活动，还利用社交媒体在全球范围内召集支持者、筹集资金和组织集体行动，使群体行动的规模大到前所未有。佛罗里达州帕克兰的学生们在自己的校园发生可怕枪击事件之后想办法吸引了全球关注。他们把社交媒体作为叙事工具，把故事的影响力转化为推动控枪行动的力量，让赞成控枪却深感无助的成年人振作起来。

安妮前不久参加了一个由来自世界各地的年轻女性组成的脸书峰会小组，这个小组致力于落实她们开创的名为“免费期”（Free Period）的新项目。来自英国的知名人物阿米卡·乔治说，许多低收入家庭的女孩买不起经期用品，在经期她们要么索性逃学，要么把袜子粘在内裤上或把偷来的厕纸夹在腿间。阿米卡等人利用社交媒体在全球范围内联合各方力量，组织小组讨论、和平抗议、请愿和积极的社交媒体活动。[5]这个运动传到了英国议会，议员们正在积极考虑改变政策来解决这个问题。

安妮赞叹道："她们都是20岁以下的年轻人！她们正在改变自己的世界，也在改变着我们的世界！"

谈了这么多，我觉得是结束访谈的最佳时机了，于是关掉了录音。安妮和我轻松地聊了几句家常，然后就赶赴下一个访谈了。

我继续坐在那里，移到一个靠近明亮窗户的长条板凳上，在那里，我可以给笔记本电脑连接上电源。我打开了一款新兴社交软件，进入与母亲和两个兄弟组成的家庭群，跟他们聊了聊访谈的进展，还跟他们分享了一个偶然遇见的趣事，提到我的Lyft网约车司机显然是个阴谋论者。

我听到了一阵笑声，便抬起头来，发现我旁边坐着两个快30岁的人，其中一个怀里抱着一个6个月大的婴儿。她们有说有笑。其中一人拿出智能手机，给她的朋友看了几张照片。接下来，一人用手机给朋友抓拍了一张怀抱婴儿的照片。然后她们开始了活跃的聊天，交流最新消息和日常生活的细节。手机就放在我旁边的桌子上，屏幕上仍然显示着她和小婴儿的笑脸。

我不禁露出了微笑，心想安妮和博伊德应该多么喜欢看到这种情景啊，因为这与她们的观点暗合，即社交媒体和智能手机的吸引力不在于技术，而在于为社交提供了便利。

我的笔记本电脑想起了叮叮的提示音，我重新打开了家庭群。我哥哥在上面发了一些链接，这些链接的内容表明，摩门教会确实是把它们所有的记录复印下来，以便在异地存放，但他们并没有任何邪恶之处，只不过想把神圣的记录安全地存放到不同地点。

有时，我们的恐惧远远超过了真实的危险，我们真正应该恐惧的是恐惧本身。

我们在网络上的社交生活并非没有任何后果与挑战。但与上一章提到的普遍观点形成鲜明对比的是，安妮、博伊德和利文斯通等专家愿意同我们的年轻人坐下来，与他们进行长时间的、开放的、以数据为导向的对话，他们提出了一个令人耳目一新的观点。

如果我们不再试图回到过去，而是接受当前的挑战，以积极的心态直面它们，会怎么样呢？如果我们和年轻人坐下来，问问他们的看法，会怎么样呢？

我觉得这个想法既新鲜又令人振奋。

第9章

解决之道

日本，东京

大脑是一个自相矛盾的神奇的机器。有时，它足智多谋，令人惊叹；有时却笨拙无能，令人惊讶。2011 年 3 月 11 日上午，我正在电脑前做一个心理学实验。我尽量集中精力去做这件事，但同时，得益于数字时代，我还关注着世界其他地方的动态。忽然，我的社交媒体都开始推送关于日本大地震和海啸的报道。当我得知远处传来的坏消息时，内心产生了一种沉重的、压抑的沮丧感。

当时我正忙于实验，打开电子邮件，认真地写了一条信息发给艾琳·菲茨杰拉德。她是我实验室的一名本科生，正在为她的大四论文做实验。这个实验的目的是评估跨文化环境下的情感体验差异。前一天，艾琳还给我发了一个信息说："贸然问一句，现在开始实验安全吗？"我想在实验开始前确保实验完美无缺，因为她将在半个地球之遥的另一个地方进行研究，同时还在国外学习。如果出了什么问题，我不会在最后一刻去解决问题。我点击了发送邮件，就在那一刻，所有的社交平台都推送这则消息，令我大叫起来，声音大得足以吓到我的狗。

因为艾琳当时就在日本！

谢天谢地，没等多久，艾琳就给我发信息说她目前安全了。她的公寓在地震中倒塌了，所有东西都被毁掉了，但可以想象的是，与心理冲击相比，这种物质损失要小得多。

我们的初衷是研究美国学生和日本学生在情绪调节方面的跨文化差异。情绪调节是指人们在面对图片或视频（在实验室）、争吵或坏消息（在现实生活中）等情绪刺激因素时，影响或改变自我感受的过程。我们对人们在跨文化环境下调节情绪的特殊策略很感兴趣，这种策略被称为"认知重评"（cognitive reappraisal）。

评价是对一个事件的意义或重要性的解释，换句话说，你以自己的观察视角阐明发生了什么。如果你面试了一份工作，却铩羽而归，你可以采用多种评价方式。也许你会觉得存在一名更有资格的候选人，与自己相比，这名候选人之前的工作经验与这份工作更相关或工作经历更广泛。你也可以运用另一种评价，即你的表现将面试完全搞砸了，面试团队认为你表达的观点很糟糕，你可能再也找不到工作了。我们不难看出哪一种评价更可能导致较为积极的情绪状态，哪一种会导致更消极的情绪状态。

这些评价大多是自发的。对于这个世界上发生的事情，我们的大脑会自发地对其意义做出判断，我们会感受到不同叙事视角的影响。认知重评的作用是有意地将你原来那种自发性的评价转换为一种更富有创造性的评价。回到工作被拒的例子：你收到了被拒的邮件，而你的大脑给出了“你很糟糕，每个人都讨厌你”的“叙事”。如果你要进行认知重评，你会重新思考自己最初的评价，然后如同父母对待孩子一样，善意地做出另一种解释，即除你之外，存在更有资格的候选人，而不是自己无能地搞砸了面试。

你可以通过一个小小的自我对话来做到这一点，就好像你大脑的一部分在和另一部分对话，如同两个“自我”在进行一场小小的对话：“看，我知道你认为这个拒绝意味着你很糟糕，每个人都讨厌你。但更有可能的情况是，这份工作的获得者以前做过同样的工作，或者是老板的侄女，或者这家公司的团队完全由男性组成，现在想要寻求多样化。没被录用并不一定说明你是个什么样的人。”事实上，认知行为疗法是我们所拥有的最有效的心理治疗形式，在许多情况下它会给人们布置家庭作业，要求他们对一些事件进行重新评估。

将大脑分为两部分不仅仅是一个隐喻的说法。广泛的研究表明，当你把人放在神经成像扫描仪中，唤起情感时，大脑皮层深处的区域会在人感受到情感冲击时激活。当你要求他们进行认知重评时，更多的前额叶皮层区域会活跃起来，似乎会弱化情绪区域的活动。[1]

情绪调节和认知重评的研究成果汇聚了情绪科学界巨大的

集体努力。这项研究源自斯坦福大学心理学家詹姆斯·格罗斯（James Gross）最初的灵感火花并接受他的冷静指导。[2] 格罗斯等人已经发表了大量的研究成果，表明认知重评是最有效的情绪调节技术之一。比如，当一个人经历负面情绪时，这个技巧能够最有效地平抑情绪反应。此外，这种技巧与良好的心理状态存在一定的关联，在美国，经常运用这种技巧而且运用得好的人，往往幸福感最高，抑郁程度最低。

但在我和艾琳做研究的时候，这方面的研究几乎都是基于西方国家受试的样本，而且主要是在特意遴选出来的部分大学的本科生中进行的。只有一两项评价与文化有关，但即便这些评价也倾向于将亚裔美国人或在美国学习的亚裔留学生与美国学生进行比较。我和艾琳本打算收集居住在东京的日本参与者的样本，并将他们与美国圣母大学的学生加以比较，进而探索认知重评和良好心理状态之间是否存在文化差异。艾琳去东京的时候，带了一台装有实验软件的笔记本电脑。

那台笔记本电脑还有我们最初的计划，现在都泡汤了。

我们新版本的实验很快就获得伦理审批。由于艾琳在美国驻日本大使馆有人脉，我们的新实验便集中于大使馆工作人员或与大使馆有联系的人在三重灾难（地震、海啸、核应急）期间的表现。我们的参与者向我们讲述了他们的悲惨经历（本次研究的参与者同意我将他们的故事用于研究报告）：一名妇女正在工作，当她意识到这场灾难的严重性时，便打电话给她的保姆，让保姆把她的两个孩子从 10 楼带到街上。保姆无法同时照顾两个孩子，只能在一个7个月大的婴儿和一个蹒跚学步的孩子之间做出选择。另一些人告诉我们，他们看见摩天大楼像草叶一样在风中摇摆。还有一些人被困在没有窗户的小房间里，不知道自己是否能逃脱。

我们没有发现跨文化差异的证据，但我们确实发现，对于实验中的任务，你越能较好地实施认知重评（比如，当你看到一个女人坐在一堆残垣断壁上面哭泣的照片时，通过集中精力进行积极的认知重评去削弱自己的消极反应），那么你在遭遇灾难之后出现抑郁和创伤后应激障碍的概率就越小。[3]

从统计学来讲，这些图片都与真实的灾难存在一定的关联性，能够提醒人们注意这种潜在的创伤性经历，因此，我们认为，这种实验反映了参与者在现实世界中如何处理自己的负面情绪。也就是说，在计算机模拟条件下，观看这类照片之后善于弱化消极情绪反应的人，在日常生活中也能更好地控制负面情绪，比如在翻看新闻时，忽然看到了关于核电站泄露的可怕报道，到杂货店却发现那里的鸡蛋、面包和牛奶已经全卖完了，同时美国的亲属不停地打电话问他打算什么时候撤离。

根据那些在实验任务中擅长这类情绪调节的人的报告，他们关于灾难的噩梦更少，惊吓反应更低，对绝望和未来厄运的预期更少。我们这种小规模研究与其他多项研究都佐证了一个基本发现：认知重评，即用新故事去诠释消极事件，有助于催生积极的心理效应。

鉴于这些研究的重要性，如果要应对社会部落化、两极化造成的一些问题，认知重评可能是一个很好的选择。令人高兴的是，我知道有些人正在研究这方面的可行性。

接下来，我们试着做认知重评吧。

试着跳出自己的心理舒适区

基思·马多克斯打开鸡尾酒菜单，不禁低声嘀咕起来。

基思和我在戴维斯广场，这里人流熙熙攘攘，街道两旁铺着鹅卵石，独立电影院和二手书店星罗棋布。我们去了咖啡店，但那里都很拥挤，还播放着很吵的音乐，所以我们就去了当地一家餐馆。这里安静，光线偏暗，令人感到舒缓，还有高背红色皮革座椅。

显然，这里的菜单让基思很不愉快。

我问他出了什么问题，他指着一种名为“小猫手套”的酒。

他说：“我真的很想点这种看似很美味的波旁威士忌酒……但他们为什么要给它取一个如此愚蠢的名字呢？”

基思并不是我唯一的男性朋友，他对点那些看似女性专属的饮料有点犹豫，但他是唯一一个被这种事情困扰的朋友，他一生都在研究如何克服成见。但我知道我在这里的角色。我揶揄了他一下，说他对性别角色的观念太严格，被大男子主义观念控制了，这两种观念都会危及他的自主性，将他置于一种艰难的处境。其实也没什么难的，他依然可以做他真正想做的事——点一杯名为“小猫手套”的酒。

我们喝了一些这种酒，分享了一盘开胃菜。我们来到这里是为了讨论他与我共同的朋友、心理学家希瑟·厄里前不久所做的一些研究。

基思是一位社会心理学家，他研究一种特殊类型的种族偏见——表型偏见（phenotypicality bias）。[4] 他发现，种族偏见并不是一种均衡地适用于某一特定种族群体的所有成员的观念。相反，如果某些成员的体貌更接近这个种族的典型特征，就会背负更沉重的包袱，比如，黑皮肤、厚嘴唇的黑人遭受的种族歧视要多于那些肤色较白、嘴唇较薄的黑人。

由于慷慨和外向，基思是我们领域内最知名、最受人喜欢的人。我和朋友杰夫曾经花了很大力气，费了一个多小时才把基思从一场会议的鸡尾酒会上拉出来，及时赶上了之前预订的晚餐，因为好像酒会上每一个人都想和他聊上几分钟。然后，我们坐上了用优步打的车，我们三人都坐在后座上，让他坐在中间位置。本以为这样就安全了，没人再找他了，结果我们还是听到了有人喊“基思”！原来是他一位很久没联系的朋友在人行道上喊他……基思最后几乎坐在我的腿上，从窗口探出身子，和这位朋友聊天。

希瑟是我的博士后导师，和我一样，她也专门研究情绪调节。她的研究重点是弄清楚什么策略在什么情况下对什么人有效。比如，一些人是否在改变注意力焦点之后体验到了情绪改善，而另一些人是否在改变对事情的理解之后获益更多。[5] 她文静、沉稳的举止与基思较为随和的性格形成了鲜明的对比，但他们都脚踏实地，乐观幽默，这为他们牢固的友谊奠定了基础。

希瑟和基思最近意识到，我们与不同群体的人进行互动的过程中难免存在一些问题，如果将他们的研究项目结合起来，或许能为解决这些问题提供一个方案。由于他们都在塔夫茨大学工作，所以很容易建立合作关系。他们的研究评估了一下如果事先给参与者提供一些类似于认知重评的技巧，帮助他们控制焦虑，是否会让人们更愿意与其他种族的伙伴谈论有关种族歧视的问题。[6]

他们的研究主要由基思实验室的研究生珍妮·舒尔茨负责实施，珍妮的同学萨拉·盖瑟也参与其中。在设计这个实验时，她们基于这样一个逻辑：与不同种族的人交谈往往会加剧焦虑，这可以通过内部指标（自我报告精神反应、生理反应）和外部指标（行为、非语言暗示）揭示出来。他们认为，这种焦虑可能会导致不同种族的人在现实生活中避免这种互动，如果无法避免这种互动，就会引发一种令人不安的非语言信号，这种信号会表明这种互动并不顺利，从而导致互动失败。

她们先为参与者（均为白人）提供一定的心理干预，告诉他们说："有时候人们与其他种族的人交流时会感到焦虑。为了减少这种焦虑，他们可能会选择避免跨种族互动。但研究表明，把自己置身于同其他种族的人互动的情境中，反倒有助于减少未来的焦虑感。"参与者随后被告知，他们的任务就是讨论种族歧视问题，并且可选择黑人或白人作为谈话对象。

基思手里挥动着一根薯条强调道："我对这个话题充满兴

趣和研究动力，是希望通过建立同盟去应对种族歧视。”通常，挑战社会不平等的重担落在了那些被歧视群体的肩上。但事实上，其他大多数群体在延续偏见中扮演了更重要的角色，如果这些群体不参与进来，那么任何解决方案都不会在大范围内取得成效。基思说：“从某种程度上来讲，要做到这一点存在一定的难度。因为让白人参与这种讨论，会令他们觉得自己存在歧视倾向，从而令他们感到不舒服，而且有时确实会让那些遭到歧视的黑人心想，白人参与这种讨论是够可怜的，他们得让那些白人感到舒服点儿。”基思觉得，当人们感到不舒服时，他们就不会参与进来。他们会回避，会远离，任何进展都不会有。他认为，让人们坐到谈判桌前讨论诸如种族歧视等棘手问题是很重要的。

参与希瑟和基思研究项目的那些人坐下来之后，他们之前获得的心理干预效果并没有淡化，这些来自不同种族的人居然能够顺利讨论种族歧视。要知道，这可是一个在任何情况下都很难讨论的话题，尤其是在不同种族的人共同参与的情况下。基思向我分享道，他经常听到来自黑人社区的人说自己不仅要不断对抗种族偏见，还试图去教育那些善意的白人朋友，让他们知道黑人在这个世界上的生存状态是什么样子的。所以，这些黑人真的感觉筋疲力尽了，他们希望将后面这副重担卸下来，交给那些白人盟友。我也经常在自己的社交媒体圈里亲眼看到被歧视群体表达这种感觉：我们一方面承受持久的歧视，另一方面还要说服别人相信我们所说的这种歧视并非存在于所有人的头脑之中，这样真的感觉太累了。

作为一个黑人，基思知道这两重负担多么令人痛苦，多么令人厌倦；但作为一名职业的教育工作者，这是他的分内之事。他说：“我觉得我们在社会中具有不同的身份和角色，这或多或少使我们有可能承受住这种压力，以便促使大多数群体共同参与反对歧视的过程。”他希望这项研究能对这项工作有所帮助。

我问，如果他们的假设是正确的，那么当一名参与者在接受了减轻焦虑的心理干预之后，是否更有可能选择其他种族的参与者作为谈话对象呢？

心理干预措施确实在某种程度上起了作用。接受这种干预的人更有可能选择与不同种族的人交谈，而不是选择自己种族的参与者。那些选择与黑人互动的白人，无论之前是否接受过心理干预，都比那些选择与白人互动的白人表现出较少的非语言焦虑迹象。

由此可见，认知重评为我们塑造一个更有希望的世界提供了另一种方式。

坦然面对人与人之间的差异

在讨论这项研究时，我想起了本书中的一个核心观点，即我们在进化过程中，倾向于形成一个基于共同意义和团结意识的小团体，我们人类最丰富的体验就来自家庭、宗教和种族内的联系。但这种狭隘的做法是没有未来的，我们也不应该期待它有未来，因为过于注重群体内部关系的倾向可能会导致不同群体之间发生分歧，甚至发生非人性化的悲剧。在这件事上，我们难道没有选择的余地吗？如果我们将自己所属的群体视为一个包容的门槛，对那些接近我们身份认同的人采取包容态度，那么，与此同时，我们是否可能将整个人类视为一个更宽泛的门槛，将其他群体的人纳入这个包容门槛之内呢？

在基思的一个研究中，参与者被激活的不是种族身份认知，而是共有的身份，比如所有人都是塔夫茨大学的学生。我问他对此研究有什么看法。

基思点了点头，但并不热情地说："我认为说完这句话之后，接下来你可能会说一些尴尬的话，立刻把人们推回一些从属性的身份认知。你可以说'我们都是塔夫茨大学的学生'，但说出这句话之后，你内心可能会想：'这句话虽然没错，但我们在这个大学的体验真的不一样，我在塔夫茨大学获得的学位和你们的学位是不一样的，我在校园的经历和你们的完全不同。'然后，这种内心反应会在你的非语言暗示中表现出来。另一个人心里会想：'哦，天哪，这可不是我的意思，他现在认为我是种族主义者，或者麻木不仁，或者其他什么。'这都会表现出来。就这样，我们又回到了起点。"

基思觉得，在一种不发生任何误解的神奇互动中，凸显这些高一层级的身份可能会很有效。但我们的观点存在如此之大的差异，误解几乎是不可避免的。你所说的某些话肯定能透露出你缺乏对他人观点的理解，从而演变成一个威胁因素。在不同群体并存的情况下，如果基于某个共性去凸显“我们”这一更高层级的类别，似乎能减少一些消极情绪，但不会给消除群体差异带来实质性的改变，而且要实现这种实质性改变，就需要一定程度的冲突。基思认为，对于不同的经历及其带来的情绪，最好是正面处理，并给人们提供一些技巧，以便应对潜在的危机。

调查这些经验和观点上的差异，进行深入探索，可能是同一个人建立密切关系的一个重要基础。通过探索一个人的内心世界来贴近他堪称一个普遍适用的大原则，这呼应了皮埃尔·贝亚德（Pierre Bayard）关于理解人的内心世界以及我们如何坠入爱河的观点。他比较重视人与人之间要相互理解和欣赏相似性，但我非常想弄清楚，人们对于探索彼此差异的好奇心存在多大差异；如果一旦差异被发现，人们的反应会存在多大差异。

我说：“我认为，很多人都觉得亲密类似于相同，但我喜欢亲密的朋友观点不相同的时刻，因为那样我们就会发生争执。对我来说，亲密意味着发现差异，然后深入探讨，而不意味着我们同意彼此的观点。”

与我相反，基思认为，当亲密的朋友表达不同意见时，他会产生一种受到威胁的感觉。他说：“我的意思是，我已经接受了我们关于内森·菲利安的分歧……”

我揶揄道：“是吗？你是认真的吗？”

我和基思都喜欢内森·菲利安这位演员，但我最喜欢的是他在乔斯·维登的西部科幻片《萤火虫》（*Firefly*）中饰演的马尔·雷诺兹船长，他穿着神气十足的皮裤，自信地昂首挺胸，外表强悍，内心善良。基思一直很喜欢他在悬疑犯罪喜剧片《灵书妙探》（*Castle*）中的角色，而我不是这部剧的粉丝，觉得菲利安在这部作品中只是展示了他一小部分魅力。

基思指出："是的，关于菲利安这种层面的激烈分歧是可以接受的。但如果我发现一个密友，或者一个即将成为密友的人，与我在'黑人的命也是命'等重要价值观上存在严重分歧，那就会成为一个较严重的问题，除非你能想方设法说服我，让我明白为什么你觉得黑人生命其实并不重要，但这……"

基思摇了摇头，沉默了一会儿。我猜他既在努力应对情绪的波动，又在试图利用自己的心理学知识，比如认知重评技巧，去平抑自己的想法和感受。让情绪调节变得困难的，不是由于争论的主题，而是由于这个主题激发了如此强烈的原始感觉，即便对那些精通情绪调节技巧的人来说依然是一个挑战。

最后，他说："不，我知道有些人相信黑人的生命也是命，但他们并不像我一样，认为种族偏见和警察暴力是这个世界上的一个严重问题。在这种情况下，即使我能接受他们的观点，依然觉得这种差异会让我们无法建立密切关系，你明白吗？"

在这个新的世界里，关于政治问题的分歧似乎与其他类别的分歧迥然不同，更像是一种原始的、发自内心的分歧，即便在那些不会影响自己所属社群的政治问题上的分歧，也是如此。当一些政治问题的分歧冲击到人们内心道德时，人们能否克服这些挑战，成为亲密的朋友呢？真的难以想象。有的研究证实了这一直党。比如，在美国，越来越多的共和党人和民主党人不仅不喜欢对方，而且有人报告说他们甚至到了彼此憎恨的地步。这种分歧与其说是基于政治立场，不如说是基于社会认同。[7]

造成政治极化现象加剧的因素是多方面的。一种理念认为我们的政治问题已经被道德化了，政治分歧被视为道德分歧，而当道德分歧出现时，人们往往就会寸步不让。这个理念非常有助于我们理解这一现象，其主要倡导者是社会心理学家乔纳森·海特，他在《正义之心：为什么好人会被政治和宗教分裂》（*The Righteous Mind: Why Good People Are Divided by Politics and Religion*）一书中总结了自己的观点。我们曾在第 1 章详细讨论了海特的工作，他认为人性在 90% 上像黑猩猩，10% 像蜜蜂。但他真正的研究焦点是道德心理学。在他的书中，他认为自由主义者和保守主义者生活在不同的道德环境中，而且在道德问题上只能选择其中一个，如同电影《黑客帝国》（*The Matrix*）里面要么吞下红色药丸回到真实世界，要么吞下蓝色药丸留在虚拟世界的剧情一样，我们的决定导致我们生活在完全不同的道德环境之中，不同环境下存在不同的原则、事实、价值观，具有不同的现实感知。

他认为，由于保守派和自由派的道德基础不同，所以两派的道德环境对比鲜明。几乎每个人，包括保守派、自由派以及介于两者之间的人，都同意三个重要的道德价值观：关怀、公平和自由，即伤害别人是错误的，关爱他人是正确的，每个人应该得到公平对待，我们应该是自由的。

保守主义者的道德价值体系中又多了如下几层（自由主义者觉得这几层与道德之间根本不存在任何关联）：第一个是服从权威，保守派认为人们要服从外部规则和具有管理职责的负责人，对权威非常尊重。与此相反，海特注意到自由主义者群体最著名的一个保险杠贴纸上面写着“质疑权威”。第二个是纯洁，指人们在性爱和生殖方面要坚持保守观点。第三个是忠诚，这一点可以从人们共同观察到的一个现象揭示出来，即保守主义者似乎能够抛开分歧，彼此支持。而与之相反，那些信奉自由主义的左派人士则不断吹毛求疵，相互攻击，并且倾向于回避用强烈方式表现出来的爱国主义，因为他们觉得这种爱国主义类似于狭隘的民族主义。就个性而言，保守主义者和自由主义者在所谓的“经验开放性”（openness to experience）这一特征上面的差异也是非常大的。“经验开放性”指人们对传统经验和舒适区的渴望程度，而不是对新经验和突破界限的渴望程度。

把上述这些因素放到一起，你就会发现两类不同的人。一类是保守主义者，他们喜欢传统，尊重权威，忠于自己所属的群体，不信任违背社会规范的人，并希望一直拉起心灵的吊桥，以守护自己和亲友的安全。而且这类人为了做到尊重权威、纯洁和忠诚，往往愿意在一定程度上牺牲对他人的关爱，牺牲公平原则。另一类是自由主义者，他们关心别人是否受到伤害，关心别人是否享有公平，认为需要挑战权威以实现社会进步，认为社会规范往往限制和阻碍创造力以及人们的个性化体验，希望放下心灵的吊桥，接纳那些需要我们关怀的人。

到最后，你就会看到，同属一个国家的人却无法理解彼此，大家都在各自的圈子里交谈（投票也是局限于自己的圈子）。正如我们在第 2 章中提到的心理学家罗杰·尚克和罗伯特·阿贝尔森所言，这些人普遍相信"世上之人有好有坏，坏人试图利用非法的方式造成一种邪恶的状态。只有当好人运用自己的力量，动员一些旁观者（这些人面临被坏人引诱的危险），朝着光荣的胜利前进时，这一切才能避免"。

但至于谁是坏人，我们却看法迥异。

对所谓的"棘手"冲突进行认知重评

即使在分歧最严重的冲突中，认知重评也可能派得上用场。在以色列特拉维夫大学，心理学家伊兰·哈尔佩林正在研究我们一直在讨论的一些观点，即如何改变评价、调节情绪，从而影响世界上一些最棘手、最情绪化的问题，比如巴以冲突。他不回避困难的话题，也不回避困难的方法。他和合作者们使用了宣传册、视频广告、虚拟现实等一切手段来测试他们是否能够介入冲突，让冲突双方改变"我们与他们势不两立"的强硬想法。为了进一步了解他们的工作，我们来看两个例子。

在一次干预中，哈尔佩林及其同事采用了一种叫作"悖论式思维"（paradoxical thinking）的方法。如果你在某个问题上同某个思想极端固化的人争辩，那么试图说服其改弦更张，接受相反意见，往往行不通。试想，如果一个戴着洋基队帽子的人赞美自己球队的诸多优点，怎么可能让红袜队的球迷改变自己的想法呢？然而，哈尔佩林发现，如果洋基队粉丝改变一下策略，比如说一些表扬红袜队的话，甚至比红袜队粉丝自身的观点还极端，那么红袜队粉丝的固化观点就会有所放松。最后的结果差不多就是这样的：红袜队的球迷开始觉得，好吧，红袜队曾经是最好的球队，但如今即便红袜队也不是没有缺点。这种“悖论式思维”有助于让人打开一点思路。

在另一项研究中，哈尔佩林及其同事测试了这种方法是否适用于比运动队偏爱之争更严重的问题。他们让保守的以色列人观看了一段宣传视频，这个视频描绘了国家暴力行为，并提出一个论点，即国家暴力不仅是正义的，而且是必要的。看了几次视频后，这些人的立场出现了松动。他们在观看视频前还觉得国家暴力行为有存在的必要性，多次观看之后，他们似乎开始考虑用其他方式来解决冲突。[8]

在一项由阿米特·格伦伯格（Amit Golenberg）领导的研究中，哈尔佩林的团队介入了人们对于“群体信仰”的痴迷程度的研究。[9]群体是否比较容易改变想法，会对其中的个体易于改变想法的程度产生影响。哈尔佩林及其同事推断，如果一个人在评价群体信仰是顽固的、难以改变的，那么，当这个人成为这个群体的一员，他的观点同样会相当顽固。但如果你认为群体信念是可以改变的，会受到外部力量的改变和影响，那么你可能更易于改变自己的想法。一个人采取什么样的观点，以及一个群体的信仰是否存在可塑性，都与利益、希望和是否愿意考虑妥协等因素有关。

上述这些基本信息也适用于应对其他类型的分歧，哈尔佩林团队之外的人所做的研究证实了这一点。比如，研究人员同你开展一段简短的对话，开始先讨论你曾经感到自己很脆弱、经常被别人评价来评价去的时期，接下来再讨论变性人应该享有什么权利。这种对话的结果是令人惊讶的，会强烈改变你对变性人的恐惧，而且这种效应会持续数月之久。[10] 想想自己被判定为与众不同的那一段时间，似乎会让你接受这样一种观点：我们应该支持那些正在被判定为与众不同者的权利。

总的来说，这项研究表明，通过改变叙事和评价方式，我们或许能够在一些最具争议和分歧的问题上走到一起。我们可以把自己想象成一个人类蜂巢，能够做出改变，能够从其他人的角度看问题。

这绝对是至关重要的。

注意：我并没有说什么

我说我们选择的叙事塑造了我们的现实，我们可以选择那些能够催生亲社会的、积极的、人性化的情绪和结果的叙事，但我并不是说积极思维的力量足以创造一个没有种族歧视、没有同性恋恐惧症、没有政党派系或没有严重的阶级不平等的神奇世界。我们的教育、刑事司法和卫生保健系统中存在着许多不公正现象，只有正视这些不平等的丑恶现实，我们才有希望真正消除这些现象。

我只是说，如果我们选定的叙事认为人类必然会诉诸暴力和囤积资源，必然仇恨那些看起来与自己不相似的人，必然仇恨那些选举模式与自己不一样的人，那么这种叙事就会给以上行为提供辩解。当人们感到没有希望时，如同在巴以冲突中一样，他们会对现状感到无奈，这可能会导致人们不太可能去尝试改变。在这项研究的一篇评述文章中，主要作者萨马德·科恩–陈（Smadar Cohen–Chen）写道："那些相信这样的努力确实可以改变未来的人，更倾向于走上冲突解决之路。"[11] 我们对自己所讲的故事的确可以改变未来。

我说我们选择的叙事塑造了我们的现实，我们可以选择那些能够催生亲社会的、积极的、人性化的情绪和结果的叙事，但我并不是说我们应该抛弃社会规范去选择任何叙事，去给自己讲述任何故事。我们构建了一套社会规范，在这套规范下，我们可以在不受社会责难的情况下公开讨论某些话题，支持某些观点，同时，也对某些话题和观点施加限制，这些都是我们共同价值观的反映。

这些限制通常是通过所谓的"奥弗顿之窗"（Overton Window）进行概念化的。[12] "奥弗顿之窗"是以一家智库的领导人、公共政策专家约瑟夫·奥弗顿（Joseph P. Overton）的名字命名的。奥弗顿关注的是政治和公共政策。他用"窗口"一词去指代政治家们可以公开支持的、不会在舆论场上遭到口诛笔伐的理念或意见。"奥弗顿之窗"理念得到普及之后，也被用于描述那些根据当前时代精神或蜂巢思维，被视为可以广为接受的思想，也就是说，可以被主流民众接受的思想。“奥弗顿之窗”里的想法是可以接受的，外面的则被认为是边缘化的。随着文化的变化和变迁，“奥弗顿之窗”这个概念的内涵也在变化。

随着近年来全球民粹主义的兴起，以及主流媒体对白人民族主义主要人物的温和式、半奉承式的描述，有人可能会说我们在种族和身份问题上的“奥弗顿之窗”已经发生了变化。与这个观点相一致的一个现象是，美国的仇恨犯罪在2016年出现了高峰。[13]研究表明，可能暗示社会规范发生变化的事实并不是越来越多的新人开始学会仇恨，而是之前那些发表过极端仇恨言论的重要人物没有得到惩罚，这样一来，那些原本就存在仇恨情绪的人如今敢于更加公开地表达自己的观点，而不害怕遭到指责。[14]（作为一名社会科学家，我必须指出，这些论点都是用极其宽泛的方式描述的，而且这些抽象概念的变化之间是否确实存在因果联系，几乎不可能进行验证。）

我完全赞成社会规范。

但我还想说的是，社会规范并不是不可改变的法则，每一代人都应该质疑它们的公平、公正和潜在的危害。

说到社会规范，在削减偏见和分裂方面，一些最令人兴奋的研究发现，通过广告、小说或其他干预手段可以直接对人们的社会规范施加影响。

推动社会规范的改变

其他研究表明，你甚至可能不需要改变人们给自己讲述的故事，即不改变人们内心的评价方式（坦率地讲，要改变这些需要付出很多努力，还需要对方配合），只需要影响人们对社会规范的认知，就能推动他们改变自己的行为方式。

你可能记得，第 2 章讲到人们受一般行为或信仰的影响较小，而受自己对一般行为或信仰的感知影响较大。你可能还记得虚构的故事对我们集体的道德认知有巨大的影响。如果我们可以用虚构的故事直接针对社会规范施加影响，会发生什么情况呢？

社会心理学家贝特西·利维·帕鲁克（Betsy Levy Paluck）就因为这方面的研究，获得了麦克阿瑟基金会颁发的奖金，这个奖金通常被称为“麦克阿瑟天才奖”。这表明，社会规范可以被刻意的干预推向亲社会的方向。

如同哈尔佩林一样，帕鲁克既不回避艰难的挑战，也不回避从小事做起。在卢旺达的一次实地试验中，她与一个广播节目合作，让人们在一年多的时间里观看标准的健康节目或连续剧。[15]这部肥皂剧讲述了发生在该国两个主要部族之间的罗密欧和朱丽叶式的爱情故事。剧中角色行为涉及挑战规范、表达异议、解决局部问题等。这项实验的结果与我们之前探讨的几项研究结果是一致的：虽然肥皂剧几乎没有改变人们对种族划分的基本信念，那些之前就强烈地感受到种族本质差异的人在观看完这些标准剧目之后仍然有这种感觉，但这些剧目却真真切切地深刻影响了人们对社会规范和行为的认知，以及对于在种族差异面前该怎么做和怎么说的认知。

在接受美国国家公共电台采访时，帕鲁克表示，看肥皂剧的人会告诉她说："这显然是卢旺达人喜欢的事情。他们喜欢肥皂剧里面的这种关系。我个人可能不赞成我的女儿嫁给其他种族的人，但我打算让她自己决定，因为我们卢旺达人现在就是这么做的。"[16] 这表明，即使人们内心潜在的感觉并没有变化，但随着整个社会文化蜂巢的改变，人们对社会规范和社会行为的感知也会发生相应的改变。

我们对于自身的思想或行为可能与社会规范相悖的地方往往保持沉默。德国政治学家伊丽莎白·诺埃尔–诺伊曼（Elisabeth Noelle–Neumann）曾写过一本《沉默的螺旋》（*Spiral of Silence*）的书。她指出，人们如果觉得自己的某个观点能够得到广泛赞同和欢迎，就会积极表达出来，从而使得这类观点在更大范围内得以表达和扩散；然而，如果人们发觉自己的某个观点可能引起争议，那么即使自己赞同它，也会保持沉默，由于长期无人表达，从而导致人们形成了一种普遍认知，即没有人持有这种观点。[17] 这如同一种螺旋的力量，导致受欢迎的观点越来越受欢迎，而那些被压抑在内心的观点遭到越来越多的压制，直到最后随着时间的流逝而消失。比如，种族主义者不愿意公开表达种族主义观点。具有背离社会倾向的人也不愿意公开表达自己的观点。一个例子就是网络上兴起的"MeToo"运动。在这个运动兴起之前，有权势的人之所以能受到保护，不对自己的罪行负责，沉默的螺旋就是其中一个因素，因为受害者不愿意公开表达可能引起争议的真实想法，而是一直将这种想法压抑在心底。

帕鲁克还成功地将“社会规范干预”的理念引入中学。[18]在一项研究中，她招募学生来推动反对校园霸凌的行动。被选中的学生与项目协调员会面，这些项目协调员帮助学生准确识别出那些困扰他们所在学校的行为方式，然后设计一些活动加以应对。比如，在一所学校里，学生们观察到某些学生的行为宣扬了社会正能量，或者对校园霸凌行为采取了干预措施，那么他们就会给这些人分发橙色的腕带，让他们系在手腕上面，作为一种标记。在另一项研究中，他们针对问题行为制作了一些主题标签，并在全校张贴。

社会规范在什么时候最有可能发生改变呢？当人们在所谓“寓教于乐”的过程中，觉得自己与规范挑战者之间缔结了一种比较舒适的关系，建立了一种友谊，或者存在某个相似之处，这时就容易产生认同感，从而更容易改变规范挑战者以往的行为方式。规范挑战者的社会地位也很重要。比如，曾经有人用“推特机器人程序”去研究那些对黑人使用种族歧视言论的人，一旦发现有用户使用了字母“n”开头的那个词（此处指 Negro），就会对其表达指责，并建议其做出改变。事实上，从统计学角度来讲，这种利用“推特机器人程序”开展的研究是成功的，减少了一些人继续使用歧视性词语的次数，至少在短时间内是这样。其中，影响力最大的那个推特机器人拥有一个白人男性形象头像，并且拥有大量的粉丝。[19]

回到波士顿之后，我又约了基思在餐厅聊了一会儿如何有效地推动社会规范的改变。

基思说："选举一结束，我就产生了一种强烈的感觉——我的天啊，我在做什么？我一直在浪费生命。"他说自己以前花费了所有的时间去和一些思想开明的观众进行对话，这些人渴望了解隐蔽的偏见和如何对抗这些偏见。但与此同时，还有另外一大群人不仅不想了解微妙的偏见，还否认存在种族歧视现象，而他之前忽略了扭转这群人的偏见。

基思后来意识到，无论自己说什么，都不能动摇极右派的政治势力，分歧实在太大了。但如果不去说服那些极右派的人，而是去试图说服与自己只有一步之遥的右派人士，让这个右派人士再去说服与他/她只有一步之遥的右派人士，按照这种顺序，利用盟友的社会影响力，让盟友去接触身边的人，同他们对话，使越来越多的人被感染和说服。这样一来，他所做的工作或许会对世界产生更大的影响。

我告诉基思说，我完全同意他的观点，他的论点基本上就是本书要讲的主题：整个社会如同一个蜂巢，人们的思想、情感和心智模式会在这个蜂巢中不断传播。人类这种生物拥有镜像神经元，可以实现神经元同步，容易相互影响。其他人对现实的感知具有传染力，能够动摇我们自身的认知。

然后，基思眼中闪过一丝光芒，问我："如果与你观念相左的人劝说你做出改变，你愿意接受他们的观点吗？你能接受保守的思想吗？”

我随后的沉默是如此漫长，以至在转录音频时不禁笑了出来。

但接着我按下了录音笔的暂停键，坐着沉思。

我知道我下一步必须做什么了。

运用认知重评技巧

在开始探讨之前，希瑟和我们一起吃了顿晚餐。

晚餐的大部分时间，我们都在闲聊一些轻浅的话题，分享一些发生在熟人之间的笑话和趣事。许多人类学家称，人类将八卦作为一种“社交整饰”（social grooming）。类人猿采取相互理毛的方式，而我们人类则采取了这种基于语言的方式。这两种方式都是通过社交整饰来维持关系的表现。从情感角度来看，我和希瑟之间的玩笑确实有点像我父亲把蹒跚学步的我拉到他的腿上，假装在我头发里找小虫子，而我则高兴地尖叫、扭动着，假装咬他的手指。

最后，我把希瑟和基思拉到一起，进行了一次理智的讨论。我问他们，有没有想过，自己的研究成果有朝一日能应用于现实世界。

希瑟有点吃惊。作为一位严谨的科学家，她指出这只是一项研究而已。

她说："嗯，你看，我对我们所做的工作感到很自豪，对我们取得的发现也很感兴趣，但我们还需要重复地做下去，才能从中梳理出有用的机制，才能真正总结出一些结论，目前考虑把它应用到实践中似乎为时尚早。"

也就是说，如果后续的实验证实并详细诠释了这些发现，她可能会开始考虑将研究结论应用于实践。

希瑟最初接受的是临床心理学培训，从事心理治疗工作。在工作中，她发现自己能够帮客户意识到改变行为方式真的非常有益，也能带来回报。但她只是在开展心理治疗时和客户待在一起，相处一个小时，离别之后，客户是否将所聊的内容应用于生活之中并真正实现一些变化，则取决于他们自身了。

她说："我们不可能在他们的日常生活中一直跟随着他们……"

基思打断了她的话，问："为什么不能呢？"

希瑟古怪地歪了歪头。

基思耸耸肩说："当各种应用程序认为我该去跑步、冥想或伸展身体时，我的手机就会提醒我。为什么不开发一个能及时提醒客户的应用程序呢？比如，提醒患者：'嘿，还记得吗，你曾觉得与不同的人互动是个好主意。为什么今天不付诸行动呢？'然后，这个应用程序可以给客户提供一些如何管理互动焦虑的建议。"基思对这样一个应用程序是否切实可行感到矛盾，但也指出，创造力意味着要跳出固有的思维框架，愿意接受猛然一看似乎有些古怪的想法。

我在心里感谢基思让我们回归本书的中心论点之一，即社交媒体和智能手机可能会产生某些问题，但它们也是一种工具，一种有时可以帮助我们过上更好生活的工具。

我感觉到我们的谈话有点偏离严肃的话题了，希瑟和基思有点感到不耐烦，于是，我停止了访谈，让他们解脱出来，继续让他们按照自然的节奏去做“社交整饰”。

这就是我们为朋友提供的服务。

尝试着走出心理舒适区

为了完成基思给我的挑战，即接触一些让自己感觉不适的观点，看看自己能否被其触动而做出改变。我首先去找朋友乔，努力说服他和我一起参加共和党为一位当地候选人举办的募捐活动。但这种体验既不陌生，也不会带来特别的触动。我的写作小组建议我参加一场福音活动，但我早已知道了宗教团体可以为世界做出贡献，所以我认为这种体验也不会改变我的世界观。

后来我想到了一件具有挑战性的事情，就是读一本保守倾向的小说。我认为小说对于人类叙事的形成起到了神圣的作用。而且，读小说相当于把别人大脑里的想法观察一遍，这更有可能使我们的世界观发生转变。从某种意义上讲，这一观点也是本书的核心论点之一。

20 世纪早期的哲学家艾茵 · 兰德用小说的形式来探索和阐

述自己的哲学理念，她的小说作品对美国政界许多保守派人士都产生了巨大影响，其中包括经济学家艾伦·格林斯潘和国会议员保罗·瑞安（Paul Ryan）。据报道，她的小说《源泉》（*The Fountainhead*）是唐纳德·特朗普公开表示曾经阅读过的文学作品之一。

值得庆幸的是，《源泉》读起来并不像我预期的那么糟糕。我发现她的哲学主题非常适合本书的主题，即如何解决我们的集体性和个体性之间的矛盾，这是所谓的“双重人”的双重属性。

《源泉》的主人公是一位名叫霍华德·罗克的红头发建筑师。罗克周围的建筑师和艺术评论家在考虑住宅设计时，往往依赖历史传统和蜂巢思维，没有人会去独立思考或创新，也没有人会考虑自然环境、建筑用途或者房屋主人的特点。只有罗克会独立思考或创新，因为他下定决心要创作出伟大的作品，而不是处处受文化习俗和社会规范的约束。他拒绝无事闲谈、阿谀奉承以及拘泥于任何要求礼貌行为的社会规范，只有在完全自由地按自己的意愿行事、不受其他任何一方影响的情况下，才会接受合同。他是个反传统的人，完全反对所谓“双重人”的集体性的一面。

罗克处处都遭到一群性格不同的人物抵触，这些人的卑鄙和邪恶程度各不相同。有些人由于坚持不懈地顺从社会上其他居民的集体意见而丧失了一切自由思想，随着岁月的流逝，他们的思想变得越来越贫乏，最后只剩下人的躯壳。在长时间的自言自语中，这些人被描述为思想上的“二手货”，他们没有自己的想法，一切想法都是从集体思维中借来的。长着八字胡的反派角色埃尔斯沃斯·托雷利用了人类最糟糕的本能，试图打倒任何一个有脊梁或有新想法的人。

罗克和多米尼克·弗兰肯（Dominique Francon）之间有一段爱情故事。弗兰肯是一个高冷孤傲的美女，和罗克一样鄙视社交礼仪。她相信罗克是一个非同凡响的人，甚至他的作品都不应该被普通人看到，而应该被毁灭。他们的爱情故事以强奸开始，罗克声称要占有她的身体，而她像动物一样反抗：“他把她扔在床上，她感到血液在她的喉咙和眼睛里跳动，仇恨和无助的恐惧在她的血液流淌。”小说传达的思想是，真正的个人或者英雄，会占有自己想要的任何东西，当他想占有一个女人的身体时也不例外，不会考虑她的意愿或快感。

《源泉》这本以建筑业为背景的长篇小说竟然能获得如此强大、如此持久的关注，着实令我感到有点意外。我并非对建筑业有什么成见，只是一般来讲，这种题材不会令人激动到咬手指的地步。另外，小说里面的人物动辄发出带有哲学意味的长篇大论，给人一种很不现实的感觉。

艾茵·兰德将她在《源泉》等文学作品中阐释的哲学思想称为“客观主义”，即“将人本身视为一种英雄的存在，以追求个人的幸福作为人生的道义目标，以创造性的成就作为最高贵的行动，以理性作为人生唯一的终极信条”[20]。

有一种观点认为，世界上只有少数几个真正清醒、真正重要的艺术家和思想家，在他们之下是一群思想散漫的“二手货”，我觉得这种看法精英化色彩过浓，不敢苟同。还有一种观点认为，那些真正的艺术家根本不应该接受社会规范的束缚，而应该勇往直前，无视所有习俗、个人忠诚等烦人的事情，就连同别人发生性关系也不必获得别人的同意，这种说法更是无法打动我。我认为把追求个人幸福作为生活目标很可能适得其反，这将在下一章详细论述。

但兰德有一个观点令我非常信服，她强调了在集体的海洋中保持个人思考的重要性。这一点对我很有启发。从某种程度上来讲，创造力和创新就是一种跳出蜂巢思维进行思考的能力。人类的进步包括对当代蜂巢思维的叙述视角提出质疑，将那些过时的或错误的观点探查出来。

兰德成长于苏联时期，早期经历显然塑造了她对世界的看法。在这部文学作品中，她认为人性里面的集体性是危险、原始的，我们在部落的祭坛上牺牲了个人权利。她完全从个人主义日渐增强的视角去审视人类的进步。她说：“假使人生来就是社会性的（即便这是一个问题），这是否意味着他们必须保持这种社会性？如果人类一开始是一种社会性动物，那么所有的进步和文明不都是为了使他成为一个个体吗？这难道不是唯一可能的进步吗？”[21]

在下一章，我们将正面迎接艾茵·兰德的挑战。与其视集体性为野蛮，视个体性为神圣，我们倒不如首先看看我们为什么在现代社会会感到如此不快乐，感到自己与他人的关系如此淡漠。

我将提出与兰德相反的主张，即我们应该珍惜自己的集体性和社会性。

我们将通过研究表明人类天生具有社会性，而且表明其他很多动物也有社会性。

让我们和一些毛茸茸的朋友共度一些时间吧。

H I V E M I N D

夏季

第 10 章

社会性动物

马萨诸塞州，醋栗岛

今天是父亲节，我们全家一起去醋栗岛上漫步，那是我们最喜欢的一片海滩。岛上里有很多巨石，绵延半英里，还有数百种鸟和二战时期的混凝土瞭望塔，这些瞭望塔后来被精力旺盛的青少年和涂鸦艺术家接管了，上面有不少画作。这是一个阳光明媚的日子，岛上的每一朵花似乎都在这一天盛开。小岛上点缀着白色的雏菊、令人惊艳的粉红色滨梅以及比较柔和的玫瑰花。我童年的夏天在离这条路不远的地方度过的，住在祖父建的一间简陋小屋里，收集一桶桶的贻贝供成年人蒸熟作为晚餐，在海浪中同我弟弟及许多堂兄弟追逐玩耍。强烈的阳光、咸咸的空气以及潮汐的声音都深深地印在了我的脑海里，这是我感觉最有活力的地方。

今天，一个新家庭成员加入了我们。我们刚刚收养了一只10周大的黄色拉布拉多犬，名叫“扎菲”。它耳朵上面的毛非常光滑，棕色的眼睛炯炯有神，小睫毛都是金色的。

我的侄女基娅拉正抱着扎菲沿着海滩走，如同一石激起无限涟漪一样，引起了躺在沙滩毯和折叠椅上的人们的关注。这让我想起了我母亲曾经让我从温室花店里买的含羞草，你可以用手指顺着叶子一片一片地触摸过去，植物的叶片就会立即紧紧地闭合起来。只不过这次这只小狗引起的效应不是“闭”,而是“开”——当我们从游客身边经过时，他们纷纷睁开眼睛，张开嘴巴。

我们必须每走几步就停下来，让游客们挠挠它的小耳朵，摸摸它的小脑袋，回答有关它年龄的问题，并让别人拍照。狗，尤其是小狗，总能给我们带来快乐。狗不仅给我们带来快乐，还在人类文化中随处可见。作家珍娜·沃金里奇在一篇名为《什么使狗与众不同》(*What Makes Dogs Different*)的精彩文章中说：[1]

> 狗能保护我们的牲畜、家园和孩子，能探测炸弹，引导盲人，跟踪罪犯，寻找被困者……有些狗能拉着雪橇带我们去我们永远不能独自去的地方；有一些狗则能嗅出毒品，探测心脏病发作迹象，或者在森林里帮助我们倾听人类永远都听不到的声音；有些不幸的狗会被人放入炖锅，而幸运的狗则会坐在皇家大厅的坐垫上。看一看人类历史上任何一个阶级的图画或文学作品，都不难发现狗的身影。它们既是英雄又是恶棍，既是实验室的老鼠又是展览用的家畜。有些狗会为我们去打仗，而有些则让我们在失声痛哭时抱着它们。它们帮助我们生活、工作和吃饭。正是在这种关

系中，狗与人类这两个物种的数量和重要性都出现爆炸式增长。

如同我们先前对浪漫爱情的讨论一样，我们人类与犬类的这种命运交织可能既不是艺术的结果，也不是幸运意外的结果，而是进化的结果。这种进化过程会给我们提供诸多启发，让我们认识到人性中集体一面的重要性。

相互驯化：人类和狗的共同进化

在过去的十年里，对狗的认知能力的研究激增，同时也衍生出了关于狗的进化根源的理论。这项研究充满了各种新发现和颠覆性认知，总是令我痴迷。

故事是这样的：因为黑猩猩与人类有高度的亲缘关系，而海豚则具有高度的社会性和智商，所以试图探究动物认知的研究人员的大部分注意力都集中在了黑猩猩和海豚身上。然而，一组研究人员突然想，尽管黑猩猩与海豚都是值得研究的物种，如果把研究焦点放在狗身上，是否更有意义呢？狗也是一个高度社会化的物种。虽然狗与人类没有高度的亲缘关系，却与人类共同进化了数万年，一起工作和生活，共享篝火和壁炉，甚至睡在同一张床上。且不提狗与人类都经历过自然选择的过程，人类还刻意对狗进行了选择性繁殖，人类培育的狗具有人类欣赏的特征，而某些不具备人类欣赏特征的品种，则不会被繁殖。狗原本就是一个具有社会性的物种，人类的这种选择性育种又进一步增强了狗的社会性。

研究人员开始对狗进行评估，并将它们与黑猩猩、海豚等物种进行比较。与推测相符，狗在评估社交智力的许多测试中比其他物种的表现要好，在理解人类手势的能力、感知人类情感的能力等方面社交智力比较高。

这类研究是我这些年来根据学术界的普遍思维和我个人的阅读、研究、教学经历总结出来的。我还知道杜克大学的布莱恩 · 哈尔是这一领域的主要研究人员之一。我为我的学生播放过他的访谈视频。我喜欢在推特上关注他，有时还把他的研究论文转发给我指导的高年级学生阅读。当我决定在这一章写关于狗和人类的关系以及同步进化的内容时，我拿起了他与妻子凡妮莎·伍兹合著的书《天才狗狗：汪星人比你想象得更聪明》（*The Genius of Dogs: How Dogs Are Smarter Than You Think*）。在这本书中，哈尔风趣地说，人们有时会在公共场合迎面向他走来，问他是不是“那个狗家伙”。读到这儿我笑了起来，因为如果我碰巧在飞机上坐在他旁边，我也会认出他，然后也会照样这样问他。

当我拿起这本书时，我才知道狗多么聪明。我知道这个发现算是一个好故事，但对于这个故事究竟好到什么地步，我没有提前做好心理准备。

首先，我不知道哈尔在学术生涯刚开始时竟然同心理学家迈克尔 · 托马塞洛一起工作过，而托马塞洛是在第 2 章和第 3 章中向我们介绍人类社会性进化的向导之一。他们两人正在合作进行一些研究，探讨其他动物物种是否具有所谓的“共享意向”（托马塞洛认为正是这种“共享意向”塑造了人类的超社会性）。他们用来测试这些动物的任务包括把食物藏在箱子里，然后试着用语言、手势和目光向动物们指出哪个箱子里装着食物。正如哈尔所述，他们在实验室里进行这些实验，结果观察到了黑猩猩一次又一次的失败。

一天，哈尔偶然向托马塞洛提到，他的狗欧雷奥完全可以做到这一点。托马塞洛持怀疑态度，嘲讽地说，每个人都相信自己的狗有能力做微积分。但哈尔坚持己见——真的，他的欧雷奥会圆满完成这些任务。托马塞洛告诉哈尔搜集一些欧雷奥的视频记录，当他有确凿证据时再回来。哈尔照做了。欧雷奥确实能做到这些。

随后的一系列测试表明，欧雷奥并非有什么神奇之处。更确切地讲，狗一般都非常擅长通过手势和注意力去感知主人的意图。哈尔和托马塞洛立即开始了其他测试，以探索是否存在一些“边界条件”（boundary conditions）和例外情况。这是因为狗和人类在一起共处的时间比较久吗？不，因为被人类驯化的黑猩猩在这类测试中的表现，并不比那些野生黑猩猩好多少，而且没有被人驯化的小狗在这些测试中的表现，也并不比成年狗逊色多少。这种能力似乎是天生的。狼的表现呢？也不行，尽管它们在其他方面相当聪明，但在这些社交类测试中的表现同样糟糕。

哈尔开始到世界各地旅行，进一步推动这项研究。他找到了地球上仅存的几种野狗，包括新几内亚会唱歌的狗和澳洲野狗。这两种狗虽然不是由人类繁育的，也很少在现实生活中与人类接触，却都在社会认知测试中表现出了巨大的优势。

哈尔去了西伯利亚，发现了一些家养的、被驯化的狐狸。一位名叫德米特里·康斯坦丁诺维奇·贝尔耶夫（Dmitri Konstantinovich Belyaev）的研究员想开展进化和遗传方面的研究，他想在狐狸身上做实验，看看是否能实时观察到驯化进展。他的实验不复杂。当一窝狐狸幼崽出生时，他测试了它们对人类的攻击程度和忍受人类操纵意愿的程度。那些被判定为更亲社会的狐狸被分成一组，一起抚养。剩下的狐狸被分成一组，作为对照组，任其随机繁衍，没有人工选择。随着一代又一代的繁衍，群居的狐狸越来越多，到 30~35 代之后，它们完全被驯化，便出现了今天的情况：这些狐狸躺在人的腿上，享受人的爱抚，知道依偎着人摇尾巴，如同一条小的狐狸狗一样。

在经过驯化的、亲社会的狐狸群体里面，似乎还存在一些与亲社会相关的特征，比如，它们的头盖骨变小了，尾巴更有可能是卷曲的，耳朵更有可能是下垂的。也就是说，他们表现出了驯化引发的生理特征。更有趣的是，当哈尔测试它们的时候，这些狐狸表现得非常棒，甚至比小狗还好。正如哈尔所写的那样，驯养，即选择对人类最友好的狐狸进行繁育，推动了狐狸的认知进化。

所有相关研究促使哈尔等人提出了一个关于驯化的引人瞩目的假设：也许人类一开始并不存在驯化野兽的主观意愿，并没有从一开始觉得如果我们能驯服这些野兽，它们就会对我们有用，相反，驯化可能是在自然选择的过程中发生的。这种说法的理由如下：在饥荒时期，饥饿的狼可能潜伏在人类的篝火周围，嗅着有时被人类扔到地面上的东西。对人类而言，这些扔掉的东西是无用的垃圾，而对饿狼而言，则是免费的美食。那些对人类更友好、更容易相信人类的狼最有可能再向前一步，躲在人类周围。这些稍微友好一点的狼会从这些残羹剩饭中受益，并且繁殖的成功率更高。经过几代之后，如同狐狸一样，有些狼可能会变成原始犬，变得对人类越来越友好。考虑到友好和认知之间的联系，它们也可能变得越来越聪明（至少在社交方面是这样）。人类或许正是在这个过程中意识到了这些动物能够用于驱赶掠夺者、协助狩猎和拉雪橇。

一个更加引人瞩目的假设是，哈尔猜想或许狗也促进了人类的进化，或者至少可以说给人类施加了进化的压力。换言之，那些偏爱与狗相伴的人能在进化方面获得了较大优势，他们不那么害怕细菌，从而更愿意与动物为伴，这样动物就可以帮助这些人狩猎、保护生存空间、做一些野外工作。与那些对狗冷漠的同时代人相比，这些爱狗人士可能随着时间的推移在繁衍生息方面获得更大优势。因此，人类可能通过自然选择被塑造成一个爱狗的物种。甚至出现了像莱昂娜·赫姆斯莉（Leona Helmsley）这样的极端爱狗人士，她去世前通过遗嘱给心爱的马尔济斯犬留下了 1 200 万美元的遗产。推特上 @dog-rates 这样一个标签会吸引数以百万计的关注者。

在《埃德加的故事》(*The Story of Edgar Sawtelle*)这部小说中，作者戴维·弗罗布莱夫斯基以现代农场为背景，创造性地重现了类似于《哈姆雷特》的故事。这本备受赞誉的书是奥普拉的读书俱乐部最早选中的图书之一。在这本书中，小男孩埃德加的祖父选择性地繁育狗的后代。他认为狗在理解人类和照顾人类方面具有非凡的潜能。他选择了那些特别能理解人类情感和信号的小狗。经过几代人的努力，繁育出了一种能够非常敏锐地理解人类情感的狗，而且还在一定程度上具备复杂的“社会性情绪”，能够令人放心地扮演《哈姆雷特》中“奥菲莉亚”或“霍雷肖”的角色。祖父希望创造出一种新的、进化的犬科动物，在他丰富的想象中，这种新进化的犬科动物未来某一天会被称为“新一代犬类”。

埃德加和他的狗是虚构的，但现实中的确有很多组织致力于类似的使命，比如人工繁育和驯化狗，让狗与主人保持同步。这些狗正在实现《埃德加的故事》一书作者戴维·弗罗布莱夫斯基想象的情景：狗能敏锐地察觉主人意图，帮主人应对身体不便，解决情感问题，创造新的机遇。

在获得终身教职之后的那个休假年内，我每周三上午都会前往“全国教育与援助犬服务中心”(NEADS)做犬舍管理员。这个组织是世界一流的服务犬培训中心，利用创新方式培训幼小的服务犬，帮助病残障人士实现日常生活自理。这些服务犬周末待在志愿者的家里，以便更多地接触社区，但大部分训练是在当地的监狱或社区矫正机构实施的。这些机构中一些表现较好的人首先提出申请，然后完成一个严格的培训计划，学会如何教幼犬掌握一些必要的技能，将其培养成服务犬。

这些服务犬提供的协助随着主人的需求而改变。比如，完全失聪或存在听力障碍的人需要服务犬提醒他们注意电话和敲门的声音；患有创伤后应激障碍的退伍军人需要令他们感到放松的生活伴侣，帮助他们应对幻觉重现和焦虑发作的痛苦，有各种行动障碍的人需要服务犬帮忙按电梯按钮，捡起掉落的物品。

虽然我确实需要从事铲狗粪、清洗犬舍等大量乏味的工作，但与这些服务犬的相处完全弥补了这一切。它们的耳朵非常柔软，棕色的眼睛充满了希望和热情。

在最初的犬舍管理志愿者培训中，犬舍首席主管塔威利用近乎敬畏的语气提到了首席驯犬师凯西·福尔曼（Kathy Foreman）。凯西在全国教育与援助犬服务中心工作了几十年，对整个服务犬培训项目非常清楚。她有一种近乎神奇的能力，能为客户找到最适合他们的服务犬。在塔威利眼里，这位女士似乎浑身散发着无穷无尽的能量。随着时间的推移，我对犬舍其他管理工作人员有了进一步的了解，我意识到这个组织内每个人都有同样的感受。所以，当我问塔威利可以去采访谁来写本书时，她告诉我凯西愿意和我谈谈，我很激动。

服务犬让残障者找回优雅的生活状态

我到全国教育与援助犬服务中心去采访的那天早上，一进大楼就看到一只小小的卷毛比雄犬正盯着前台，我并不感到特别惊讶。它站着，后爪搭在办公椅上，小前爪搭在书桌上，头部保持机警，嘴巴张开，露出放松的微笑。我进去的时候，它和我有一次友好的眼神交流，我不禁笑出声来。这个组织的公共关系经理奥黛丽·特里斯曼站在一个拐角处向我打招呼。由于当时没有及时掏出手机给那只小狗拍个照，回想起来不禁感到有点遗憾。

奥黛丽带我去她楼上的办公室，经过培训室时，我看到凯西正在培训一只穿着蓝色背心的黑色拉布拉多犬。尽管那只狗形体很大，但我知道蓝色的马甲标志着它正在接受培训，因为受过完整训练的狗会穿上红色的马甲。我们走过培训室时，这条顺从的狗并没有分心，而是全神贯注、泰然自若地看着凯西的脸。

在等待凯西的时候，我和奥黛丽闲聊了一会儿。她现在负责打理该组织的社交媒体账号。她曾在一家非营利性组织工作过，那个组织的推特和脸书帖子很少有互动，偶尔才会出现一个“点赞”或有趣评论。但来到全国教育与援助犬服务中心工作后，她发现了令人惊讶的差别：她每天早上都会发一张小狗的照片，然后看到各种新消息通知纷至沓来，脸书上蓝色的“赞”和推特上红色的“心”源源不断地涌现。

培训结束后，凯西进来了，我们开始访谈。我先给她讲了杜克大学和其他地方为了评估犬类解读人类情感和意图的能力而开展的研究，然后问她在多大程度上观察到她的狗能够捕捉并关注那些尚未被人说出来的意图。

凯西告诉我们，她刚在监狱开始了一个新的服务犬培训课程。和往常一样，她从自己对狗的认知开始讲起。她告诉她的幼犬培训师，狗是由狼进化而来的，它们有着相同的社会结构。为了生存，狼进化出了极强的社会联系。如同我们人类一样，狼如果不生活在群体中它们就无法捕猎，无法养育幼崽，无法保卫自己的领地。发声和肢体语言是群体内部交流的主要方式。(凯西提到那些幼犬培训师时，称这些人为“我的人”，我敢打赌，随着时间的推移，这些人也会逐渐开始认为自己是“她的人”)

凯西说:“如果我们想和这些狗交流，需要采取一种它们能理解的方式，我称之为隐形皮带。”这条皮带是狗和主人之间无形的沟通渠道，通过一系列的发声、身体语言和共同的关注将彼此联系在一起，从而促成相互理解。

在野外，狗和狼通过或高或低的叫声相互联系。凯西给监狱里的幼犬训练师们提出了一个问题：幼犬出生后接受的第一条原则是什么？通常情况下，这些幼犬训练师都能给出正确的答案——当幼犬犯错时，它们的妈妈会发出警告的低吠声。凯西觉得，正是出于这个原因，当你和狗说话时，你必须非常注意你的嗓门，是表示鼓励的高嗓门，还是发出警告的低嗓门。

凯西发现，和她一起工作的大多数囚犯说话时都不夹杂着什么感情色彩，这可能是监狱环境中的一种自我保护机制，他们不愿意褪掉他们给自己精心打造的外壳。

所以，凯西说，我让他们故意发出波普爵士乐的那种声音，让他们在所有人面前发出这种声音，因为这是他们与狗交流的方式。这一点至关重要，因为当你忽视它们的时候，当你假装对它们上心的时候，当你隐藏内心情感的时候，它们都能感觉到。凯西分享了她最近生活中发生的一件事。有一次，她心烦意乱，但相信自己没有表露出任何迹象，因为她没有哭泣，没有在电话里向朋友倾诉，也没有做任何其他明确表达沮丧的事情，而她的狗却敏锐地捕捉到了她内心的情绪，跟在她身后，跟着她在房子里转来转去，轻推她，盯着她的脸，试图与她交流。

由于这个原因，她总是告诉跟她一起学习如何培训幼犬的那些人："当你在发出波普爵士乐的那种声音时，希望你能微笑。当你微笑时，你的身体会放松；那只狗抬头看你时也会放松地摇着尾巴。我需要你们达到这种状态。"她注意到，随着时间的推移，监狱里那些驯犬师们开始发生变化，他们逐渐放松了对自己面部表情的控制，表情开始趋于柔和。

与凯西合作过的一个囚犯写了一篇文章，讲述自己培训一只幼犬的经历。他说，有了这只小狗，他才能在这个陌生、与世隔绝的监狱环境中保持清醒。他写道，在一个他从来都不视为正常的地方，这只小狗给了他一种做回正常人的感觉。

可以想象，在一个缺乏人性的环境里，一个没有任何判断力的毛茸茸的小东西，棕色的眼睛里闪烁着钦佩的目光、渴望你来引导它，这无疑会给人带来一小缕光芒，让人与它建立一种亲密关系，让人树立一个值得追求的目标，找到一件正确的、值得好好去做的事情。

难怪这些囚犯培训幼犬一段时间之后，自己的面部表情不再像之前那么僵硬。

凯西总结出很多信号来判断狗与人关系的亲密程度。狗通过无形的皮带与人紧密相连，但它们也意识到自己是独立的个体，有时需要更多的空间。当它们想要反抗时，它们就咆哮，低下头，硬起身子。当它们想要拉近关系时，它们会摇着尾巴，拱起身体，好像在邀请你跟它一起做游戏。它们会发出明确的信号，告诉你它们什么时候想要跟你保持同步，什么时候想要保持独立。

这些信息也反映在它们的脸上，包括它们是否放松，是否喘息，是否把嘴唇向后拉到牙齿周围，眼睛是睁大还是眯着，眼神是否放松，以及瞳孔放大的程度。这些也是人类交流和解读情感的信号。

“狗狗会解读我们的面部表情吗?”凯西自问自答地说，“当然会。”

我向凯西询问了我们人类对友谊和社交的需求，以及狗在满足这些特定需求方面可能扮演的角色。这时，我想起了哈尔书中的一个片段，描述了人们发现的一副石器时代的人骨架，那个人的一只手放在一只幼犬的骨架上。很长一段时间以来，狗在我们的内心世界都占有一席之地。

凯西觉得有必要强调的一个重要事实是，全国教育与援助犬服务中心着力打造的并不是伴侣犬，而是服务犬：一种技能高超、训练有素的动物，帮助那些被残疾、疾病改变生活的人实现某些目标。它们虽然是工作犬，却能高度理解人类的情感，因此能为人提供无条件的爱。

全国教育与援助犬服务中心非常引以为傲的一点，就是它能在服务犬和客户之间实现很好的匹配，同时为两者提供最佳服务。在匹配过程中，幼犬培训师、客户服务经理凯蒂·奥斯特罗夫（Katy Ostroff）仔细研究申请人和狗的资料，以便判断每个客户的自我存在感有多强，是否能融洽地与一只服务犬相处，特别是能否管理好无形的皮带。同时，服务犬的需求也会被认真分析，比如它需要主人帮它提升信心吗？它喜欢在家庭里获得较高地位还是需要一个比较严格的主人去加强管束呢？有些狗就是喜欢被爱抚，所以行动不便的人可能不是最好的选择，而有些狗喜欢口头表扬，只是喜欢听“太棒了，你做得很好”。有些人想要一只能让所有人开怀大笑的傻乎乎的狗，而有一些人则喜欢一只性格坦率、善于分析的狗。

我说这个匹配过程听起来很像约会，凯西也同意这个说法，其中肯定有一种无法描述的因素影响着二者的关系。凯西说：“当我们第一次安排一只服务犬走进房间和你见面时，你必须有那种温暖的、柔软的感觉。”换句话讲，当一只服务犬让申请人眼前一亮、感到豁然开朗时，这种匹配就是比较理想的。

我问凯西，在服务犬与申请人完成匹配的过程中，是否有什么令她觉得特别难忘的故事。

这份工作她已经做了 38 年了，对她来说，仅仅遴选一个故事就显得有点困难，最后她还是挑出了一个故事讲给我听。这个故事的主人公是一名年轻男子，曾是一个很有竞争力的山地自行车车手。我们姑且称呼他为“本”，称呼他的服务犬为“泰姆伯”。

凯西说：“本曾经在欧洲的一家自行车公司工作，他的自行车撞上了只有这么宽的马路牙子。”说这话时，凯西用手比画了一下距离，两只手相距仅有几英寸，不禁对人生的变幻莫测摇了摇头。本摔倒了，撞伤了脊椎，双腿机能丧失。

全国教育与援助犬服务中心把本和泰姆伯配对，泰姆伯有点傻乎乎的，容易相处。每天早上，它用劲将本推醒。“汪，汪，该起床了。”每天都有一名护工帮助本完成起床的动作。说到这里，凯西停顿了一下，仿佛在感慨一个人曾经依靠沿着山路骑自行车为生，如今连自己的腿部都丧失了机能，以至无法独自下床。但现在有了一只服务犬在身边，他便有了一个起床的理由。他每天和泰姆伯独处几个小时。由于他的上肢活动能力有限，而且腰部及以下全瘫痪了，所以和狗待在家里给了他一种安全感。

但凯西觉得，这只服务犬更大的贡献是它让本找到了生活的意义，本每天都围绕着它安排自己的生活，因为他找到了一个需要关怀的对象。

凯西说：“你生活的意义往往在自身之外。令我们大笑、微笑和担忧的不是自己，而是别人，我认为这正是服务犬为许多客户提供的，让他们的宇宙找到了一个新的中心。”

泰姆伯不仅为本提供了日常行动援助，让他可以专注于自己的生活，还为他提供了一些可以与护工分享的故事。他不仅可以分享与狗相处的逸闻趣事和欢乐，还可以分享共同的计划，而不是无休止的需求和要求。当本出现在公共场合时，这只狗也为他创造了与陌生人交谈的机会。凯西说："他对我说过，很多客户也都对我这么说过，人们先看到的是我的狗，然后才是我的轮椅。"服务犬为这些残障人士提供了一只"破冰船"，让他们与陌生人建立联系。

狗还可以填补人们情感生活中的空白。一位妇女是两个孩子的母亲，而这两个孩子的身体机能严重受限。全国教育与援助犬服务中心给这两个孩子匹配了一只服务犬。后来，这位母亲告诉凯西，她非常爱她的孩子，永远都会在他们身边，但她知道，鉴于他们身体的局限性，他们永远无法向她表达任何感激之情。

凯西疑惑地摇了摇头，对我说："照顾这两个孩子需要母亲付出大量的时间和精力，你根本不知道这个母亲是如何应付过来的。她的态度非常包容，非常有爱心。孩子们无法表达感激之情，但她告诉我：'这只狗让我觉得它在感谢我。它总是摇着尾巴舔我，这让我觉得有人真的很欣赏我，看到我所做的一切，感激我。'"

凯西经常看到她的狗给予客户勇气，让他们坚强地生活下去，找回一种优雅，即使面对巨大的变故和挑战也不畏缩。

我不禁回想起哈尔关于狗和人类共同进化的假说，上万年的时间里，人与狗一次又一次地相互选择，建立了友谊，彼此建立了归属感和依赖感。

服务犬让我们找回宇宙的新中心

在阅读了芭芭拉·埃伦赖希（Barbara Ehrenreich）关于"群体快乐"（group joy）的书之后，我试图进行头脑风暴，看看自己如何才能体会到集体快乐。我考虑去美国内华达州黑石沙漠参加当地的"火人节"，但这似乎成本太高，而且旅程太艰辛，我相当确定自己没还没有酷到这种地步。我报名参加了一个名为"嗜血破晓"（Daybreaker）的活动，这个名字让我想起了吸血鬼，但实际上它是一个众人在早上一起练习瑜伽和跳舞的活动。这似乎能让人感受到群体快乐，但它是在早上进行的，而且没有任何能够改变思想的东西。我确实喜欢好的舞池，但主要是在婚礼上，而且是在喝了一两杯金汤利酒之后才开始跳舞。

最后，我加入了全国教育与援助犬服务中心的跑步募集资金团队，参加一年一度在马萨诸塞州南部科德角举行的法尔茅斯公路赛。我虽然几乎没有受过训练，但跑出了自己的最好成绩——每小时 6~8 英里。我努力奔跑，不想让我的小团队失望，还有数以千计的人陪我一起跑，很多人摇着铃铛为我们呐喊加油。一个由年轻女子组成的舞蹈团穿着芭蕾舞裙，欢快地旋转着，举着大牌子，上面写着"如果你厌倦跑步，试试跳舞吧"。

参赛者穿的 T 恤上印着自己的名字和编号，方便观众加油助威。我第一次参加这样的比赛。当我减速时，有人喊："加油，莎拉，你会成功的！再跑两英里！"将近 12 000 人参加跑步，2 000 名志愿者充当穿梭巴士引导员，在水站为我们提供水，并为我们欢呼。

我自豪地穿着全国教育与援助犬服务中心标志的T恤。穿其他慈善机构T恤的人也随处可见，如肌萎缩性侧索硬化症患者协会、达那-法柏癌症研究所、患癌儿童警察组织等等。一名男子和他患有唐氏综合征的儿子穿着倡导包容意识和精神健康的父子装，紧挨着彼此一起跑步。许多慈善组织的运动服上都写着"为……而跑"的字样，中间填上了某个人的名字。还有许多人把一些富有灵感的图片印在了T恤上。我曾跟在一个男人后面跑了一会儿，他的T恤后面印着有一个早产儿的图片，这个早产儿的四肢非常细小，有很多根管子弯弯曲曲地插满了身体。跑到终点之后，我有点肚子疼，过了一会儿才恢复过来。广播员广播道，本次慈善长跑总共筹集了数百万美元善款。

这种经历激发了一种集体归属感，如同一只蜜蜂找到了蜂巢一般，觉得自己超越了自我，变得更强大了，这个集体里面不仅包括和我一起跑完7英里的人，还有成群结队支持我们的人。如同本书提到的所有采访、研究文章和书籍一样，这次长跑也给我上了一课，加强了我对蜂巢思维的认知。

我们并非仅为自己而活，而是为彼此而活。凯西·福尔曼在访谈中说："你生活的意义往往在自身之外。令我们大笑、微笑和担忧的不是自己，而是别人，我认为这正是服务犬为许多客户所提供的，让他们的宇宙找到了一个新的中心。"这是我印象最深刻的一句话。

凯西这句话强有力地道出了服务犬培训计划的好处，但我看到了一个更加重大的意义。狗可以倾听主人分享日常生活细节，填补人们社会支持网络的空白。但真正的危机是我们没有足够的人来填补这个空间，我们希望避免盲目从众，群体思维会导致我们产生阴谋论和非人性化的思维，会导致我们分裂成一个个对立的群体。但是，迷信个人主义也有其自身的危险。

在《自拍：我们如何变得如此自恋及其影响》一书中，英国记者威尔·斯托尔从文化角度追溯了自我意识和个人主义的历史，从亚里士多德时代阳光灿烂的希腊岛屿，到硅谷二十多岁的科技兄弟们，都被纳入研究视野。

在回顾一些文献和专家访谈之后，威尔·斯托尔同意神经学家大卫·伊格曼关于自我的性质和自我意识的观点，即我们的许多决策是基于无意识的动机，然后，有意识的自我又将其解读成一个漂亮的故事。（我、养蜂人丹·康伦和其他许多人也赞同这种观点。）他认为这种心理学层面的虚构可能是心理调节的一种表现，因为这样可以对我们内在和外在的诸多失调和混乱现象进行再加工，营造出一种令人心安的感觉，仿佛自己能够掌控自己的命运一般。但他同时警告说，这样也会导致我们变得盲目，看不到现实的本质。

斯托尔认为，我们倾向于认为自己在进行一场史诗般的生命探索。他在书中写道："在不断展开的生命剧情中，我们觉得自己如同一个英雄，身边有同盟、有恶棍、有命运的突然逆转、有对幸福和价值的艰辛追求。我们那个具有部落性的大脑促使我们亲近朋友，疏远敌人。"

但斯托尔并没有关注集体性，关注我们在多大程度上形成了一个蜂巢，而是关注人类属性的另一面——个体性。杰西·沃克将我们对于敌人和潜在威胁的偏执追溯到了远古时期，沃恩·贝尔将我们对于社交媒体技术的道德恐慌追溯到了几个世纪之前，如同他们两人一样，斯托尔也将我们对于个体性的偏执追溯到了远古时期，认为人类一直都没有放弃过对于个体的强调，个体性大于集体性的想法从没有离开过，只是伴随着文化趋势和重要事件出现过起起伏伏。

斯托尔在他的著作结尾将视线转移到了美国硅谷。在硅谷，创业精神是一种社会价值，初创企业发明的设备和应用程序，让很多职业都过时了，却没有考虑到对人类的影响，诱使人们普遍蔑视集体的价值。这个部分的内容让我想起了一个有争议的博客，博主是曾经供职于谷歌的谢尔盖·法古特，他自封“生物黑客”[2]。此人倡导一些稀奇古怪的实践，比如一天只吃一顿饭，以便实现个人效率的最大化；服用各种各样的药物，以便管理情绪、集中注意力和改善睡眠；将性需求外包给性工作者，仅支付费用即可，而不需要麻烦的、耗时的情感投资。最令人担忧的是，此人还天真地说在不久的将来有两种人类：一种是从事这种生物黑客活动的人类，即所谓的“高级”人类；另一种是基础的人类，这些低等的人类“可能会被照顾得很好，但对发生的事情却没有真正的发言权”。

斯托尔把最近这些自由意志主义的兴起归因于我们的朋友艾茵·兰德的著作。我们之前提到过，艾茵·兰德的哲学观是：当每个人都追求自己的利益，而不受社会规范或政府规定的束缚时，人类社会才会繁荣。斯托尔将亚里士多德称为“个人主义之父”，而艾茵·兰德经常说的一句著名的话是，亚里士多德是唯一影响到她的人。

所有这些自视甚高的做法会带来几个问题。

第一，这种做法要求践行者在外形、气质和成就上完美无缺，这给人们施加了过多的压力，既要追求这些目标，又要监督自己的进展，这是一项艰巨的任务，不仅累人，而且令人沮丧。如果你到了中年还没实现狂野的梦想，钱包瘪瘪的，孩子对你不满，你感受不到快乐，充满自我怀疑和自我批评，你就会觉得自己是一个失败者。这种挫败感不仅因为你没有做到最完美，还因为你感到悲伤。但事实上，你应该谨慎地接受现实，而非徒然悲伤。

第二，在拥抱个体性的一面时，我们忽视了集体性的一面。斯托尔写道：“当我们在几个世纪以前认为自己与环境、与别人处于分离状态时，我们就背弃了孔子后裔深知的一个真理。”也就是说，我们既是一个个体，也属于一个集体，我们不应该将自己视为一个独立个体，不应仅仅关注改善自我，而是应该将自己视为一个群体的成员，去关心别人并努力奋斗，这样我们可能会表现得更好、更聪明、更无私和更道德。我们所做的每一件事都会产生溢出效应，影响到其他人，甚至以我们看不到的方式影响他人，“无论掩盖这一点是多么方便或多么诱人，它都不容否认，而我们除了对神圣的自我负责之外，往往拒绝对其他任何人负责”。

斯托尔所言极是。

回头看看我们在第一章讲过的内容，乔纳森·海特和埃米尔·杜尔凯姆认为，每个社会都需要平衡个人需求和集体需求。海特认为，大多数社会都选择了以社会为中心，把团体和机构的需要放在首位，把个人的需求放在次要地位。相反，个人主义者则把个体放在中心位置，将社会置于次要地位。[3]我认为，美国社会越来越强调个人利益，损害集体利益。

这种集体感意味着人们在时间和空间上成为更大整体的一部分，这可能对人类的幸福感至关重要。这可能也解释了一个令人困惑的发现：当重大灾难来袭时，人们经常报告说自己产生了一种奇怪的欢乐情绪，因为尽管自己的日常生活被打乱了，整个社区却团结起来把问题解决了。丽贝卡·索尼特在《建在地狱里的天堂：灾难中崛起的非凡社区》一书中写道：“当所有普通的分界线和模式都被粉碎时，绝大部分人（并非所有人）都会挺身而出，充当兄弟的监护人。即使在死亡、混乱、恐惧和失落中，这种坚强的意志和紧密的人际关系也能带来快乐。”这样，我们就回到了过去那种人与人密切相连的状态，由此带来的感觉具有深刻的意义。

大规模的研究发现，参与宗教活动有助于促进健康、幸福和长寿。即便不考虑从宗教活动中获得的社会支持和健康生活方式等因素，宗教的积极作用仍然存在，因为大多数宗教都对一些行为做出了明文规定或不成文的规定，比如禁止过量饮酒、禁止与可能携带性传播疾病的陌生人发生性行为等。[4]

宗教为人们提供了一个现成的、基于共同认知的行为体系，也提供了一个强有力的叙事，它成为无数个个体的中心。据海特说，它们还为一系列的进化难题提供了一个有效的解决方案：在没有遗传关系的情况下，人类如何确定合作的正当性？如何开展合作？我们如何鼓励人们学会分享和相互照顾？如何鼓励人们控制自己的自私行为，以便改善集体或者整个蜂巢的状况？当良好行为既无法带来个人回报，也不优先惠及亲属时，我们如何激励人们做出这种慷慨的行为？如今，有了宗教智慧，我们可以通过发展宗教，在部分程度上解决这些挑战。这可能在一定程度上解释了为什么宗教具有持久的吸引力。

出于这个原因，海特并不认同“人类未来是世俗的”这种观点，指出：

> 要求人们放弃一切形式的、神圣化的归属感，并生活在一个由纯粹“理性”的信念构成的世界，可能如同要求人们放弃地球，生活到环绕月球建立的聚居地上去。这是可以做到的，但需要大量的精心设计，而且即便过了十代，这些移民的后代可能会发现他们对地球引力和绿色植物的渴望依然处于尚未消亡的状态。[5]

今天的社会过于关注个人主义，人们花费了太多的时间打自己的小算盘，这背离了人们追求社交联系和生命意义的需要，而这种需要超越了人的寿命。这一点也许能较好地解释人类社会目前为何面临种种困境。

这也在一定程度上解释了为什么阴谋论在我们的公众意识中有如此大的影响力。正如我们在第6章中所讨论的那样，阴谋论和邪教的部分吸引力在于它们帮助我们追求明确的生命意义、建立人际关系和减少不确定性因素。当人们感觉自己遭到社会排斥的时候，对阴谋论的信仰就会增强。[6]早期的研究表明，阴谋论之所以具有强大的吸引力，社交动机扮演了重要角色。[7]人们参与各种社会运动，起初往往不是为了狂热的信仰，而是为了在社群活动中寻求社交参与。[8]我们在前文提到了20世纪20年代的三K党是如何获得了如此强大的社会影响的，原因就在于此。

加强亲社会的社群不仅可能提高个人和集体的福祉，还有助于削弱质疑社会融合观点对人们的吸引力。

社会应该更加关注如何让个人更快乐。比如，人们需要做什么样的工作、取得什么样的成就才能感到快乐？什么样的饮食和健身计划预示着更高的生活水平？看一看当地书店的推荐书目，你会看到一本又一本教你如何变完美的书。但我们也需要考虑集体层面的幸福。如果我们希望人类蓬勃发展，我们还需要问一问，人们是否需要融入一个更大的集体或社会，在这个社会中，人们对世界应该如何运转以及需要坚持哪些价值观有着共同的理解。[9]

有些因素虽然看起来应该能让人们的生活变得更容易，能够减轻人们对他人的依赖，但这些因素往往与较高的自杀率之间存在一定的相关性。这些因素包括追求更多的财富和更大的成功。杜尔凯姆指责所谓的“失范”或“无规范状态”，即社会准则或价值观的崩溃。随着社会规范和行为准则的减少，人们可以随心所欲地追求快乐，如同自诩“生物黑客”的谢尔盖·法古特那样，用药物来改善我们大脑里面的化学物质，或者不愿劳心费力地追求富有吸引力的伴侣，仅仅砸大把的钱去和她们发生性关系。这些活动可能会带来短暂的快乐，但不太可能让我们真正快乐。由于一个人所能拥有的快乐或财富是没有止境的，所以纯粹地追随自己的欲望如同追逐一个永远在移动的目标。[10]

在心理学领域，很多人研究追求幸福造成的矛盾效应。这些广泛的研究强调了一个事实，即如果试图通过各种方法变得更快乐，实际上对你是不利的，反倒会让你更不快乐。你或许会下载一些应用程序，根据上面的指导实施“原始饮食法”，喝骨头汤，或者在私密的地方插入“玉蛋”（jade egg），[11] 但如果你仅仅为了追求幸福而从事这些活动，你不会找到幸福。这条规则是否有例外呢？有！如果你为了追求幸福而同自己心爱的人相处更久一些，那么你可能会更快乐。[12]

也有相当多的证据表明，以自我为中心的心理会导致不快乐。“消极反刍”（rumination）是指经常反思自己是否可以在生活中做一些不同的事情，比如，犯错之后会不断地回想自己当时是怎样做的，如果采取其他做法就好了。这个不断重复的反思过程只会导致人们将注意力集中在不幸或错误上面，持续沉湎于消极情绪，结果构成了抑郁症最突出的一个表现。[13] “正念冥想”

则是为了训练一个人定期将注意力转移到当前状态。这样做的部分目的是为了减少“消极反刍”造成的效应，比如焦虑、唠叨和自我贬低。今天在美国，人们对“正念冥想”的兴趣空前高涨。2016 年，《时代》杂志发表了一期特刊，探讨了这一现象对我们的蜂巢意识的影响程度。[14] 似乎越来越多的人正在使用这些古老的做法来寻找生命的意义。

所有这些关于幸福、沮丧、孤独、服务犬的理念，所有这些来自哲学、心理学、宗教学等不同领域的信息，都印证了一个清晰且令人信服的理念，那就是：为自己而活，仅仅依靠自己而活，只会导致不幸。

渴望归属感

在离地 60 英尺高的地方，看着眼前的钢索，我突然觉得嘴巴变得很干。我戴着头盔，系着安全带，套着滑轮，从技术角度看虽然很安全，但是地面看起来感觉很遥远。

我不是特别害怕这种高度，但我害怕在社交场合被困出丑。爬到绳索的一半，就意味着只有一条出路：沿着绳子继续向前攀爬，几根摇摇晃晃的圆木直挺挺地竖在我的前方，看上去却遥不可及。夜幕降临，漆黑的松树摇曳着，在我周围飒飒作响。这时，我想起我有时在长途飞行中为了保持镇定而服用的黄色小药丸，多么渴望此刻能服用一颗，但它们被放在了我的包里，在某一夹层里塞着呢。我颤抖着，做了个长长的深呼吸，不知道如果背负着羞耻感逃离这里是否值得。

然后，我回头看了一眼。

攀爬最后一根绳子的人是我的堂妹伊丽莎白。她平静地、有节奏地克服障碍，头盔让她的卷发像辫子一样从头部两侧散开。她正在哼唱《夺宝奇兵》里面的主题曲。

听到这首曲子，我禁不住咯咯地笑了起来，她哼唱得多么完美啊！我的心情平静了下来。我从她的放松中获得了勇气，从她的镇定中获得了力量。我们一起继续攀爬。我从感到危险和恐惧转变成了安全与休闲。霎时间，我觉得照耀绿色植物和攀爬障碍物的那种闪烁的白色灯光竟然令我感到愉快，摇曳的黑松在这种白色灯光的映衬下显得格外青翠，整个场景更像迷人的童话故事，而不是不祥的逃生空间。最后，我们终于爬完了索道，感到非常振奋。下去之后，我们团队的成员围坐在熊熊燃烧的篝火周围，一起享用葡萄酒和芝士薄脆饼干。

我们正在参加“女神”周末活动，这是我们在 20 岁出头时发起的聚会，每年举行两次。我和我的朋友朱莉在《返璞归真》（*Real Simple*）杂志上读到过一篇文章，讲的是一群女性朋友设计了她们自己的周末静修方式。她们租了一间房子，发挥各自的专长：一个朋友带大家上瑜伽课，另一个做饭，还有一个引导大家冥想。我们那时还年轻，经济拮据，但我的祖父在马萨诸塞州西港（Westport）海边建了一间小木屋，那是在 20 世纪 70 年代，当时中产阶级家庭还能拥有得起这样的房子。我们可以用它来度周末。我和朱莉各自邀请了一名亲戚和一两个朋友来这里度周末，抒发各自的想法，一起做手工、游泳和聊天。

在我们第一天的聚会结束时，我们吹着温和的海风，围坐在一张餐桌旁，在摇曳的烛光下，讨论各自生活中的私密细节。那种坦诚开放的心态是我们大多数人之前未曾体验过的。后来，我们跑到海边，边跑边脱掉衣服，又叫又笑，一头扎进月光下冷冷的海水里。我浮出海面时，感觉自己比以往任何时候都更有亲和力、更有归属感，甚至眼里不禁开始噙满了泪水。

我们开始每年见面两次，一次在夏天，一次在冬天。我们共同设定目标，相互扶持，共同走过欢乐和艰难的岁月。当我们讨论、做规划和解决问题的时候，我们还涂色，比后来涂色书热潮的兴起还早了很多年。一位来到木屋帮我们修理燃木炉的男性看管员曾经很困惑地问我："那些是……成人蜡笔？"

岁月不断流逝，好像越来越快。有人经历了恋爱和失恋；有人担心自己永远找不到真爱；有人找到了真爱，结了婚，又离了婚；有人开创了事业之后又选择了抽身而去；有人读了研究生又选择了退学；有人与不孕症做斗争，有人怀孕，有人流产，有人生孩子，有人选择不生孩子。但因为我们隶属于同一个集体，所以觉得每一个困难好像都不那么可怕了，觉得每一个问题都是可以解决的，每一个决定都像是一个集体的决定。每当生活中出现新的棘手问题，我都能冷静地应对，因为我心里知道，在我们这群人下次聚会时，肯定能解决它。

当这种一年两次的周末聚会迎来十周年时，我们穿上闪闪发亮的衣服，围上羽毛围巾，把每一个里程碑式的事件都写在小纸条上，然后全都塞进一顶天鹅绒礼帽里，轮流着读，不时举起香槟互敬。中间，我们还围着熊熊的炉火载歌载舞。

有时候，我在想，我在这本书中思考的话题与我们这群女性发起周末聚会是否都起源于同样的内在冲动和好奇心；抑或我在这种集体中经过近 20 年的成长、生活和发展之后，塑造了我对这个世界以及如何过上最好生活的看法。

你周围的人都渴望良好的人际关系，渴望归属感。有这种想法的并非只有你自己，你从不孤单。接触和建立社群可能对人的幸福感至关重要，可以说对我、对你、对大家都好。

这一基本原则与本书最初提出的观点遥相呼应，即我们在进化过程中既是一个个体性的物种，也是一个集体性的物种。曼迪·莱恩·卡特隆在《喧嚣》（*Rumpus*）一书中提到，她曾经向咨询者建议说，我们在生活中不需要遵循既定的道路来获得幸福，“如果要想拥有美好生活，你不需要孩子、丈夫或尖桩篱笆栅栏。你只需要发现对你重要的人，然后一直向他们靠拢就行了”[15]。

忽视集体性不仅否定了我们真实的本性，还注定让我们感到孤独，让我们通过所谓的“养生潮流”和阴谋论来寻找生命的意义。

讲到这里，我们又回到了本书伊始所讲的内容。接下来这一章，我准备反思一下今年的访谈给我们提供了什么教训。

教训

第11章

缅因州，伯特利镇

前不久，我迈入了40岁的门槛。为了庆祝，我拉上我的兄弟们、堂妹伊丽莎白以及他们的家人，一起去了山里。我们把孩子们带出来，让他们坐着轻便马车，一起登上了威尔山。

当我们回到我舅舅家时，我看到我的嫂子凯茜把餐厅改了个样儿。她挂起了白色的小灯和装饰性的扇子，我看到的每一个地方都有用彩纸折的爱心，上面写着留言。她用脸书联系了我40位最亲密的朋友，请他们用一句话表达他们对我的爱，这样我在生日那天就能沉浸在他们的爱里面。

每年生日，我都能收到一张张表达爱心的便条。

这些便条来自我幼儿园时最好的朋友、博士后导师和母亲等人，他们在我生命的各个阶段与我建立了不同程度的亲密关系。我不禁感动地流下了眼泪。那天晚上，我躺在我表妹对面的小床上，她的狗在我脚边打着呼噜，我就在爱的包裹中入眠。

后来我发现，凯茜在我生日两天之前就把这一切都安排好了。今天，得益于社交媒体，这种充满关爱的行为实行得如此容易和顺利，全球各地人们的祝福能在如此短的时间内汇集到一起呈现出来。放到之前，这样的事情肯定不可能发生。

心理学家雪莉·特克（Sherry Turkle）写道："我们创造技术，而技术反过来又塑造我们。那么，我们必须针对每一项技术提出这样一个问题——它是否真的服务于我们人类？"[1]

我认为，与其删除智能手机里面的所有个人资料，把它扔到一边不用，不如针对社交技术提出一个问题：我们应该如何塑造或使用技术，使之更好地服务于人类的目标呢？

教训一：利用社交媒体建立并加强联系，而不是削弱联系；少一点愤怒，多一点同理心，容许别人出错

在采访众多专家、仔细研究、广泛阅读之后，我觉得社交媒体在促进团结、拓展智慧、激发创造力、培养同理心方面的潜力非常大，但这种潜力在很大程度上还没有发挥出来。我们虽然可以找到一些正面案例，证明社交媒体的潜力得到了发挥，比如，拉娜·拉潘（Rana LaPine）、泰瑞·克拉克（Teri Clarke）以及其他年轻人在脸书上发起了相应的社会运动，但与我交谈过的大多数朋友和家人似乎都深信，社交媒体给他们及其孩子的生活带来的影响主要是负面的。

也许你觉得我的想法太天真了，但我依然认为社交媒体的潜

力是存在的，现在最大化地发挥这种潜力还不算晚。要做到这一点，我们必须从“元认知”的视角来看待我们个人使用社交媒体的情况（可以运用“认知重评”这个有效手段），并从社会政策的视角来审视我们集体使用社交媒体的情况。

关于社交媒体和科技对人们生活的影响，尤其是对年轻人的影响，我们需要开展更多的研究。但根据我对现有数据的深入解读，使用社交媒体的方式相当重要。我们要利用社交技术来增强现有的社会联系，而不是削弱它。在既定社会道德准则之下以一种积极的态度使用社交媒体，努力促进面对面的交流，加强人际关系。不要让 Instagram 上的点赞取代你和亲友的午餐会。“如果社交网站仅仅被视为社交上的小零食，短暂、虚幻地满足社交需求，那么它或将为你打开孤独之门。”[2] 不要因为沉迷于你喜欢的足球队而忽视了餐桌对面那个用明亮的眼神看着你的人。一定要在你朋友脸书主页的“时间线”里发一个幽默的表情包，一定要和你的亲戚分享你十年前堂兄婚礼的点滴记忆，一定要给你的祖母或其他长辈发短信，告诉她们你刚学会走路的孩子刚刚说了什么让他们开心的话，以便给他们的日子带去欢乐。

在使用社交媒体时，我们需要稍微少一点愤怒，多一点同理心，容许别人犯错。回到弗吉尼亚州的夏洛茨维尔之后，我问吉姆·科恩如何看待社交媒体与他的“社交基准理论”之间的契合度，以及社交媒体在多大程度上放大了镜像和移情的过程。吉姆认为，社交媒体和技术或许算得上一个将人们联系在一起的神奇工具，但围绕如何使用它们而形成的文化，则可以说是弊大于利。

但作为一名乐观主义者，他认为我们可以制订新的社会规范来管理我们使用这些工具的方式。

吉姆说："在电视和电影中，我最不喜欢的桥段之一是，两个人正在进行激烈的对话，其中一个人说了一句很伤人的话，然后转身走开了。这个人为什么要转身离开呢？为什么另外那个人不说'嘿，等一下……'，然后为自己辩护，要求对方给出解释呢？这种桥段着实令我抓狂！推特就存在这种情形，比如，某个网友发了一句'哈哈'之后忽然就离开了，这种情况会反复出现。"他摇了摇头，继续说："我认为，从某种意义上来看，解决社交媒体的问题，有助于帮助我们改善社交工具的使用情况，解决我们当前这种糟糕、混乱的文化，并提升对负面情绪的容忍度。在众多相互交叠的作用里面，最核心的一个是让我们对自己和别人犯过的错误拥有了更高的容忍度。"

我们需要完善加强关于人际平等和同理心的社会规范，善待彼此，但我们也必须停止动辄拒绝对话的行为，不要任由激烈情绪支配自己，不能再像情景剧里的角色那样，说一些很伤人的话，然后转身走开。正如心理学家基思·马多克斯和希瑟·厄里的研究建议的那样，我们需要调节自己的情绪，不畏艰难地坚持对话，这是我们迈向更加美好的世界的第一步。强迫自己去发现你和他人之间细微的分歧。

虽然数字世界是一个新的生活领域，但我们在其他领域制定的诸多规则也适用于这个新领域。为了在数字世界过一种高效的生活，成年人可以借鉴自己平时总结出来的许多经验，比如限制观看毫无意义的电视节目，或者用围巾把“金鱼牌”饼干包起来以免干扰注意力。此外，设定合理的目标、刻意给自己一些奖励、构建低诱惑环境等，都是相关的策略。

青少年在使用社交媒体时，需要父母为其划定一些界限，并需要有好的榜样来效仿。但父母们可以把心态放轻松一点，以避免出现我们在盐湖城讨论过的“青少年成长恐惧症”，即人们往往对社会变化给年轻人带来的影响产生过度恐惧。心理学家坎迪斯·欧哲斯写道：“然而，设计一个安全、包容、激励和滋养所有人的数字世界，需要我们抵制基于恐惧的反应。”[3]我们应该强调与孩子高质量相处、积极的人际关系和合理的时间限制的重要性。我们不想让焦虑情绪涓滴式地感染我们的孩子，我们希望帮助他们积极利用社交工具，提升他们的信心，以帮助他们应对复杂的数字世界。

你可以从改变自己的行为开始做起，适度使用智能手机，给孩子树立一个值得他们效仿的榜样。

在家里制定人人都能遵守的数字设备使用规则，帮助每个人形成良好的习惯。在制定上网频率和时间规则时，我们可以像对待营养那样对待屏幕。很少有父母会把糖果店的钥匙给孩子，允许孩子无限制地进入。同样，给孩子一部没有任何限制的智能手机也不是一个好主意。每个家庭都应该形成自己的“媒体生态”，正如德沃拉·海特纳在《屏幕智慧：帮助孩子在数字世界中生存和茁壮成长》一书中所说的那样，制定成年人和儿童都遵守的媒体使用规则可能是最奏效的。

和你的孩子一起应对数字世界吧。媒体与儿童健康中心的内容策略师克里斯特尔·拉瓦雷（Kristelle Lavallee）建议，与孩子们一起建立一个系统，不要监视他们在网上的每一个举动，而是要时不时地介入一下，就你所看到的内容同孩子聊一聊，谈谈心。克里斯特尔及其同事倡导父母在每个领域都要履行自己的职责，而不能在媒体、技术和现实生活之间划清界限，因为"所有这些都是现实，数字生活也是你的现实生活"。

最后，如果你深信青少年如此热衷他们的智能手机是由于我们越来越多地压缩了他们的公共生活空间，压制了他们的自主性，控制了他们的日常生活（比起他们手中的智能手机，这些因素更有可能加剧他们的焦虑和抑郁），那么你可以看一看莱诺·斯堪纳兹在网络上发起的"放养孩子运动"。[4] 给你的孩子，特别是十几岁的孩子，提供独自漫步和探索的自由。深入了解他们的数字生活，这样你就可以帮助他们应对挑战，把风险降到最低，但不要紧紧地跟踪他们。为他们创造机会，让他们在父母视线之外与朋友聚会。打消突袭检查和强迫改变的冲动，尊重他们的数字公民身份。

这些工作都不是容易做到的。正如希瓦·瓦德亚纳森所言，"建立规范比开发技术要难得多"[5]。但我们要做到，而且要做好，这是至关重要的。

教训二：既要拥抱集体的力量，也要用异议和创新去调和它

在高中毕业告别致辞中，我围绕着拉尔夫·沃尔多·爱默生

的一句话组织了我的演讲："人群中，遵循世俗的生活是容易的；孤寂时，心随己愿地生活也是容易的；但伟大的人却是那些在人群中依旧可以从容不迫地保持独立思想的人。"

但20年后，我不得不对爱默生和当年17岁的自己提出异议。所有的研究、阅读、写作和对话促使我得出结论，当年引用的这句话是不完整的。当周围的人都失去理智时，保持头脑冷静是很重要的，轻率地服从权威是危险的。正如作家菲利普·古勒维奇所言，"种族灭绝毕竟也算是一种社群建设活动"[6]。我们必须公开审视自己的偏见，挑战我们社会中的结构性不平等，并进行创新。如果不对现有的准则和社会限制提出挑战，社会就会停滞不前。弗雷德里克·道格拉斯曾说："没有斗争就不会有进步，那些说喜欢自由但又反对动荡的人，就如想不犁地而收获庄稼，不想要雷电却想要甘霖，不想要汹涌澎湃的大海却想要海水。"[7]被我们誉为艺术家和英雄的人，是那些单打独斗的人，是那些敢于抵制自己所属集体的人，是那些具有反抗精神的人。我们需要保持个体的独立性。

但与此同时，自恋式地过度关注自我也不会幸福。我们渴望融入社群，渴望归属感，渴望与其他人一道为实现目标而共同努力。许多学者都得出了同样重要的结论：人类渴望集体经验和具有共同意义的体系，在资本主义社会，这些经历正在减少，并可能导致系统性的心理健康问题，比如我们在十几岁的青少年身上所观察到的那些问题。

记者、作家约翰·哈里（Johann Hari）与许多专家访谈，在《失去的联系》(*Lost Connections*)一书中总结道:"要踏上通往幸福的真正道路,必须拆除自我设置的围墙,让自己融入他人的故事,让他人融入自己的故事;必须突破自己固有的身份认知;必须意识到,无论你是否觉得自己是英雄,是否觉得自己很孤单或者很悲伤,你的认知从来都不是真实的自我。"在古老的叙事中,一个英雄人物进行艰苦卓绝的探索,与一群天使般的盟友一起打击来自各个方面的敌人。现在,我们需要放弃这种古老的叙事了。相反,我们要意识到自己和其他人处于同一个战斗中,大家都是为了一个更美好的世界而战斗,我们离不开周围人的帮助。特别是那些拥有资源较少的人,更需要与他人保持团结。

如果我们认真观察一下年轻人,可能会发现一个处理个体与集体关系的好模式,既能避免盲目服从,又能实现共处。我们喜欢轻视年轻人。只要人类还在不断繁衍生息,老一代总是批评新一代缺乏纪律,而且不尊重过去的价值观,不尊重老一代的做事方式,认为年轻人的做法很危险。社交媒体和新闻报道似乎把这种长期存在的习惯提升到了狂热的程度,甚至将高尔夫球行业的衰落、织物柔顺剂销量的减少、买房人数的减少等问题,都归咎于千禧一代。但社会学家查尔斯·霍顿·库利提醒我们,年轻人是最善于跳出集体的蜂巢思维进行独立思考的群体,而"中年人蓄积了太多的思维定式,具有较强的自我意志,他们的思维难以实现加速变化,更倾向于沿袭原有习惯,所以创新的能力较低"[8]。我们变得墨守成规,越来越小心翼翼,不愿采取任何自认为无法被社会容纳的行为。我们的信仰趋于僵化，经历越来越缺乏多样化，在打破那些将自己禁锢在小圈子里、远离内外敌人的准则时变得更加谨小慎微。我们应该倾听年轻人的心声，给他们更多的自由去发出自己的声音。

我们可以干预自己对一些事情的评估方式，以抵制盲目从众的力量。我们要意识到盲目从众的影响，有意识地采取行动来抵制它。塔夫茨大学心理学教授萨姆·萨默斯在《情境影响力：破解环境密码，重构认知格局》一书中回顾了我们所处的社会环境对选择、行为以及感知施加影响力的方式。该书给人们提出了很多建议，比如，如何在一个群体之中保持头脑冷静；如何对某个紧急情况采取干预措施，而不能一味指望群体内的其他人会先跳出来承担起这个责任；如何理解社会已经自动将对边缘群体的偏见强加给我们；如何有意识地反对社会强加给我们的偏见和刻板印象；如何就算出丑也要保持符合道德的行为方式。

所以，在与自己的社群保持紧密联系的同时，我们也要做一个有主见、有创意的人。

教训三：运用合适的“解药”，调节你的情绪

在前文中，我探讨了“认知重评”是一个强有力的工具，有助于帮助个体和群体塑造亲社会的情绪和行为。在创造更好社会和更好生活的过程中，哪些情绪最富有成效和益处呢？

我们要避免恐惧。人们总是觉得当代生活动荡不安，变化迅速，似乎脚下的地面都在不断移动，于是深情地缅怀过去的时光，认为那时比现在安全稳定，比现在混乱少。（至少，那些有能力塑造某个群体叙事的人具有这种感受，而这种怀旧可能是他们的一种特权。）下面就是一个例子。1895 年，《乌合之众》的作者古斯塔夫·勒庞写道："目前的时代，便是人类思想正经历转型过程的关键时期之一。构成这一转型基础的有两个基本因素。首先是宗教、政治和社会信仰的毁灭，而我们文明的所有要素，都是植根于这些信仰之中；其次是现代科学和工业的各种发现，创造了一种全新的生存和思想条件。"[9] 勒庞在自己所处的那个时代，看到技术领域的剧变，社会运动此起彼伏，传统遭到摒弃，变革过于迅速。而现在的人们根据历史书籍、电影和文章回顾过去的时候，往往形成一种线性的叙事，认为以前的时代是比较简单的，认为当时的人们奉行了长久以来的传统，认为当时的进步是缓慢的、渐进的。这种思维可以说是蜂巢思维的一个特征。但对生活在那个时代的人而言，情况并非如此。

我们生活在一个前所未有的时代，但这并不意味着天要塌了。哲学家玛莎·努斯鲍姆（Martha Nussbaum）认为恐惧与我们希望控制别人、希望规避不确定性和脆弱性有关。[10] 恐惧情绪如同野兽一般，会蜷缩起来，眯着眼睛，潜伏下来，在出乎意料的时刻突袭我们。

当然，某些类型的恐惧比其他的更符合现实，某些社会群体也比其他群体更有理由感到恐惧，特别是当偏执和迫害的浪潮高涨时，那些可能被主流群体当作替罪羊的人更有理由感到恐惧。他们的恐惧是合理的。然而，在当前人类社会的蜂巢思维中，很多恐惧是不合理的，比如人们对于智能手机设备、移民、文化内战、上层敌人、下层敌人、外部敌人、内部敌人的恐惧。这些不合理的恐惧占据着主导地位，导致群体的分裂，对社会进步的贡献寥寥无几。

我们要满怀希望。与恐惧对人造成的挤压形成鲜明对比的是，希望之门被打开，给人带来鼓励，也让希望越来越大。希望不是幼稚的啦啦队。历史学家丽贝卡·索尔尼特写道："希望是拥抱未知和不可知，是替代乐观主义和悲观主义的一种确定性。乐观主义者认为，即使我们什么都没做，一切也会好起来的；悲观主义者采取相反的立场；二者都在为自己的不作为找借口。"[11]

我经常说："一切都是可怕的，但不要害怕。"这话听起来有点矛盾，其实是想表达，我们既不需要悲观主义者，也不需要乐观主义者，我们需要的是能够力促变革的人。他们能消除恐惧，满怀希望，付诸行动。如果这些深思熟虑的问题解决者能使用我们掌握的所有工具，包括数字媒体，那就更好了。

教育工作者、作家邦妮·斯图尔特就是这样一位先驱者，她发起了一场草根运动"安蒂戈尼什 2.0"（Antigonish 2.0）。这场运动的命名是为了纪念 20 世纪初加拿大新斯科舍省安蒂戈尼什镇的一群牧师和学者，当年就是这群人发起了草根运动，以建立社会和经济共同体。目睹全球民粹主义和政治极化倾向在全球范围内蔓延，斯图尔特开始用一种警惕的眼光，招集了一群志趣相投的勇敢学者，掀起一股宣传“数字素养”和“公民参与”理念的新浪潮。为了扩大影响力，他们采用了安蒂戈尼什镇那些人创建的巢状群组模式。到目前为止，该组织已经开展了多个免费在线课程，在推特上以讲故事的形式举办主题会议，并开展网络聊天。

这些都是我们为努力解决当前困境而提出的创造性理念。我很高兴这些做法利用了社交技术以促进问题的解决。社交技术现在被用到了好的方面，而不是坏的方面。

发挥愤怒情绪的积极作用，但不要被它支配。愤怒是一种奇怪的情绪。大多数负面情绪都会促使人选择退缩和逃避。恐惧使你逃避，厌恶使你退缩，羞耻促使你躲藏起来。但积极的情绪能给人以鼓励，它鼓励向别人伸出友谊之手，鼓励人们接受情感，鼓励人们抓住新的机遇。

但令人惊讶的是，虽然大多数人觉得愤怒情绪令人不悦，但它推动我们去接近和接触别人，而不是回避别人。愤怒情绪会推动你向前冲，主动出击，纠正某个错误，你会体验到肾上腺素激增和内在动力的提升。有趣的是，当你觉得自己遭遇不公之后，你是感到愤怒，还是产生恐惧、厌恶等令人退缩的情绪，取决于你对自己是否能控制住当时那种局面的判断。[12] 此外，研究表明，愤怒可能产生功利主义的效果，有利于改善人们在对抗游戏或谈判中的表现。[13]

当遭遇社会不公或被错误对待时，表达愤怒和愤慨非常重要，因此我们不想采取什么调节措施完全消除愤怒。与此同时，当前两极分化的政治环境之所以让人感觉危害很大，部分原因在于人们感觉自己根本无法逃避这种环境，导致我们的集体愤怒无法消除。最近，一位朋友在脸书上发帖称，卡瓦诺听证会结束时，她碰巧正站在超市的泡菜货架旁边，感到非常愤怒，甚至一度打算把看到的每一罐泡菜都拿过来砸到地板上。

我们需要愤怒，但应该明智地加以利用，而不是让它支配或统治我们。

选择亲社会的情感——感恩、同情和自豪。心理学家戴维·德斯特诺在《情绪制胜：感激、同理心与自豪的力量》一书中认为，我们的理性和自我控制能力受到了极大的限制，我们应该做得更好，以支持他在副标题中列出的那三种亲社会情绪。这些所谓的积极情绪激发我们主动接触别人，表现出亲社会的行为方式，并促进社群得到加强。它们还鼓励人们采取有利的行为方式，比如延迟满足感和建立社交资本，这些对自己、对未来都有利。

总而言之，要学会认知重评和情绪调节。当你需要追求社会正义的时候，避免恐惧，培养希望、感恩、同理心、自豪感等积极情绪，也可以有一点愤怒。这就促使我们必须开展另一个重要的重新评估。

教训四：建立更具包容性的群体

几个世纪以来，很多科学家无法想象在蜜蜂这个物种里面，雌性竟然会如此强大，所以他们一直认为“蜂后”是“蜂王”[14]（有人真正相信这一点，有人是故意忽视这一点）。即使在将客观性奉为圭臬的科学殿堂里，蜂巢思维式的评估也可能导致盲目，因为它决定着我们想要提出的问题、用来评估的方法以及最终得出的结论。

我认为我们过于关注人性里面固有的“部落性”，这往往滋生自私自利的竞争以及不同群体之间的暴力冲突。回到第 1 章，乔纳森·海特说人性里面 90% 类似于黑猩猩，10% 类似于蜜蜂。这当然是一个隐喻的说法，这些百分比也不是从生物学角度衡量不同物种之间的关联度，但我还是建议，我们应该把更多的百分比分配给“双重人性”中集体性一面。

对人类部落性的偏执可能正在给我们造成负面影响，我们与吉姆伯利·诺里斯·拉塞尔、莎拉·布莱弗·赫迪、帕特里克·克拉金、弗朗西斯·德瓦尔和吉姆·科恩等专家进行过交谈，或阅读他们的相关文章，他们不约而同地强调了同样的观点：我们似乎并没有进化到对群体外的人充满敌意的程度。我们对群外的排斥程度，在进化序列中可能更接近倭黑猩猩，而不是黑猩猩；可能更类似于几十个以狩猎采集为生、彼此基本平等的部落（还记得海牛和野猪吗？），而不是少数几个极端狭隘的部落。在人类社会的早期，“替代父母行为”的影响可能比狩猎或战争的影响还要大。

即使这些专家都是错的，我们人性中的部落性倾向超过了我们的蜂巢倾向，但我们人类最伟大的一面是我们具有无限的适应性和灵活性，我们灵活地区分谁是“我们”、谁是“他们”。我们可能无法摆脱“超社会性”或小群体倾向，但我们可以坚持训练自己，对邀请谁加入我们的小圈子保持更加敏感的认识。你可以试着操纵人们对于群体的认知，并通过这种做法来改变他们的偏见。我们要把人类想象成一个由相互合作的蜜蜂组成的庞大蜂巢，而不是相互征战的部落组成的混合体，并允许认知重评过程把所有人都包含进你的小群体中。

你可以在同自己所属群体保持团结的情况下做到这一点。群体内部的团结并不意味着要对其他群体表现出敌意。正如作家、社会活动家奥德·洛德（Audre Lorde）曾经写的那样，“为了一个宜居的未来，我们如何在共同的战斗中利用彼此的差异？因为我们需要手边可用的所有工具”[15]。正如养蜂人丹·康伦在第1章中所讲的，最健康的蜂巢是最多样化的。

格雷格·博伊尔神父在其著作《心上的刺青：无限慈悲的力量》一书中要求我们想象一个充满同情的圆圈：“设想一下没有人站在这个圆圈外，当我们把自己移向边缘时，边缘就会被抹去。我们与那些尊严被剥夺的人站在一起，与穷人、无权者和没有发言权的人站在一起。在边缘，我们加入了那些容易被鄙视和容易被忽视的群体。我们与被妖魔化的人站在一起，这样妖魔化就会停止。”

说到妖魔化，不要让自己使用非人性化的语言，如果你发现自己正在陷入其中，要尽快遏制这个趋势。

教训五：记住，你不是《达·芬奇密码》的主人公

有时候，蜂巢思维将批判性思维和怀疑论等同于蔑视专家。但任何蜂巢的运作机制都是分工协作，信任专业的人去执行其擅长的任务，比如，在蜂巢中，让侦察蜂去做搜寻类的事情，让看护蜜蜂去做看护类的事情。

我曾经参加过一个在线课程，课程名字为"两极分化时代的接触"[16]，主讲人是迈克·考尔菲德。他是华盛顿州立大学温哥华分校的混合和网络化学习主管，也是美国民主项目的数字极化倡议的负责人。他评论说，我们总喜欢想象自己是《达·芬奇密码》里面的那个主人公，觉得存在一个重大的秘密，而自己承担着破解代码和揭示真相的重担。但事实上，大多数时候我们应该咨询专家，即那些毕生致力于研究某一种现象的人。我不相信我的机械师能给我的牙齿做根管治疗，也不相信我的牙医能给我修理汽车的化油器。当涉及带有一丝阴谋论色彩的故事时，你应该相信内容客观的网站，而不是相信在红迪网（Reddit）上花太多时间的表弟。

考尔菲德说的另一件令人信服的事情是，许多关于提升"数字素养"的方法都存在很大的难度，因为它们要求你独立完成每一项任务。这不是人类的工作方式，尤其是不应该占用闲暇时间去做这种事。相反，他鼓励人与人之间加强相互依赖，并通过他介绍的方法突破蜂巢思维的诱导，把事实核查清楚，破除谣言和阴谋论。他在线免费发布的《网络素养：面向核查事实的学生》

一书中对这种事实核查方法有所介绍。

假设你偶然发现了某个图片、视频或网络谣言。在政治领域，左派和右派都存在这种情况。比如，一种说法是“弗朗西斯教皇在竞选中支持特朗普”，另一种说法是“特朗普在20世纪90年代的某个时间说过，如果他竞选总统，那也是为了拯救共和党人，因为这帮人太愚蠢，什么都相信”。当然，我们现在知道这两种说法都是假的。要核查这两种说法，可以采取如下步骤：（1）查一下是否已经有人做了证伪工作；（2）查一下这个说法的“上游”，试着找到最初是谁引用的，最早是谁发布的照片或言论；（3）横向阅读，看一下其他受尊敬的人如何评价发布这个消息的网站或记者，看其是否广受尊敬，其粉丝是否多样化；（4）重新核查，你如果还没有答案，可能已经从第一轮的搜索中学到了很多，可以使用更好的搜索词和搜索策略重新开始核查。

我喜欢这个提议，因为它的基础是对蜂巢思维的一个深刻理解，即个体不可能凭借一己之力去知晓所有事情，但从整个集体角度而言，我们知道很多。

正如我们从盐湖城山区那次访谈中了解的那样，很多听起来像阴谋论的事情其实不是真的。而且我们在过去几年里听到了很多令人作呕的消息，准确度各不相同，有时看似真实的新闻，最后却变成了假新闻。我们永远不可能知道所有的事情，我们必须适应这一点。我们必须接受不确定性，但可以训练自己不要让最坏的情况出现。

我们在第 6 章探讨了杰西·沃克讲述美国偏执历史的著作——《偏执的美国：阴谋论》。他反思了无休无止的偏执狂给我们带来的教训：

> 阴谋论将永远与我们同在，因为我们往往就是阴谋论者。我们永远不会停止寻求所谓的模式。我们永远不会停止编造故事。我们总是有能力得出结论，特别是当我们同其他国家、派别、亚文化或社会阶层打交道的时候。阴谋与民间传说中的许多怪物不一样，因为它是切实存在的，所以我们害怕阴谋并不总是错的。只要人类这个物种存在，偏执症也会继续存在。
>
> 然而，我们可以限制偏执造成的伤害。我们可以试着同情那些所谓的外人。我们可以对那些制造恐惧情绪的文化迷思有清醒认识。我们可以对那些破坏固有模式的证据持开放态度。是的，我们应该怀疑那些可能密谋反对我们的人，但我们也应该对容易恐惧、容易犯错的自我保持怀疑，一种深深的怀疑。

还有一点也很重要：对于模棱两可的说法，我们不能武断地判定它是假的，或者完全不重要，而是要学会接受它，因为当前的技术、经济和环境变化已经达到了空前的水平，意味着我们将面临一些非常重大的难题，我们需要团结所有人来应对。我们不能任由基于共识的现实趋于破灭，一旦我们分裂成不可调和的部落，就可能引发毁灭性后果。

教训六：倾听别人的故事，无论真实的还是虚构的

我们自认为擅长读心术、心智模拟和心智理论，但在这些方面做得却很糟糕。我们用自己的经历来衡量这个世界是如何运转的。我们如果在日常生活中没有经历过或看到过种族主义，就想当然地认为种族主义不再是个问题了。如果我们可以在不担心个人安全的情况下晨跑（如果你是男性，可能会这样做），我们就想当然地假设每个人晨跑时都有安全感（但如果你是女性，你可能不会这样做）。

我们需要倾听别人的故事，尤其是来自不同种族、民族、性别、阶级、性取向、性别认同或政治观点的人的故事。伟大的作家马德琳·英格曾经说过："因为我们不倾听彼此的故事，我们正在变成支离破碎的人类。"

研究人员已经成功地开发出了一些干预措施，帮助人们构建同理心，试图让人们置身于他人的经历之中。比如，要求身体健全的大学生在校园里使用轮椅；要求医科学生听一些模仿精神分裂症病人的音频，使其产生类似于病人的那种幻觉；让性犯罪者参加角色扮演游戏，使其理解他们的行为给受害者造成的伤害。这些干预措施是奏效的（至少在短期内如此）。[17] 我认为，几个世纪以来，小说家、电影制作人和其他讲故事的人一直致力于帮助人们构建同理心。如果无法接触到心理实验室，你还可以通过阅

读、观看和分享各种各样的小说、短篇故事、电影和电视节目的方式构建同理心。

故事可能不仅鼓励我们同情与我们不同的人，还可以催生良性的社会变革。南加州大学的“公民想象力研究项目”首席研究员亨利·詹金斯给公民想象力的定义为：有能力想象一个有别于当代的社会，跳出蜂巢思维去想象一个文化、政治、经济和社会规范有别于当前环境的世界。他的研究表明，要激活公民的想象力并让这些想象、猜测结出硕果，几个相关的因素必须结合在一起。这几个因素如下：[18]

> 能够想象一个更好的世界，构建一个实现变革的模式，将自己视为一个公民，能够团结持有异见的人，能够在一个更大的、基于共同兴趣的集体中找到归属感……

詹金斯认为，要激发公民的想象力，一个引人注目的方式是借助虚构的、流行的文化类故事。这些故事将人们团结在一个共同的愿景之下，把一个人对世界的看法变成许多人的看法。

詹金斯以超级英雄题材的漫威电影《黑豹党》为例进行了详细阐述。这部电影将当代加州奥克兰地区遭到歧视的种族面临的贫困和暴力，同以瓦坎达为代表的乌托邦情景进行了对比。瓦坎达是非洲的一座神秘城市，它的文明有别于世界其他地区的文明，不存在交集。瓦坎达的黑人公民也从未有过被殖民或被奴役的经历，他们获得了先进的技术，却不会放弃自己丰富的文化遗产，各个派别既相互竞争，又和平共处。电影中的演员几乎全是黑人，他们扮演各种各样的角色：战士、和平主义者、牧师、技术狂人、医生和政客，这在某种程度上可以说是一种乌托邦现象。这在银幕上真实再现了不同群体团结合作的力量。主人公是王子特查拉，后来成了国王，他的故事扣人心弦，诠释了一个人如何成为社会变革的推动者。电影制作者还引入了艾瑞克·克尔芒戈这个反派人物，探索了社会变革背后那些适应力较强的群体与适应力较弱的群体之间的矛盾。克尔芒戈并不是一个典型的、彻头彻尾的反派，而是在一些重要问题上与特查拉持有不同意见，但二者有着相似的目标。在电影的结尾，具有不同意见的各派人物在特查拉的领导下走到一起，不仅与当地的瓦坎达同胞一起追求集体变革，还与地球上其他文明体系下的黑人社群一起追求集体变革。

《黑豹党》是有史以来最受好评的电影之一，即便从商业角度看，也是最成功的电影之一。它是否在现实世界中激发了一波公民行动是很难评估的，但这是有可能的，因为詹金斯塑造的这个公民想象力催生集体行动的模式令人备受鼓舞。

教训七：构建并支持有助于不同群体融合的机构

由于我们越来越多地将自己按意识形态、地理位置和经济领域等类别进行分类，与其他人处于分离状态，我们将失去成长和改变的机遇，也无法摆脱狭隘的思维方式。在撰写本书的过程中，我采访了许多学者，他们都提出了解决这个棘手问题的方法。

卡斯·桑斯坦是一名法学学者，也是我们在第 4 章探讨过的《网络共和国：网络社会中的民主问题》一书的作者，他认为我们需要政府和社区项目刻意地把不同的人聚集在一起，比如市民集会、社区节日或共同的社会活动。（我们需要创造一些机构，人为制造一些让不同群体汇聚一起的机会。）我们的城镇和社区被意识形态这一藩篱割裂得日益严重，如果能实现以上构想，我们需要克服这一重大挑战。

希瓦·瓦德亚纳森认为我们需要支持一些能够激发深度思考的机构，比如图书馆、公共高等教育机构、博物馆和科学类社群；我们需要支持谨慎而透彻的新闻报道；我们需要对科技公司加以监管，尤其是因为有些公司刻意操控我们在网络上获取的信息，削弱我们突破已知范围去倾听不同意见和获取不同信息的能力；我们需要社交媒体让我们看到真实的世界，而不是我们搜索的世界。因为“我们无法从集体角度思考我们面临的问题，威胁着我们集体的生命”，这些制度和机构正是为激发这种集体思考而设计的。

哲学家玛莎·努斯鲍姆非常强烈地呼吁为我们的年轻人设立一个强制性的国家服务项目，在这个项目中，所有的高中生都将参与为期三年的社区服务（照顾老人、照看孩子、基础设施建设工作等，具体做哪种工作，取决于他们的技能和未来的职业意向）。尤其是，他们必须到一个具有不同地理环境、种族环境或政治环境的地区从事这项服务。吉姆·科恩和塞巴斯蒂安·荣格尔都高度赞扬军队，认为军队是一个多样化的团体，打破了人口结构的竖井。

我认为，我们需要更好地支持和宣传高等教育，以便让来自不同背景的人和思想有机会接触、碰撞与融合。我们需要建立大规模的大学宿舍，让不同背景的人不得不接触拥有不同思想的人。高等教育固然存在亟须解决的重大结构性问题，但在我们的社会里，它能为不同群体的接触和互动创造大量机会，让你倾听别人的故事（这些故事以历史、文学和社会学的形式表现出来），也能让你融入与自己相伴终身的社群。它还能为人们改善工作、收入与安全等条件提供一个稳定机制，使人们有机会改变出身带来的命运。（这一前景经常被夸大，尤其是那些希望从学生身上牟利的高等教育机构。参考崔西·麦克米兰·卡敦的优秀著作《低级教育》。）当然，我是有私心的，毕竟我一生都在大学工作，我真心希望世界上的每个学生都有机会获得大学学位，因为大学教育不仅传播“工作技能”，还能传播“在这个复杂世界中如何做人”的技能。（凯茜·戴维森在《新教育：大学如何改革才能让学生更好地适应世界》一书中阐述了“在这个复杂世界做人”的技能其实也是“工作技能”。另外，我支持免费高等教育。）

20 世纪 90 年代中期的某一天，我从学校回到家，收到了一封信，寄信人是我即将入读的波士顿大学的室友。上面列出了她的名字、电话号码和家庭住址，以便我联系她。我很激动，坐下来写了一封信。在接受了极端同质化的教区教育之后，我认为大学是一个全新的开始，一个令人兴奋的新世界，充满了各种不同的人、思想和经历。我在信中自豪地宣布打算参加校园里的“社会行动主义”组织和“前卫派”的剧团。我还谈到了对无神论、科幻小说、幻想和重金属音乐的热爱，以及对体育的厌恶。

几天后，我这位未来的室友读到了我的信，然后趴在她妈妈的肩膀上哭了一个小时。当时她是一名保守的基督徒，是一名啦啦队队长，是一名受欢迎的女孩，喜欢流行音乐和流行小说，计划入读体育训练专业。

她和她母亲就保持开放心态进行了长谈之后，给我打来了电话。她的声音传递着善意和热情，但她关于同居一室之后的所有问题都让我感到发蒙。她问我是否打算为我们的熨斗带点蒸馏水，我是否有好的熨斗，还是她应该把她自己的熨斗带过去。我当时正在卧室里接电话，盯着散落在地板上那些皱巴巴的嬉皮士风格的裙子和宣传动物权利的 T 恤，真不知道该对凯特说些什么。她问我是否带了鞋架，我盯着我的一双科迪斯帆布鞋，回答说没有，我现在还没有鞋架。她还问我，如果她最好的朋友和她高中时代的恋人分手了，能否到我们的宿舍里哭上几个小时。听到这个问题，我不禁长叹了口气。

我跟这个室友凯特真的不是一见如故。我们花了一些时间来了解对方，并意识到我们的外表差异掩盖了深层次的共同点。我们俩都是大大的书呆子，与家人关系非常亲密，喜欢写作。我们在摇滚歌手艾拉妮丝 · 莫莉赛特（Alanis Morissette）刚刚发行的专辑《小碎药丸》（*Jagged Little Pill*）那里发现了共同的音乐爱好。我们都对电视剧《五口之家》（*Party of Five*）中演员的滑稽表演着迷不已。几年后，在我的婚礼上，我把室友凯特叫到舞池里，一起随着婚礼的主题曲翩翩起舞。

我们还发现彼此之间的一些差异可以很好地起到互补作用。凯特活泼热情的外向性格帮我改变了内向的性格。当我不想为自己做辩护的时候，她就会心急火燎地为了我的利益挺身而出。之前，我从未刻意进行过体育锻炼，但凯特说服了我，让我相信锻炼是有价值的，她把我拉到健身房，上有氧运动课，在跑步机上慢跑。

没过多久，我就意识到，对于一个如此年轻的人而言，凯特的坚强和韧劲真的非同一般。她高中时，父亲死于癌症。整个大学期间，她一直在照顾患有多发性硬化症的母亲，周末回家还要与医疗保险公司周旋，并且为正读高中的弟弟打扫卫生以及去杂货店购物。到了大三，一天早晨，我一觉醒来，得知她失去了母亲。我见证了她从失落中恢复过来，结婚，养育一个了不起的女儿，结束婚姻，重新找到爱情，并熬过了乳腺癌两次复发。当她在海边与新的爱人举行婚礼的那一天，我热泪盈眶地看着她，如同我在她癌症第二次复发时看她的那样。她身披一袭无肩带的婚纱，伴着弟弟乐队的音乐跳霹雳舞。这是我见过的最美好、最鼓舞人心、最了不起的行为。

我在凯特去世的几天前看望了她。她时而清醒，时而昏迷。我告诉她，我相信她是我见过的最了不起的人之一，这是肺腑之言。

凯特是我生命中最伟大、最爱的人之一。如果不是因为意外的接触，我们永远不会成为朋友。如果波士顿大学的住宿系统没有将我们随机配对，我们就永远不会通过挖掘我们之间的差异来建立感情、尊重彼此，并一起接触新的思想和生活模式，而且我们都会因此变得更可怜。

寻找各种各样的人进行互动。

走出你的“部落”，同自己不一样的人建立关系。

即使你不得不拿起你的智能手机，也要这么做。

注释

前言

1. Alan C. Kerckhoff and Kurt W. Back, *The June Bug: A Study of Hysterical Contagion* (New York: Appleton-Century-Crofts, 1968).
2. Elaine Showalter, "Scratching the Bin Laden Itch," *New Statesman* 131, no. 717 (2002): 12–13.
3. Susan Dominus, "What Happened to the Girls in Le Roy." *The New York Times Magazine*, March 7, 2012.
4. Jenna L. Clark, Sara B. Algoe, and Melanie C. Green, "Social Network Sites and Well-Being: The Role of Social Connection." *Current Directions in Psychological Science* 27, no. 1 (2018): 32–37.
5. Charles Horton Cooley, *Human Nature and the Social Order* (Abingdon-on-Thames, UK: Routledge, 2017).
6. Kelly J. Baker, *The Zombies Are Coming!: The Realities of the Zombie Apocalypse in American Culture* (New York: RosettaBooks, 2013).
7. Tressie McMillan Cottom, "In an Age of Wicked Problems, Beware of Simple Solutions," *Huffington Post* (2018).

第1章 “蜂巢思维”与社交媒体

1. E. J. Masicampo, "Conscious Thought Does Not Guide Moment-to-Moment Actions—It Serves Social and Cultural Functions," *Frontiers in Psychology* 2013: 1–5.
2. Jonathan Haidt, *The Righteous Mind: Why Good People Are Divided by Politics and Religion* (New York: Vintage, 2012).
3. Christian Von Scheve and Sven Ismer, "Towards a Theory of Collective Emotions," *Emotion Review* 5, no. 4 (2013): 406–413.
4. Margaret Thaler Singer, and Janja Lalich, *Cults in Our Midst* (San Francisco: Jossey-Bass, 1995).
5. Sandra Manninen et al. "Social Laughter Triggers Endogenous Opioid Release in Humans." *Journal of Neuroscience* 37, no. 25 (2017): 6125–6131.
6. Ruth Feldman, "The Neurobiology of Human Attachments," *Trends in Cognitive Sciences* 21, no. 2 (2017): 80–99.
7. Carsten K. W. De Dreu, Lindred L. Greer, Gerben A. Van Kleef, Shaul Shalvi, and Michel J. J. Handgraaf. "Oxytocin Promotes Human Ethnocentrism," *Proceedings of the National Academy of Sciences* 108, no. 4 (2011): 1262–1266.
8. Weihua Zhao, Shuxia Yao, Qin Li, Yayuan Geng, Xiaole Ma, Lizhu Luo, Lei Xu, and Keith M. Kendrick, "Oxytocin Blurs the Self-Other Distinction During Trait Judgments and Reduces Medial Prefrontal Cortex Responses," *Human Brain Mapping* 37, no. 7 (2016): 2512–2527.
9. Miho Nagasawa, Shouhei Mitsui, Shiori En, Nobuyo Ohtani, Mitsuaki Ohta, Yasuo Sakuma, Tatsushi Onaka, Kazutaka Mogi, and Takefumi Kikusui, "Oxytocin-Gaze Positive Loop and the Coevolution of Human-Dog Bonds," *Science* 348, no. 6232 (2015): 333–336.
10. Giacomo Rizzolatti, Luciano Fadiga, Léonardo Fogassi, and Vittorio Gallese, "Resonance Behaviors and Mirror Neurons," *Archives Italiennes de Biologie* 137, no. 2 (1999): 85–100.
11. Giacomo Rizzolatti and Laila Craighero, "The Mirror-Neuron System," *Annual Review of Neuroscience* 27 (2004): 169–192.
12. V. S. Ramachandran, *The Tell-Tale Brain* (New York: W. W. Norton & Company, 2011).
13. Much of this content was sourced from my interview with neuroscientist James Coan (see chapter 5, "Selfing and Othering") and his Circle of Willis podcast interview with Marco Iacoboni.

14. Marco Iacoboni, Roger P. Woods, Marcel Brass, Harold Bekkering, John C. Mazziotta, and Giacomo Rizzolatti, "Cortical Mechanisms of Human Imitation," *Science* 286, no. 5449 (1999): 2526–2528.
15. Simone G. Shamay-Tsoory, Nira Saporta, Inbar Z. Marton-Alper, and Hila Z. Gvirts, "Herding Brains: A Core Neural Mechanism for Social Alignment," *Trends in Cognitive Sciences* 23, no. 3 (2019): 174–186.
16. Elaine Hatfield, John T. Cacioppo, and Richard L. Rapson, "Primitive Emotional Contagion," *Review of Personality and Social Psychology* 14 (1992): 151–177.
17. Christian Von Scheve and Sven Ismer, "Towards a Theory of Collective Emotions," *Emotion Review* 5, no. 4 (2013): 406–413.
18. Lauri Nummenmaa, Juha Lahnakoski, and Enrico Glerean, "Sharing the Social World via Intersubject Neural Synchronization," *Current Opinion in Psychology* (2018).
19. M. Tomasello, *The Natural History of Human Thinking* (Cambridge, MA: Harvard University Press. 2014).
20. Richard Dawkins, *The Selfish Gene (30th Anniversary Edition—with a New Introduction by the Author)* (New York: Oxford University Press, 2006).
21. L. Coviello, Y. Sohn, A. D. I. Kramer, et al., "Detecting Emotional Contagion in Massive Social Networks," *PLOS ONE* 9, no. 3: e90315–e90316, doi: 10.1371/journal.pone.0090315.
22. Adam D. I. Kramer, Jamie E. Guillory, and Jeffrey T. Hancock, "Experimental Evidence of Massive-Scale Emotional Contagion Through Social Networks," *Proceedings of the National Academy of Sciences* 111, no. 24 (2014): 8788–8790.
23. Y-R Lin and D. Margolin, "The Ripple of Fear, Sympathy and Solidarity During the Boston Bombings," *EPJ Data Science* 3, no. 1 (2014): 1–28, doi:10.1140/epjds/s13688-014-0031-z.
24. G. Shteynberg, J. B. Hirsh, E. P. Apfelbaum, J. T. Larsen, A. D. Galinsky, N. J. Roese, "Feeling More Together: Group Attention Intensifies Emotion," *Emotion* 14, no. 6 (2014): 1102–1114, doi:10.1037/a0037697.
25. John Brownlee, "This Massive Twitter Brain Visualized the News of David Bowie's Death in Real Time," *Fast Company,* February 2016.
26. Jasper H. B. de Groot, Monique A. M. Smeets, Annemarie Kaldewaij, Maarten J. A. Duijndam, and Gün R. Semin, "Chemosignals Communicate Human Emotions," *Psychological Science* 23, no. 11 (2012): 1417–1424.
27. Jasper H. B. de Groot, Gün R. Semin, and Monique A. M. Smeets,

"I Can See, Hear, and Smell Your Fear: Comparing Olfactory and Audiovisual Media in Fear Communication," *Journal of Experimental Psychology: General* 143, no. 2 (2014): 825.

28. J. H. B. de Groot, M. A. M. Smeets, M. J. Rowson, et al. "A Sniff of Happiness." *Psychological Science* 26, no. 6 (2015): 684–700, doi: 10.1177/0956797614566318.

第 2 章 我们的小说与我们自己

1. D. R. Johnson, B. L. Huffman, and D. M. Jasper, "Changing Race Boundary Perception by Reading Narrative Fiction," *Basic and Applied Social Psychology* 36, no. 1 (2014): 83–90, doi:10.1080/01973533.2013.856791.
2. Maria Eugenia Panero, Deena Skolnick Weisberg, Jessica Black, Thalia R. Goldstein, Jennifer L. Barnes, Hiram Brownell, and Ellen Winner, "Does Reading a Single Passage of Literary Fiction Really Improve Theory of Mind? An Attempt at Replication," *Journal of Personality and Social Psychology* 111, no. 5 (2016): e46.
3. Panero, et al., "Does Reading a Single," e46.
4. Joe O'Connor, "Shark Phobia: The Memory of *Jaws* Continues to Scare Swimmers Away from the Ocean," *National Post,* 2013.
5. Daniel Kahneman, "Maps of Bounded Rationality: Psychology for Behavioral Economics," *American Economic Review* 93, no. 5 (2003): 1449–1475.
6. World Health Organization, *Eliminating Virginity Testing: An Interagency Statement*, no. WHO/RHR/18.15, World Health Organization, 2018.
7. Elizabeth Levy Paluck, "What's in a Norm? Sources and Processes of Norm Change," *Journal of Personality and Social Psychology* (2009): 594.
8. Michael Tomasello, *A Natural History of Human Morality* (Cambridge, MA: Harvard University Press, 2016).
9. Tomasello, *A Natural History.*
10. Matthew D. Lieberman, *Social: Why Our Brains Are Wired to Connect* (Oxford University Press, 2013).
11. Lieberman, *Social.*
12. D. Centola, J. Becker, D. Brackbill, and A. Baronchelli, "Experimental Evidence for Tipping Points in Social Convention," *Science* 360 (2018) (6393): 1116–1119.
13. E. Yong, "The Tipping Point when Minority Views Take Over" *Atlantic*, June 2018.

14. Yong, "The Tipping Point."
15. R. B. Cialdini, L. J. Demaine, B. J. Sagarin, D. W. Barrett, K. Rhoads, and P. L. Winter, "Managing Social Norms for Persuasive Impact," *Social Influence* 1, no. 1 (2006): 3–15, doi:10.1080/15534510500181459.
16. R. Schank and R. Abelson, *Knowledge and Memory: The Real Story*, lead article in *Knowledge and Memory: The Real Story*, edited by Robert S. Wyer, Jr. (Hillsdale, NJ: Lawrence Erlbaum Associates, 1995).
17. Brian A. Nosek, Frederick L. Smyth, Jeffrey J. Hansen, Thierry Devos, Nicole M. Lindner, Kate A. Ranganath, Colin Tucker Smith, et al., "Pervasiveness and Correlates of Implicit Attitudes and Stereotypes," *European Review of Social Psychology* 18, no. 1 (2007).
18. Denise Sekaquaptewa, Penelope Espinoza, Mischa Thompson, Patrick Vargas, and William von Hippel, "Stereotypic Explanatory Bias: Implicit Stereotyping as a Predictor of Discrimination," *Journal of Experimental Social Psychology* 39, no. 1 (2003): 75–82.
19. D. Smith, P. Schlaepfer, K. Major, et al., "Cooperation and the Evolution of Hunter-Gatherer Storytelling," *Nature Communications* 8, no. 1 (2017): 1–9.
20. E. Giugni, R. Vadalà, and C. De Vincentiis, "The Brain's Default Mode Network: A Mind 'Sentinel' Role?" *Functional Neurology* 25, no. 4 (2010): 189.
21. Diana I. Tamir, Andrew B. Bricker, David Dodell-Feder, and Jason P. Mitchell, "Reading Fiction and Reading Minds: The Role of Simulation in the Default Network," *Social Cognitive and Affective Neuroscience* 11, no. 2 (2015): 215–224.
22. Véronique Boulenger, Olaf Hauk, and Friedemann Pulvermüller, "Grasping Ideas with the Motor System: Semantic Somatotopy in Idiom Comprehension," *Cerebral Cortex* 19, no. 8 (2008): 1905–1914; Simon Lacey, Randall Stilla, and Krish Sathian, "Metaphorically Feeling: Comprehending Textural Metaphors Activates Somatosensory Cortex," *Brain and Language* 120, no. 3 (2012): 416–421.
23. Scherer, Klaus R., Angela Schorr, and Tom Johnstone, eds. *Appraisal Processes in Emotion: Theory, Methods, Research* (Oxford University Press, 2001).

第 3 章 包容的门槛

1. David Foster Wallace, *This Is Water: Some Thoughts, Delivered on a Significant*

Occasion, About Living a Compassionate Life (London: Hachette, 2009).

2. J. Warner, "A Million Thoughts on 'The Coddling of the American Mind,'" *Inside Higher Education*, September 2019.
3. Sara Goldrick-Rab, *Paying the Price: College Costs, Financial Aid, and the Betrayal of the American Dream* (Chicago: University of Chicago Press, 2016).
4. Patrick Clarkin, "Thresholds of Inclusion." *kevishere*, July, 2016.
5. Frans de Waal, *Primates and Philosophers: How Morality Evolved* (Princeton, NJ: Princeton University Press, 2009).
6. Sasha Y. Kimel, Rowell Huesmann, Jonas R. Kunst, and Eran Halperin, "Living in a Genetic World: How Learning About Interethnic Genetic Similarities and Differences Affects Peace and Conflict," *Personality and Social Psychology Bulletin* 42, no. 5 (2016): 688–700.
7. Carolyn Parkinson, Adam M. Kleinbaum, and Thalia Wheatley, "Similar Neural Responses Predict Friendship," *Nature Communications* 9, no. 1 (2018): 332.
8. Janice Chen, Yuan Chang Leong, Christopher J. Honey, Chung H. Yong, Kenneth A. Norman, and Uri Hasson, "Shared Memories Reveal Shared Structure in Neural Activity Across Individuals," *Nature Neuroscience* 20, no. 1 (2017): 115.
9. L. Munoz, "Shared Neural Activity for Shared Memories," *DeepStuff.org*, 2017.
10. Lauri Nummenmaa, Enrico Glerean, Mikko Viinikainen, Iiro P. Jääskeläinen, Riitta Hari, and Mikko Sams, "Emotions Promote Social Interaction by Synchronizing Brain Activity Across Individuals," *Proceedings of the National Academy of Sciences* 109, no. 24 (2012): 9599–9604.
11. Stephen C. Levinson, "Turn-Taking in Human Communication—Origins and Implications for Language Processing," *Trends in Cognitive Sciences* 20, no. 1 (2016): 6–14.
12. Lauri Nummenmaa, Juha Lahnakoski, and Enrico Glerean, "Sharing the Social World via Intersubject Neural Synchronization," *Current Opinion in Psychology* (2018).

第 4 章　社交媒体的是是非非

1. Jenna L. Clark, Sara B. Algoe, and Melanie C. Green, "Social Network

Sites and Well-Being: The Role of Social Connection," *Current Directions in Psychological Science* 27, no. 1 (2018): 32–37.

2. P. Verduyn, O. Ybarra, M. Résibois, J. Jonides, and E. Kross, "Do Social Network Sites Enhance or Undermine Subjective Well-Being? A Critical Review," *Social Issues and Policy Review* 11, no. 1 (2017): 274–302, doi:10.1111/sipr.12033.
3. Dohyun Ahn and Dong-Hee Shin. "Is the Social Use of Media for Seeking Connectedness or for Avoiding Social Isolation? Mechanisms Underlying Media Use and Subjective Well-Being," *Computers in Human Behavior* 29, no. 6 (2013): 2453–2462; Eveline Teppers, Koen Luyckx, Theo A. Klimstra, and Luc Goossens, "Loneliness and Facebook Motives in Adolescence: A Longitudinal Inquiry into Directionality of Effect," *Journal of Adolescence* 37, no. 5 (2014): 691–699.
4. M. K. Burke and R. E. Kraut, "The Relationship Between Facebook Use and Well-Being Depends on Communication Type and Tie Strength," *Journal of Computer-Mediated Communication* 21, no. 4 (2016): 265–281, doi:10.1111/jcc4.12162.
5. N. B. Ellison, C. Steinfield, and C. Lampe, "The Benefits of Facebook 'Friends': Social Capital and College Students' Use of Online Social Network Sites," *Journal of Computer-Mediated Communication* 12, no. 4 (2007): 1143–1168, doi:10.1111/j.1083-6101.2007.00367.x.
6. Clay Shirky, *Here Comes Everybody: The Power of Organizing Without Organizations* (New York: Penguin, 2008).
7. David G. Myers and Helmut Lamm. "The Group Polarization Phenomenon," *Psychological Bulletin* 83, no. 4 (1976): 602.
8. John Suler, "The Online Disinhibition Effect," *Cyberpsychology & Behavior* 7, no. 3 (2004): 321–326.
9. John Suler, "The Online Disinhibition Effect," 321–326.
10. L. Rösner and N. C. Kramer, "Verbal Venting in the Social Web: Effects of Anonymity and Group Norms on Aggressive Language Use in Online Comments," *Social Media + Society* 2, no. 3 (2016).
11. Elias Aboujaoude, Matthew W. Savage, Vladan Starcevic, and Wael O. Salame, "Cyberbullying: Review of an Old Problem Gone Viral," *Journal of Adolescent Health* 57, no. 1 (2015): 10–18.
12. M. J. Crockett, "Moral Outrage in the Digital Age," *Nature Publishing Group* 1, no. 11 (2017): 1–3, doi:10.1038/s41562-017-0213-3.
13. M. J. Crockett, "Moral Outrage," 1–3.

14. M. J. Crockett, "Moral Outrage," 1–3.
15. W. J. Brady, J. A. Wills, J. T. Jost, J. A. Tucker, and J. J. Van Bavel, "Emotion Shapes the Diffusion of Moralized Content in Social Networks," *Proceedings of the National Academy of Sciences*. 2017;114(28): 7313–7318. doi:10.1073/pnas.1618923114.
16. T. Sawaoka and B. Monin, "The Paradox of Viral Outrage," *Psychological Science* 29, no. 10 (2018): 1665–1678, doi:10.1177/0956797618780658.
17. A. Waytz and K. Gray, "Does Online Technology Make Us More or Less Sociable? A Preliminary Review and Call for Research," *Perspectives on Psychological Science* 13, no. 4 (2018): 473–491, doi:10.1177/1745691617746509.

第5章 自我与他人

1. Charlottesville Critical Incident Review 2017, https://www.policefoundation.org/wp-content/uploads/2017/12/Charlottesville-Critical-Incident-Review-2017.pdf.
2. James A. Coan and David A. Sbarra, "Social Baseline Theory: The Social Regulation of Risk and Effort," *Current Opinion in Psychology* 1 (2015): 87–91.
3. James A. Coan, Hillary S. Schaefer, and Richard J. Davidson, "Lending a Hand: Social Regulation of the Neural Response to Threat," *Psychological Science* 17, no. 12 (2006): 1032–1039.
4. Robert B. Zajonc, "Attitudinal Effects of Mere Exposure," *Journal of Personality and Social Psychology* 9, no. 2 pt.2 (1968): 1.
5. A. Waytz and N. Epley, "Social Connection Enables Dehumanization," *Journal of Experimental Social Psychology* 48, no. 1 (2012): 70–76, doi:10.1016/j.jesp.2011.07.012.
6. Jeff Greenberg and Spee Kosloff. "Terror Management Theory: Implications for Understanding Prejudice, Stereotyping, Intergroup Conflict, and Political Attitudes." *Social and Personality Psychology Compass* 2, no. 5 (2008): 1881–1894.
7. As cited in Barbara Ehrenreich, *Dancing in the Streets: A History of Collective Joy* (New York: Macmillan, 2007).
8. As cited in Ehrenreich, *Dancing*.
9. Dr. Robert Jay Lifton *The Nazi Doctors: Medical Killing and the Psychology of Genocide* (New York: Basic Books, 2017), http://phdn.org

/archives/holocaust-history.org/lifton/LiftonT021.shtml.
10. Johanna K. Turunen, *In the Face of Violence: Identity, Justification and the Individual in Rwanda* (University of Eastern Finland, 2012).
11. Nour Kteily, Emile Bruneau, Adam Waytz, and Sarah Cotterill, "The Ascent of Man: Theoretical and Empirical Evidence for Blatant Dehumanization," *Journal of Personality and Social Psychology* 109, no. 5 (2015): 901.
12. S. S. Wiltermuth, Synchronous Activity Boosts Compliance with Requests to Aggress, *Journal of Experimental Social Psychology* 48, no. 1 (2012): 453–456, doi:10.1016/j.jesp.2011.10.007.
13. S. Wiltermuth, Synchrony and Destructive Obedience, *Social Influence* 7, no. 2 (2012): 78–89, doi:10.1080/15534510.2012.658653.
14. M. Cikara and Elizabeth Levy Paluck, "When Going Along Gets You Nowhere and the Upside of Conflict Behaviors," *Wiley Online Library* 7, no. 8 (2013): 559–571.
15. Elizabeth Levy Paluck and Donald P. Green, "Deference, Dissent, and Dispute Resolution: An Experimental Intervention Using Mass Media to Change Norms and Behavior in Rwanda," *American Political Science Review* 103, no. 4 (2009): 622–644.
16. Lasana T. Harris and Susan T. Fiske, "Social Groups That Elicit Disgust Are Differentially Processed in mPFC," *Social Cognitive and Affective Neuroscience* 2, no. 1 (2007): 45–51.
17. Don A. Vaughn, Ricky R. Savjani, Mark S. Cohen, and David M. Eagleman, "Empathic Neural Responses Predict Group Allegiance," *Frontiers in Human Neuroscience* 12 (2018).
18. Greg Toppo, "Education for All.... Even a 'Nazi'?" *Inside Higher Education,* (September 2018).
19. Orrin Johnson, "Why Free Speech is Society's Immune System," TEDx University of Nevada, February 2018. https://www.youtube.com/watch?v=o9KzMWdHLhQ.

第 6 章　内部的敌人

1. Jesse Walker, *The United States of Paranoia: A Conspiracy Theory* (New York: Harper, 2013).
2. Kelly J. Baker, *The Zombies Are Coming!: The Realities of the Zombie Apocalypse in American Culture*, (New York: RosettaBooks, 2013).

3. Kelly J. Baker, *Gospel According to the Klan: The KKK's Appeal to Protestant America, 1915–1930* (Lawrence, Kansas: University Press of Kansas, 2011).
4. Janja Lalich, "Cults Today: A New Social-Psychological Perspective," *Cult Research* (January, 2017).
5. Susan M. Reverby and Henry W. Foster. "Examining Tuskegee: The Infamous Syphilis Study and Its Legacy" *Journal of the National Medical Association* 102, no. 2 (2010): 148–150.
6. United States Congress, Senate Select Committee on Intelligence, and Stephen Foster, *The Project MKULTRA Compendium: The CIA's Program of Research in Behavioral Modification*, Lulu. com, 2009.
7. Krishnadev Calamur, "Ferguson Documents: Officer Darren Wilson's Testimony," National Public Radio Online (2014).
8. John M. Curtis and Mimi J. Curtis. "Factors related to Susceptibility and Recruitment by Cults," *Psychological Reports* 73, no. 2 (1993): 451–460.
9. Michaela Pfundmair, "Ostracism Promotes a Terroristic Mindset," *Behavioral Sciences of Terrorism and Political Aggression* (2018): 1–15.
10. Michael A. Hogg, Christie Meehan, and Jayne Farquharson, "The Solace of Radicalism: Self-Uncertainty and Group Identification in the Face of Threat," *Journal of Experimental Social Psychology* 46, no. 6 (2010): 1061–1066.
11. Michael A. Hogg, "From Uncertainty to Extremism: Social Categorization and Identity Processes," *Current Directions in Psychological Science* 23, no. 5 (2014): 338–342.
12. Lawrence Wright and Morton Sellers, *Going Clear: Scientology, Hollywood, and The Prison of Belief* (New York: Vintage Books, 2013).
13. Curtis and Curtis, "Factors," 451–460.
14. Latson, Jennifer. "The Jonestown massacre, remembered." *TIME*, November, 2014.
15. Doris Lessing, *Prisons We Choose to Live Inside* (Toronto: House of Anansi, 1992).
16. Janja Lalich, *Bounded Choice: True Believers and Charismatic Cults* (Berkeley: University of California Press, 2004).
17. Michael Barkun, "Conspiracy Theories as Stigmatized Knowledge." *Diogenes* (2016): 0392192116669288.
18. Richard Hofstadter, *The Paranoid Style in American Politics* (New York:

Vintage, 2012).
19. Heikki Peltola, Annamari Patja, Pauli Leinikki, Martti Valle, Irja Davidkin, and Mikko Paunio, "No Evidence for Measles, Mumps, and Rubella Vaccine-Associated Inflammatory Bowel Disease or Autism in a 14-Year Prospective Study," *Lancet* 351, no. 9112 (1998): 1327–1328.
20. Falz Siddiqui and Susan Svrluga, "N.C. Man Told Police He Went to D.C. Pizzeria with Gun to Investigate Conspiracy Theory," *Washington Post*, December 5, 2016.
21. Tracy Clark-Flory, "Inside the Terrifying, Twisted Online World of Involuntary Celibates," *Salon*, May 2014.

第 7 章 社交技术的创伤

1. Lisa M. Shin, Christopher I. Wright, Paul A. Cannistraro, Michelle M. Wedig, Katherine McMullin, Brian Martis, Michael L. Macklin, Natasha B. Lasko, Sarah R. Cavanagh, Terri S. Krangel, Scott P. Orr, Roger K. Pitman, Paul J. Whalen, and Scott L. Rauch, "A Functional Magnetic Resonance Imaging Study of Amygdala and Medial Prefrontal Cortex Responses to Overtly Presented Fearful Faces in Posttraumatic Stress Disorder," *Archives of General Psychiatry* 62, no. 3 (2005): 273–281.
2. Sarah R. Cavanagh, Lisa M. Shin, Nasser Karamouz, and Scott L. Rauch, "Psychiatric and Emotional Sequelae of Surgical Amputation," *Psychosomatics* 47, no. 6 (2006): 459–464.
3. Olivia Solon, "Facebook Is Hiring Moderators. But Is the Job Too Gruesome to Handle?" *Guardian,* 2017.
4. Jonah Engel Bromwich, "Logan Paul, YouTube Star, Says Posting Video of Dead Body was 'Misguided.'" *New York Times*, 2018.
5. Yasmeen Serhan, "'I Don't Want You to Get Shooted,'" *Atlantic,* June, 2017.
6. Jean M. Twenge, "Have Smartphones Destroyed a Generation?" *Atlantic*, September 2017.
7. T. Vigen, *Spurious Correlations* (New York: Hachette Books, 2015).
8. Amy Orben and Andrew K. Przybylski, "The Association Between Adolescent Well-Being and Digital Technology Use," *Nature Human Behaviour* (2019): 1.
9. Andrew K. Przybylski and Netta Weinstein, "A Large-Scale Test of the

Goldilocks Hypothesis: Quantifying the Relations Between Digital-Screen Use and the Mental Well-Being of Adolescents," *Psychological Science* 28, no. 2 (2017): 204–215.

10. https://twitter.com/JonHaidt/status/1093535204692684800.
11. J. M. Twenge, T. E. Joiner, G. Martin, and M. L. Rogers, "Amount of Time Online Is Problematic If It Displaces Face-to-Face Social Interaction and Sleep," *Clinical Psychological Science* 6, no. 4 (2018): 456–457.
12. Andrew K. Przybylski, Kou Murayama, Cody R. DeHaan, and Valerie Gladwell, "Motivational, Emotional, and Behavioral Correlates of Fear of Missing Out," *Computers in Human Behavior* 29, no. 4 (2013): 1841–1848.
13. Jenna L. Clark, Sara B. Algoe, and Melanie C. Green. "Social Network Sites and Well-Being: The Role of Social Connection," *Current Directions in Psychological Science* 27, no. 1 (2018): 32–37.
14. Anthony Robinson, Aaron Bonnette, Krista Howard, Natalie Ceballos, Stephanie Dailey, Yongmei Lu, and Tom Grimes, "Social Comparisons, Social Media Addiction, and Social Interaction: An Examination of Specific Social Media Behaviors Related to Major Depressive Disorder in a Millennial Population," *Journal of Applied Biobehavioral Research* (2019): e12158.
15. Robinson et al., "Social Comparisons," e12158.
16. Melissa G. Hunt, Rachel Marx, Courtney Lipson, and Jordyn Young, "No More FOMO: Limiting Social Media Decreases Loneliness and Depression," *Journal of Social and Clinical Psychology* 37, no. 10 (2018): 751–768; Christina Sagioglou and Tobias Greitemeyer, "Facebook's Emotional Consequences: Why Facebook Causes a Decrease in Mood and Why People Still Use It," *Computers in Human Behavior* 35 (2014): 359 363.
17. Siva Vaidhyanathan, *Antisocial Media: How Facebook Disconnects Us and Undermines Democracy* (Oxford University Press, 2018).
18. Robert R. Morris, Stephen M. Schueller, and Rosalind W. Picard, "Efficacy of a Web-Based, Crowdsourced Peer-to-Peer Cognitive Reappraisal Platform for Depression: Randomized Controlled Trial," *Journal of Medical Internet Research* 17, no. 3 (2015).
19. A. Waytz and K. Gray, "Does Online Technology Make Us More or Less Sociable? A Preliminary Review and Call for Research," *Perspectives on Psychological Science* 13, no. 4 (2018): 473–491, doi:10.1177/1745691617746509.
20. Vaughan Bell, "Don't Touch That Dial! A History of Media Technology

Scares, from the Printing Press to Facebook," *Slate,* February 15, 2010.
21. Nelli Bowles, "A Dark Consensus About Screens and Kids Begins to Emerge in Silicon Valley," *New York Times,* October 26, 2018.

第 8 章　行走的杏仁核

1. danah boyd, *It's Complicated: The Social Lives of Networked Teens* (New Haven, CT: Yale University Press, 2014).
2. D. Finklehor, "The Internet, Youth Safety and the Problem of 'Juvenoia'" Crimes Against Children Research Center, 2011.
3. Robert M. Sapolsky, *Why Zebras Don't Get Ulcers: The Acclaimed Guide to Stress, Stress-Related Diseases, and Coping-Now, Revised and Updated* (New York: Holt Paperbacks, 2004).
4. Sonia Livingstone, Lucyna Kirwil, Cristina Ponte, and Elisabeth Staksrud, *In Their Own Words: What Bothers Children Online?* (EU Kids Online Network, 2013).
5. Raisa Bruner, "Meet the Teen Who is Pushing for an End to 'Period Poverty,'" *TIME*, January 9, 2019.

第 9 章　解决之道

1. Kevin N. Ochsner and James J. Gross, "Cognitive Emotion Regulation: Insights from Social Cognitive and Affective Neuroscience," *Current Directions in Psychological Science* 17, no. 2 (2008): 153–158.
2. James J. Gross, "The Extended Process Model of Emotion Regulation: Elaborations, Applications, and Future Directions," *Psychological Inquiry* 26, no. 1 (2015): 130–137.
3. Sarah R. Cavanagh, Erin J. Fitzgerald, and Heather L. Urry. "Emotion Reactivity and Regulation Are Associated with Psychological Functioning Following the 2011 Earthquake, Tsunami, and Nuclear Crisis in Japan," *Emotion* 14, no. 2 (2014): 235.
4. Keith B. Maddox, "Perspectives on Racial Phenotypicality Bias," *Personality and Social Psychology Review* 8, no. 4 (2004): 383–401.
5. Heather L. Urry, "Seeing, Thinking, and Feeling: Emotion-Regulating Effects of Gaze-Directed Cognitive Reappraisal," *Emotion* 10, no. 1 (2010): 125.
6. Jennifer R. Schultz, Sarah E. Gaither, Heather L. Urry, and Keith B.

Maddox, "Reframing Anxiety to Encourage Interracial Interactions," *Translational Issues in Psychological Science* 1, no. 4 (2015): 392.

7. S. Iyengar, G. Sood, and Y. Lelkes, "Affect, Not Ideology," *Public Opinion Quarterly* 76, no. 3 (2012): 405–431.
8. Boaz Hameiri, Roni Porat, Daniel Bar-Tal, Atara Bieler, and Eran Halperin, "Paradoxical Thinking as a New Avenue of Intervention to Promote Peace," *Proceedings of the National Academy of Sciences* 111, no. 30 (2014): 10996–11001.
9. A. Goldenberg, S. Cohen-Chen, J. P. Goyer, C. S. Dweck, J. J. Gross, E. Halperin, "Testing the Impact and Durability of a Group Malleability Intervention in the Context of the Israeli-Palestinian Conflict," *Proceedings of the National Academy of Sciences* 115, no. 4 (2018): 696–701, doi:10.1073/pnas.1706800115.
10. David Broockman, and Joshua Kalla, "Durably Reducing Transphobia: A Field Experiment on Door-to-Door Canvassing," *Science* 352, no. 6282 (2016): 220–224.
11. S. Cohen, R. J. Crisp, and E. Halperin, "A New Appraisal-Based Framework Underlying Hope in Conflict Resolution," *Emotion Review* 9 (2016): 208–214.
12. Joseph Lehman, "A Brief Explanation of the Overton Window," (Mackinac Center for Public Policy, 2012).
13. "FBI: US Hate Crimes Rise for Second Straight Year," BBC, November 13, 2017.
14. Elizabeth Levy Paluck and Michael Suk-Young Chwe, "Confronting Hate Collectively," *PS: Political Science & Politics* 50, no. 4 (2017): 990–992.
15. Elizabeth Levy Paluck and Donald P. Green, "Deference, Dissent, and Dispute Resolution: An Experimental Intervention Using Mass Media to Change Norms and Behavior in Rwanda," *American Political Science Review* 103, no. 4 (2009): 622–644.
16. Maanvi Singh, "'Genius Grant' Winner Used a Soap Opera to Prove a Point About Prejudice," NPR, October 2017.
17. http://noelle-neumann.de/scientific-work/spiral-of-silence/.
18. Elizabeth Levy Paluck and Hana Shepherd, "The Salience of Social Referents: A Field Experiment on Collective Norms and Harassment Behavior in a School Social Network," *Journal of Personality and Social Psychology* 103, no. 6 (2012): 899.

19. Kevin Munger, "Tweetment Effects on the Tweeted: Experimentally Reducing Racist Harassment," *Political Behavior* 39, no. 3 (2017): 629–649.
20. Ayn Rand, *For the New Intellectual: The Philosophy of Ayn Rand* (New York: Penguin, 1963).
21. Ayn Rand and Leonard Peikoff, *The Journals of Ayn Rand* (New York: Penguin, 1999).

第 10 章 社会性动物

1. Jenna Woginrich, "What Makes Dogs Different," *Orvis,* July 2013.
2. Serge Faguet, "How to Biohack Your Intelligence?—?with Everything from Sex to Modafinil to MDMA," Medium.com, 2018.
3. Jonathan Haidt, *The Righteous Mind: Why Good People Are Divided by Politics and Religion* (New York: Vintage, 2012).
4. Kevin S. Seybold and Peter C. Hill, "The Role of Religion and Spirituality in Mental and Physical Health," *Current Directions in Psychological Science* 10, no. 1 (2001): 21–24.
5. Jonathan Haidt, *The Righteous Mind: Why Good People Are Divided by Politics and Religion* (New York: Vintage, 2012).
6. Damaris Graeupner and Alin Coman, "The Dark Side of Meaning-Making: How Social Exclusion Leads to Superstitious Thinking," *Journal of Experimental Social Psychology* 69 (2017): 218–222.
7. Karen M. Douglas, Robbie M. Sutton, and Aleksandra Cichocka, "The Psychology of Conspiracy Theories," *Current Directions in Psychological Science* 26, no. 6 (2017): 538–542.
8. Ziad W. Munson, *The Making of Pro-Life Activists: How Social Movement Mobilization Works* (Chicago: University of Chicago Press, 2010).
9. Jonathan Haidt, J. Patrick Seder, and Selin Kesebir, "Hive Psychology, Happiness, and Public Policy," *Journal of Legal Studies* 37, no. S2 (2008): S133–S156.
10. Iris B. Mauss, Maya Tamir, Craig L. Anderson, and Nicole S. Savino, "Can Seeking Happiness Make People Unhappy? Paradoxical Effects of Valuing Happiness," *Emotion* 11, no. 4 (2011): 807.
11. Gunter, Jen. "Dear Gwyneth Paltrow, I'm a GYN and your vaginal jade eggs are a bad idea," *Dr. Jen Gunter*, 2017.
12. Julia M. Rohrer, David Richter, Martin Brümmer, Gert G. Wagner, and Stefan C. Schmukle, "Successfully Striving for Happiness: Socially

Engaged Pursuits Predict Increases in Life Satisfaction," *Psychological Science* 29, no. 8 (2018): 1291–1298.

13. S. Nolen-Hoeksema, B. Wisco, and S. Lyubomirsky, "Rethinking Rumination," *Perspectives on Psychological Science* 3, no. 5 (2008): 400.
14. Kate Pickert, "The Mindful Revolution," *TIME*, February 3, 2014: 34–48.
15. Mandy Len Catron, "Mixed Feelings: Two Roads Diverged at a Picket Fence," *Rumpus*, November 19, 2018.

第11章 教训

1. Sherry Turkle, *Alone Together: Why We Expect More from Technology and Less from Each Other* (London: Hachette UK, 2017).
2. Moira Burke, Cameron Marlow, and Thomas Lento, "Social Network Activity and Social Well-Being," in *Proceedings of the SIGCHI Conference on Human Factors in Computing Systems* (ACM, 2010): 1909–1912.
3. Candice Odgers, "Smartphones Are Bad for Some Teens, Not All," *Nature,* February 21, 2018.
4. http://www.freerangekids.com/.
5. Siva Vaidhyanathan, *Antisocial Media: How Facebook Disconnects Us and Undermines Democracy* (Oxford University Press, 2018).
6. Philip Gourevitch, *We Wish to Inform You that Tomorrow We Will Be Killed with Our Families* vol. 24 (Basingstoke, UK: Pan Macmillan, 2015).
7. Frederick Douglass, "West India Emancipation Speech," delivered August 3, 1857.
8. Charles Horton Cooley, *Human Nature and the Social Order* (Abingdon-on-Thames, UK: Routledge, 2017).
9. Gustave L. Bon, "The Crowd: A Study of the Popular Mind" (1896).
10. Martha C. Nussbaum, *The Monarchy of Fear: A Philosopher Looks at Our Political Crisis* (Oxford University Press, 2018).
11. Rebecca Solnit, "Hope Is an Embrace of the Unknown," *Guardian*, July 15, 2016.
12. Dacher Keltner, Deborah H. Gruenfeld, and Cameron Anderson, "Power, Approach, and Inhibition," *Psychological Review* 110, no. 2 (2003): 265.
13. M. Tamir, B. Q. Ford, M. Gilliam, "Evidence for Utilitarian Motives in Emotion Regulation," *Cognition and Emotion* (2012): 1–9; J. J Van

Bavel, and W. A. Cunningham, "Self-Categorization with a Novel Mixed-Race Group Moderates Automatic Social and Racial Biases," *Personality and Social Psychology Bulletin* 35, no. 3 (2008): 321–335.

14. Sophia Swinford, "The Curious Feminist History of Queen Bees," *Aleteia*, 2018.
15. Rudolph P. Byrd, Johnnetta Betsch Cole, and Beverly Guy-Sheftall, *I Am Your Sister: Collected and Unpublished Writings of Audre Lorde* (New York: Oxford University Press, 2009).
16. https://www.edx.org/course/engagement-time-polarization-davidsonx-davnowxpolarization.
17. Erika Weisz and Jamil Zaki, "Empathy Building Interventions: A Review of Existing Work and Suggestions for Future Directions,"in *The Oxford Handbook of Compassion Science* (Oxford University Press 2017), pp. 205–217.
18. Henry Jenkins, "What *Black Panther* Can Teach Us About Civic Imagination," Global-e, 2018.

致谢

本书提出的各个论据都印证了我们人类社会是按照蜂巢的模式运转的，而或许最有说服力的一个证据就是，你捧在手里的这本书的所有想法和大部分的写作是许多人共同努力的结果。

首先，我要感谢我的文稿经纪人、Dystel, erich & Bourret公司的杰西卡·帕潘（Jessica Papin）以及我的编辑莉亚·米勒（Leah Miller）。我非常感谢杰西卡在很久以前某个雪花纷飞的下午为我提供咨询服务，并决定给我一次机会。在寻找出版商和书稿创作的各个阶段，她都耐心地给我提供指导。此外，她极具幽默感和责任心，令我非常感激。

如果不是莉亚·米勒做了非常精彩的编辑工作，本书将会大为逊色。书中我最喜欢的一些句子都经过了她的润色升华。她能比我更清楚地看到故事的核心，并将其提炼出来。我特别感谢她从未迫使我停留在肤浅的论述上，而是一直鼓励我进一步思考一些细微的差别和复杂的情况。

我采访的专家非常慷慨地为我奉献了各自的时间和智慧，我深表感谢，其中包括丹·康伦、吉姆伯利·诺里斯·拉塞尔、帕特里克·克拉金、拉娜·拉潘、泰瑞·克拉克、吉姆·科恩、凯莉·贝克、纳姆迪·波尔、克丽斯特尔·拉瓦雷、安妮·科利尔、基思·马多克斯、希瑟·厄里和凯西·福尔曼。时间是最宝贵的资源，你们和我一起分享了它。特别感谢那些素未谋面只通过数字设备保持联系的专家，当我提出去找他们、请他们吃饭、倾听他们智人慧语的请求，他们都给予及时回应，我非常感激。

感谢我的两个“写作团队”。第一，我要感谢基思·马多克斯、阿雅娜·托马斯和希瑟·厄里，他们经常一起写作，总是给人带来欢乐气氛。第二，感谢迈克·兰德（Mike Land）和吉姆·朗（Jim Lang），在本书仅仅处于酝酿阶段时，他们能以非常宽容的态度阅读很多内容。迈克能够欣赏本书参考的所有科幻作品，吉姆颇具天赋，能帮我理顺大脑里面那些纷乱的想法，并以线性叙述的形式描述出来。

感谢我的家人。感谢我的父母威廉·卡瓦纳和罗斯玛丽，他们创造了我人生中第一个也是最重要的一个集体——家庭，并给予了我一生的支持和关爱；感谢我的兄弟安迪和丹，他们虽然总是抱怨我投入到写作上面的时间太多（我常对他们说“哦，等一下……”），却没有来打扰我；感谢我最重要的社交对象布赖恩·钱德利，他是时间的守护者、孩子的看护者以及我的合作伙伴，他为我完成本书创造了空间和时间；感谢我的女儿诺埃尔·玛杰里·钱德利，她正在写一本超自然的爱情小说（值得关注），我们经常一起写作，然后一起边吃拉面边探讨《神秘博士》；感谢我的堂妹伊丽莎白·简·卡瓦纳和嫂子凯茜·克里维里，她们在我生命的大部分时间里都陪在我身边，支持着我；感谢我的伯母迪尔德丽，她也是我的“教母”级人物，允许我在书的开头印上她美丽的图画，同我分享她的想法，并且在我很小的时候就成为我的榜样。

感谢伊丽莎白·卡瓦纳、劳拉·菲利普斯、朱莉·萨金特和凯瑟琳·萨金特。没有你们，我的生活会变得更加苍白。谢谢你们帮助我变得头脑灵活，支持我和我的头脑风暴，提醒我出去玩，也提醒我按时写作。我还要感谢那些和我们一起走过这段旅程的女性。

感谢我一届又一届的学生。教学是我在这个世界上最喜欢的事情。我一直觉得这是一种奇妙的特权，在这里我们可以充分开动脑筋，让我们的思想一起碰撞起舞。我从你们身上学到了很多。感谢那些和我一起开展研究的学生：凯特琳·杜塞特、卢克·古斯塔夫森、茱莉亚·麦钱特和泰肖恩·汤普森。我要特别感谢我最早也是最亲密的学生艾琳·菲茨杰拉德和赖安·格洛德，我为你们取得现在的成就感到骄傲。

最后，我要感谢推特。正如许多人对自己的家庭成员的感觉一样，我认为你虽然存在严重缺陷，而且常常令人难以置信地讨厌，但这不妨碍我依然非常爱你。本书中至少有一半的思想灵感源自我通过你找到的对话、文章、书籍和作者。此外，你还有 @darth 这个关于爱犬的账户让我获得很多线索。